DÉPASSER
L'HORIZON

Mylène Paquette

★

DÉPASSER L'HORIZON

LES ÉDITIONS **LA PRESSE**

Catalogage avant publication de Bibliothèque et Archives nationales du Québec et Bibliothèque et Archives Canada

Paquette, Mylène
Dépasser l'horizon
ISBN 978-2-89705-286-7
1. Paquette, Mylène, 1978-   - Voyages - Atlantique Nord. 2. Aviron - Atlantique Nord. 3. Voyages transatlantiques. 4. Rameuses - Québec (Province) - Biographies. I. Titre.
GV790.92.P36A3 2014   797.12'3092   C2014-942136-2

ISBN 978-2-89705-287-4 (EPUB)
ISBN 978-2-89705-288-1 (PDF NUMÉRIQUE)

Présidente Caroline Jamet
Directeur de l'édition Éric Fourlanty
Directrice de la commercialisation Sandrine Donkers
Responsable, gestion de la production Carla Menza
Communications Marie-Pierre Hamel

Éditrice déléguée Sylvie Latour
Conception graphique Célia Provencher-Galarneau
Illustrations Simon L'Archevêque / Éditions La Presse
Photo de l'auteure (couverture arrière) Patrick Mével
Toutes les photos sont de Mylène Paquette sauf: Marie-Éve Beaupré, p. 111 ; Jocelyne Bellemare p. 37 ; David Boily, p. 313 ; Dave Brooks, p. 85, p. 95 ; Hans-Gabriel Christophe, p. 103 ; Pauline Decroix, p. 66, 71, 73 ; Aurélie Godin, p. 176 (dans l'illustration), p. 324 ; Nanci Laframboise, p. 95 ; Christian Lavoie, p. 321 ; Mar Y Sol, p. 161 ; Stéphane Massie, p. 96 (dans l'illustration), p. 103, 111 ; Jacques Morin, p. 133 ; Jean Paquette, p. 37 ; Arnaud Pilpré / Studio Zedda, p. 274, 292, 293, 297, 314 ; Claire Lavoie, p. 146 ; Eric Santerre. p. 298 ; Jacques Simard, p. 149 ; Wladyslaw, p. 96 (dans l'illustration)
Révision linguistique Sophie Sainte-Marie
Correction d'épreuves Yvan Dupuis

L'éditeur bénéficie du soutien de la Société de développement des entreprises culturelles du Québec (SODEC) pour son programme d'édition et pour ses activités de promotion.

L'éditeur remercie le gouvernement du Québec de l'aide financière accordée à l'édition de cet ouvrage par l'entremise du Programme de crédit d'impôt pour l'édition de livres, administré par la SODEC.

Nous reconnaissons l'aide financière du gouvernement du Canada par l'entremise du Fonds du livre du Canada (FLC).

Nous remercions le Conseil des arts du Canada de l'aide accordée à notre programme de publication.

LES ÉDITIONS LA PRESSE
Les Éditions La Presse
7, rue Saint-Jacques
Montréal (Québec)
H2Y 1K9

À Cynthia

Au son des cornes de brume des bateaux qui me souhaitent bon voyage, je me dégage du quai. Tellement je souris, j'en ai mal aux lèvres, aux joues. Lentement, non sans embarras, je donne mes premiers coups de rame.

Je suis aux premières loges de mon rêve. Enfin, je touche à l'instant qui m'envahit de sensations. J'ai la tête pleine de papillons. Je sens que la mer est mienne et que l'avenir m'appartient, droit devant.

TABLE DES MATIÈRES

50° 16' 53" N
65° 58' 22" O

———— ✳ ————

PROLOGUE

24 juin 2014

Je ferme les yeux pour mieux appartenir à la mer. Même si j'entends le fracas des vagues, même si le vent qui souffle sur mon visage me rappelle l'océan, la mer devant moi n'a rien de celle que j'ai connue l'an dernier. Ici, l'eau est froide, beaucoup plus froide.

En m'installant pour méditer sur les rochers ce soir, je tentais de renouer avec la mer et de reconnaître ce qui m'a attiré vers elle. Je croyais qu'en ayant les pieds dans l'eau, du moins, je pourrais reconnecter avec son essence. Je suis triste de ne pas la reconnaître, il n'y a rien ici pour me confondre.

Nous sommes le 24 juin 2014 et je m'apprête à écrire mon livre. Je me suis installée dans un petit chalet à Matamec, tout près de la plage qui donne sur le golfe du Saint-Laurent. J'ai trouvé cet endroit aux abords de la mer pour qu'elle puisse m'inspirer. Je suis seule, sans aucune connexion possible, encore plus débranchée que je ne l'étais sur l'océan.

J'ai le vertige à revoir les dernières années de ma vie et les événements qui m'ont portée jusqu'à l'océan et jusqu'ici.

Je frissonne à penser que je vais revisiter chaque moment, chaque émotion, chaque étape de ma préparation et surtout chaque méridien entre l'Amérique et l'Europe. J'ai peur de regarder derrière et d'assumer le temps qui s'est écoulé depuis.

Pour m'encourager à descendre de mon *Hermel*, huit mois plus tôt, je nous avais promis, à la mer et à moi, que mon débarquement ne serait qu'un voyage sur terre et que je la retrouverais bientôt. Deux cent vingt-cinq jours plus tard, c'est mon premier moment avec elle.

C'est aussi la première fois que je prends un temps d'arrêt, un moment pour réfléchir. Réfléchir au comment et au pourquoi. Réfléchir à un océan de souvenirs, ceux impérissables, ceux qui m'inspireront à partager mon histoire avec les vagues, mon histoire avec la vie.

Je sais que je manque de courage pour débuter... Par où commencer ?

— ✦ —

J'ai toujours aimé les petits espaces. Du plus loin que je me souvienne, mes premiers contacts avec la solitude remontent au chalet de mes grands-parents. À cinq ans, grand-papa m'a fait découvrir la chasse à l'ours.

Derrière leur joli chalet vert pomme, il y avait cette vieille cache de bois toute défraîchie. Je me souviens d'avoir demandé à grand-papa à quoi elle avait servi. Avec toute l'intensité qu'on lui connaissait, il m'avait raconté qu'autrefois des chasseurs attendaient cachés à l'intérieur avec leurs carabines. Ils y passaient des journées entières à attendre qu'un ours se présente. Ils vivaient là, enfermés, patients.

Grand-papa m'avait installée à l'intérieur de la boîte de bois qu'il appelait « la cache à chasse à l'ours ». Il avait probablement voulu me faire peur, mais j'avais été émerveillée par l'expérience. Assise dans la cache, je pensais à tous ces hommes courageux qui avaient attendu l'ours durant des jours et des jours, voire des mois.

Ce petit endroit si particulier a nourri mon imaginaire longtemps. Je savais que, pour vivre avec la nature, il fallait faire concession d'espaces confortables et spacieux.

C'était là mon premier contact avec la patience. Le « savoir attendre » m'a toujours impressionnée. À ce moment précis, j'ai découvert que la vie pouvait passer, que le temps pouvait s'écouler, mais pour apercevoir un ours, il fallait investir patience et courage.

Aujourd'hui, je fais face à mon histoire. Je retourne fouiller dans mes souvenirs...

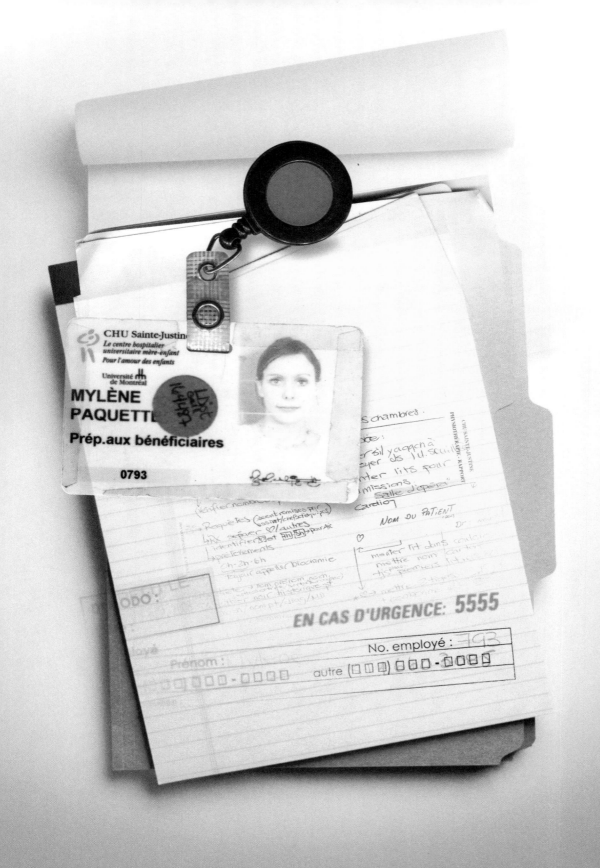

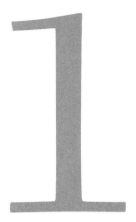

À LA RECHERCHE D'ABSOLU

J'ai commencé à travailler au Centre hospitalier universitaire Sainte-Justine en 2001 à l'âge de 22 ans. Dès le début, c'était en attendant. En attendant de trouver quelque chose qui me convienne, quelque chose de passionnant.

J'ai découvert ce boulot quand mon grand-père maternel nous a quittés. Au moment de son décès, grand-papa ne se souvenait plus de rien. Quelques mois avant d'entrer au centre d'hébergement et de soins de longue durée, atteint de la maladie d'Alzheimer, il avait tout oublié. Petit à petit, il ne se souvenait plus de nous, de lui. Il avait été placé dans un centre adapté à sa condition, car grand-maman n'en pouvait plus, toute seule à la maison avec lui.

À chacune de mes visites à mon grand-père, je croisais ce monsieur au chevet des personnes âgées. Cet homme, calme et posé, était toujours là, fidèle au poste. Disponible, il nous rassurait et nous préparait au départ de l'être cher. Il avait ce don d'être parmi nous sans prendre trop de place, avec respect et courtoisie. Une présence presque impalpable. Ce préposé aux bénéficiaires, bon et dévoué, était comme un ange pour tous ces gens malades. Après quelques rencontres, j'ai compris l'importance de son rôle. Il était indispensable. J'avais envie d'être aussi indispensable que lui, d'être aussi importante pour autrui.

À l'époque, j'étais adjointe dans un bureau. J'enfilais les boulots sans trop savoir où diriger ma vie. Cette nouvelle avenue m'a plu, je souhaitais moi aussi faire une différence pour des familles et des gens malades. Malgré mon caractère dédaigneux, je me suis inscrite à un cours théorique et pratique pour devenir préposée aux bénéficiaires. En attendant de trouver ce que je voulais faire dans la vie et entreprendre des études dans un domaine qui me convienne, ce serait un boulot respectable. Du moins, pendant ce temps, je servirais quelque chose de plus grand que moi, quelque chose d'humain !

Après un cours de deux semaines et un stage de rien du tout, j'ai commencé à travailler auprès de la clientèle adulte de l'Hôpital Saint-Luc puis, avec quelques semaines d'expérience à peine, ma candidature a été retenue par le Centre hospitalier universitaire Sainte-Justine. Dès mes premiers jours de travail, j'ai adoré l'atmosphère qui y règne. Ludiques, à l'allure familière, certains départements sont décorés comme des garderies. Les uniformes de certaines infirmières mettent en vedette des personnages de dessins animés. C'est un environnement vif, dynamique et stimulant. J'aime ce milieu de vie dans lequel je vois de jeunes familles évoluer tant bien que mal. Ici, j'ai l'impression d'être en contact avec l'essentiel.

Loin d'être austère, mon milieu de travail est enrichissant. Je suis entourée de gens formidables. L'ayant fréquenté régulièrement dans l'enfance, cet hôpital me rassure, me sécurise.

Malgré une hiérarchie omniprésente, je ne respecte pas toujours le décorum et je ne me plie pas d'emblée aux procédures et aux règlements. J'ai surtout horreur d'agir contre mes valeurs. J'affectionne particulièrement les départements où le chaos nous rend parfois visite. J'aime où, près des enfants, je sens que je fais la différence et où nécessité fait loi. N'aimant pas la routine, je préfère être dans l'équipe de remplacement, sinon dans l'équipe volante. De cette façon, je visite tous les départements de soins. J'aime faire plus et me sentir appréciée pour ma débrouillardise ou pour les efforts que je déploie pour divertir les petits patients. Accepter divers remplacements me permet de voir plusieurs facettes de mon métier. J'aime surtout recroiser les enfants dans d'autres unités de soins et constater que leur état s'est amélioré.

L'équipe de remplacement me permet de changer constamment d'endroit et m'aide à camoufler un grand malaise : mon embarras total face à certaines situations. Il m'arrive parfois d'avoir les jambes molles devant des interventions. Je peux passer de la collègue super efficace à la fille la plus sensible devant les cris d'un enfant que je dois maîtriser et à qui l'on tente de faire une perfusion pour la énième fois. Je peux devenir blême autant devant une petite plaie que devant une fracture ouverte. Malgré que ma trop grande sensibilité soit accaparante, bien qu'elle fluctue avec le temps, je vis, tant bien que mal, avec les limites de ma faiblesse. Je vais même jusqu'à aimer me sentir presque flancher dans certaines situations et avoir le sentiment de l'emporter sur mes malaises. J'aime jouer avec ma peur, amener mon esprit à combattre ce mal, ce trouble.

Heureusement, même si j'ai eu besoin de plusieurs débarbouillettes d'eau froide au visage et de quelques civières, ces situations paraissent des incidents isolés aux yeux de mes collègues puisque je change régulièrement de département.

Dans le cadre de mon travail, j'ai réalisé que je dois concentrer mes énergies sur des choses que je peux contrôler. Témoin de beaucoup de bouleversements, je me sens trop vulnérable pour faire face à toute cette souffrance et ignorante pour comprendre ce qui se déroule sous mes yeux. Mes ressources sont mes collègues de travail. Plus je saisis le corps humain grâce à leurs explications, plus j'accepte qu'il puisse défaillir et que, par conséquent, de petits êtres adorables puissent souffrir. Et ainsi je résiste devant les émotions qui accompagnent leurs défaites.

Malgré ma capacité à accepter les évènements autour de moi, je me sens trop souvent dépourvue devant le monde et ses malaises. Après quelques années à m'affairer tant bien que mal pour mes collègues, les petits patients et leurs familles, un grand vide m'engouffre toujours.

J'évolue dans un monde d'extrêmes. D'un côté : des super infirmières, des chercheurs distingués ou de brillants spécialistes, du grand patron au dernier arrivé des résidents. De l'autre côté : de petits patients des salles d'accouchement ou en consultation à la clinique externe à ceux en soins palliatifs à l'unité d'oncologie.

Aux mêmes étages que moi s'activent tous ces acteurs. À chaque tableau sa démesure : d'une carrière de don de soi total, de connaissances incroyables, de travaux de recherches impressionnants à de tout autres joie, peine, accident ou bouleversement. Entre mes collègues et les bénéficiaires, je n'arrive pas à trouver ma place, à me sentir à ma place. Je suis inutile parmi tous ces gens qualifiés, et impuissante devant toutes ces souffrances.

Et plus je fréquente les évènements de la vie, ceux de la vie des autres, plus j'ai le sentiment qu'il manque quelque chose à la mienne, quelque chose d'absolu.

Même si j'ai l'impression d'aider les autres, que l'on peut compter sur moi, même si je suis en contact avec des enfants merveilleux et pleins d'amour, il me manque quelque chose. J'envie ces gens hautement qualifiés si importants pour d'autres. Je ne me sens importante pour personne.

Comme employée d'un énorme centre hospitalier, je suis un numéro. Je *call* malade ? 0793 ! Où est mon horaire, mon choix de vacances, où sont les choix de remplacements ? Mon nom, aligné sous ceux des autres préposés, mon numéro juste à côté : 0-7-9-3.

Même si je me sais appréciée tant par les familles, les malades que par les équipes de soins, je veux être indispensable, unique, irremplaçable.

Je ne me sens pas à la place dessinée pour moi, mais plutôt spectatrice de la vie des autres en attendant la mienne. Je remplace, je sers à combler des vides, des besoins. J'éprouve cette étrange sensation d'être à l'écart de mes collègues, d'être à l'écart de moi-même. Je me sens incomplète, insatisfaite. Je suis souvent mal, triste, instable. Je cherche quelque chose, quelque chose d'absolu. Quelque chose qui me ressemble.

J'ai le sentiment que ma vie est ailleurs, que ma vie m'attend quelque part. J'espère que quelque chose se produira afin que je prenne mon envol et que je sois enfin moi-même.

Été 2005, Evelyne, ma sœur, m'invite au lac Champlain pour un week-end de voile. D'abord, je refuse. Trop occupée avec toutes mes activités en ville, je reporte son invitation. Au fond, je n'ai vraiment pas envie de monter sur un autre bolide que le bateau de la famille, en plus, sans papa comme capitaine... Non, c'est trop d'imprévus pour moi. L'été passe et, selon ma sœur, ma chance aussi. Elle et son copain Jean-François insistent pour nous avoir, mon amoureux Jason et moi, comme invités sur le voilier pour le dernier week-end de la saison. À court d'excuses, j'abdique. Mon copain est content. Prudente, je ne saute pas de joie. Nous nous rendons donc à Lighthouse Point, lac Champlain, où quelque chose m'attend...

Au moment même où j'aperçois le voilier amarré au ponton* de la marina, mon cœur se met à battre plus fort, comme si toute l'excitation du monde m'habitait soudainement. Je me sens comme lorsque j'étais toute petite, avant d'aller au camp de vacances... J'ai le sentiment que ce moment sera déterminant pour moi.

Aussitôt à bord, je me mets à observer tout ce qui se trouve à l'intérieur. Depuis le carré*, j'examine le ventre du bateau : c'est un monde en soi. Tout est là. Tout pour subvenir à nos besoins. Une cuisinette avec un poêle, un réfrigérateur, une petite table pour manger une table à cartes*, une cabine avant, une autre arrière, et même une bibliothèque et une salle de bain. Je me rappelle que, toute jeune, j'appréciais les menus espaces. Très tôt dans la vie, je me suis demandé comment je pourrais survivre, seule, enfermée dans des endroits exigus. J'ai souvent constaté, après réflexion, que la plupart de ce qui nous entoure est superflu et que, souvent, on est beaucoup mieux dans moins. Jeune, j'aurais aimé vivre dans de petits espaces, transporter ma carapace et découvrir le monde.

Après avoir exploré le bateau, nous nous installons tranquillement et nous nous préparons pour le lendemain, alors que nous devrons naviguer au sud du lac vers Burlington.

Au réveil, le lac m'ayant bercée toute la nuit, je me sens reposée et disposée à vivre de nouvelles aventures. La journée s'organise et chacun s'affaire à sa tâche. En observant les voisins de ponton, je saisis les fondements de la fraternité des adeptes du nautisme. À quai, les gens se côtoient avec diligence et respect, ils s'entraident et se saluent immanquablement. Ils partagent leurs récits de voile en des termes encore incompréhensibles à mes oreilles. Ils utilisent tous un langage hermétique réservé aux initiés. Ils parlent de comment ils ont modifié tel ou tel instrument, à quel ancien modèle de girouette ou de voile ne plus se fier, comment se sont terminées leurs dernières navigations ou grâce à quelle nouvelle pièce de moteur espèrent-ils ne plus rencontrer de problèmes. Tous nous souhaitent la bienvenue au lac.

À bord, tout est à sa place. Dans le monde nautique, les règles de sécurité font loi. Une belle énergie émane du *Batiscan III*, le voilier de Jean-François. Après quelques explications de sa part, nous larguons* les amarres* qui nous retiennent à la terre ferme et nous procédons au départ.

Enfin, le lac est nôtre. Cap vers le sud. Maintenant influencés par le vent, sans moteur aucun, nous faisons route, doucement, vers notre première destination. Le joli voilier tranche le vent tel un cerf-volant. Tout semble résider dans l'art de bien placer ces énormes surfaces de toile pour jongler avec ce que la brise nous réserve. De nouveaux mots habillent maintenant mon vocabulaire; génois*, choquer*, écoute*, border*, parer*, drisse*, grand-voile* et pataras*. Je mélange les verbes et les noms communs, j'apprends de nouveaux termes très éloignés de ceux de la médecine.

Une certaine humanité se dégage de notre petit équipage flottant maintenant au pays des marins. Quelque chose de nouveau naît sous mes yeux, quelque chose de délicieux, d'irrésistible. J'ai l'impression de tomber amoureuse.

Je veux tout savoir : comment ces barres de flèche* peuvent-elles bien tenir là-haut ? À quoi servent-elles ? Pourquoi le mât ne peut-il pas tomber d'un côté ou de l'autre ? Pourquoi aller vers l'est ou l'ouest si nous voulons aller au sud ? Pourquoi, si le vent arrive de ce côté, n'avançons-nous pas dans la direction opposée ? Est-ce que le bateau a vraiment besoin de gîter autant ? Est-ce que nous pouvons chavirer là, comme ça, penchés sur le flanc ? Je veux tout savoir, ici et maintenant. Je veux comprendre cette mécanique qui m'apparaît magique. La voile semble un *melting pot* de science, de nature, de sensations fortes, de démesure, d'éthique, de respect et de danger.

De question en question, Jean-François nous explique, à Jason et à moi, les raisons du pourquoi et du comment avec toute la patience du monde.

Ce soir, nous choisissons de nous installer dans une baie du lac pour nous permettre de souper et de dormir, puis de repartir vers le sud au petit matin. Durant la nuit, le vent ayant changé sa trajectoire, nous devons lever l'ancre et reprendre la barre* pour déplacer le *Batiscan III* dans une autre baie, à l'abri des bourrasques. Cette première manœuvre de nuit me plaît. Se faire réveiller un peu en catastrophe pour s'assurer plus de sécurité me captive. Comme quoi la nature a toujours le dernier mot. Ici, il n'y a pas de place pour l'*ego*. Ne pas avoir d'autre choix que d'agir vite, maintenant, ça me fait penser à mon travail à l'hôpital. J'aime n'avoir d'autre choix que d'opérer rapidement et de devoir être créative pour trouver des solutions concrètes sur-le-champ. Du soudain, de l'imprévu, de l'instant présent plein la gueule, sans pouvoir marchander quoi que ce soit. Moi qui ai toujours apprécié les activités rocambolesques, je suis ravie.

Après plus ou moins deux heures de tumulte, le mal de mer me prend d'assaut. Je suis maintenant clouée sur la banquette du cockpit*, un seau entre les genoux, et, malgré mon état, je reprendrais une nouvelle secousse illico. J'en veux davantage.

Le lendemain, nous restons à l'abri dans la baie où nous avions élu domicile pour laisser passer ce temps incertain. Maintenant que mon estomac prend du mieux, je me consacre à boire les paroles de

Jean-François qui nous abreuve d'histoires de marins triomphants ou d'autres, moins chanceux, maudits par l'océan.

Entre les sagas de succès et de grandes chevauchées, il nous parle de Moitessier, de Mike Birch et de dame Ellen MacArthur. Des tours du monde à l'endroit, à l'envers, des escapades historiques qui ont marqué le temps, des histoires humaines surtout. Si les récits de course au large sont souvent magnifiques, d'autres sont à faire frémir. Entre les fins tragiques de Gerry Roufs et d'Éric Tabarly, je m'insurge. J'apprends que les attaques de pirates existent toujours, telle qu'en témoigne l'histoire fatidique de Peter Blake.

Plus j'écoute ces récits d'hommes et de femmes pleins de courage, au cœur vaillant, qui ont sillonné le bleu de la planète, plus je découvre leur caractère, leur personnalité. En feuilletant les livres et magazines, j'apprends sur eux et leurs époques, autant à travers les rides de leurs visages que par la forme des coques de leurs navires ou celle de leurs voiles. Je dévore les revues de course au large laissées ici quelques mois plus tôt, sinon des années. Je feuillette autant les vieux numéros que les plus récents. Je voyage dans le temps. J'examine les bateaux du moment, le nec plus ultra des esquifs, les monocoques, les multicoques, du mât à la quille. Colorés, ces bateaux sont marqués de noms de commanditaires, de logos et de noms d'entreprises ayant à cœur de faire voyager leur image de marque, avec à leur bord les plus volontaires des sportifs assoiffés de prouver que le monde est possible, que les rêves sont faits pour être réalisés.

Même si on a vu naître il y a longtemps le monde de la course au large, il est encore très jeune, à peine quelques décennies derrière.

Pour la première fois de ma vie, j'aspire non pas à être indispensable pour autrui, mais plutôt à ressembler à ces héros modernes qui ont marqué le monde. Ceux qui vieillissent avec le sentiment du devoir accompli, une carrière de marin réussie.

J'ai envie de ressembler aux grands navigateurs et de faire partie d'un monde d'océan. Un monde dans lequel tout semble possible aux marins courageux, prudents et audacieux.

Cette trempe d'individus rarissimes m'inspire. Comment ces gens étaient-ils parvenus à partir ? Quel avait été leur parcours de vie avant de larguer* les amarres pour la première fois ? Quelle était leur vie au retour de leurs périples, une fois loin de l'océan ?

En septembre 2005, le monde n'est plus à refaire, mais soudainement, j'ai envie de le recommencer. J'ai envie de revivre ces aventures humaines qui ont marqué l'histoire, le passé. J'ai l'impression de ne pas être née à la bonne époque. J'aurais aimé naître au temps des premiers tours du monde à voile, 40 ans plus tôt. J'ai le goût de voir l'univers que ces marins ont vu, voir l'océan se déchaîner sous mes pieds et se fâcher devant mes yeux. J'ai le désir de ranimer les passions comme au temps des marins célèbres et des premières courses. J'ai besoin d'aventure, de grandes épopées, peut-être pour définir ma propre vie, pour sentir que le monde m'appartient à moi aussi. Ce long week-end me permet de rêver.

Mon retour sur terre est brutal et la vie m'apparaît maintenant rêche, sèche et monochrome. Je réatterris dans les eaux de mon métier de préposée, assommée par ma récente découverte. J'ai du mal à ne plus penser aux aventuriers d'hier et d'aujourd'hui. J'ai les *blues* du retour de vacances bien sentis. Je me sens décalée, ailleurs. J'ai le spleen. Rien pour me ravigoter. Depuis que j'ai découvert quelque chose qui me semble inaccessible, je suis triste, découragée.

Tranquillement, je me passionne pour la voile. Loin de l'eau, accrochée à l'écran de mon portable, je rêve de voyages. Heureusement, mon amoureux aussi. Je commence alors à suivre différents adeptes des sports nautiques sur le Net, autant des coureurs en compétition, des équipages que des bateaux en pleine course au large. Les réseaux sociaux étant en plein essor, les informations sont souvent mises à jour, en direct de l'océan. On peut capter les impressions des coureurs par rapport à leurs grands objectifs, leurs défaites ou leurs pires tempêtes. On assiste à leurs récits presque en direct. Ce suivi constant m'assure d'apprendre toujours plus. Durant les courses, des articles apparaissent sur le Net et je me laisse transporter sans tout comprendre du jargon qu'utilisent les journalistes. Tranquillement, mon vocabulaire s'affine et je me délecte de ces termes complexes et hermétiques réservés aux initiés et aux adeptes.

Mon amoureux est aussi envoûté par l'idée de se lancer un défi à hauteur de voilier. Lui et moi partageons maintenant cette passion. Cependant, alors que je fréquente les sites Web de course au large, lui regarde les bateaux à vendre dans les petites annonces en ligne. Son espoir : fonder une famille, vivre sur un voilier, notre voilier, et faire un tour du monde, nous arrêter de port en port, visiter cultures et pays. J'aspire aussi à vivre sur un voilier, mais surtout à ne jamais rentrer à quai dans un quelconque village, simplement à passer devant sans même saluer le rivage. On avance lentement, chacun dans nos désirs parallèles, les axes de nos trajectoires à peine séparés de quelques degrés. Doucement, un fossé se creuse entre nous. Nos ambitions bifurquent. Les miennes me mènent seule ; les siennes, avec femme et enfants.

Je n'en espère pas tant. Pas maintenant. Je ressens une urgence de vivre ma vie avant d'en engendrer d'autres. Peut-être que mon travail auprès des enfants malades rend déviante l'image que je me fais de la famille nucléaire classique. La conception que j'en ai est probablement influencée par mon boulot. Les familles avec lesquelles je travaille sont devenues ma référence. Avoir des enfants représente aussi avoir des difficultés, des déceptions, du stress, des responsabilités impossibles pour moi. Avoir des bouches à nourrir et surtout des cœurs à rendre heureux. Faire face à des deuils, vivre des inquiétudes au quotidien, sinon être en proie au persistant questionnement à savoir si ces petits êtres vont toujours être en santé, en sécurité. Il me faut m'accrocher à un autre objectif de vie que celui-là. Je me dis que si je m'épanouis maintenant, plus tard je pourrai avoir des enfants. Il me faut être heureuse et me sentir complète avant d'avoir une marmaille et de mettre la pression de mon bonheur sur eux.

Dans mes réflexions, je me souviens de moi, deux ans plus tôt, en sanglots, tremblotante, sous perfusion, droguée, couchée sur le dos, les pieds dans les étriers froids. J'étais résistante. Au vacarme de son départ, j'avais demandé pardon à ce petit être minuscule qui avait élu domicile en moi.

Mes larmes coulaient vers l'oreiller en remplissant mes oreilles, je n'entendais plus rien, sinon les mots qui résonnaient dans mon esprit, ceux que mon *ego* lui murmurait : « Je te promets que je ne vais jamais vivre comme j'aurais pu vivre avec toi. Ma vie ne sera pas vide. Je te promets que je vais vivre une vie qui aurait été impossible avec toi. »

Après mon avortement, je m'étais sentie seule avec moi-même, endeuillée de cette présence, endettée de quelque chose, morcelée, dégarnie.

Je savais que quelque chose d'absolu m'attendait, et ce n'était pas d'avoir un enfant. Peut-être pour honorer le départ de cet été, je ne peux plus attendre de vivre ma vie. Deux ans se sont écoulés depuis ce moment difficile, et c'est déjà trop. Il faut qu'un évènement se produise. Maintenant. Il me faut du changement tout de suite et sans délai.

Mai 2006. Assoiffée d'originalité, je cherche un défi. Un défi à hauteur de femme. J'explore Internet. Influencée par des navigateurs, j'étudie le monde de la voile pour y dénicher quelque chose de singulier. D'abord inspirée par une femme, je découvre que Dee Caffari poursuit présentement son tour du monde d'est en ouest, seule sur son grand voilier de classe et de course internationale.

Cette femme appartient à cette trempe de marins d'envergure qui parcourent le globe en solitaire. Son exploit m'émeut. Je suis épatée par le parcours de certaines. Là où d'autres ont grandi sur les quais à faire des nœuds avant d'apprendre à écrire, d'autres n'amorcent leur carrière que très tard dans la vie. Celles-ci prouvent au monde entier et à moi-même que tout est possible. Je peux donc moi aussi me lancer un défi monumental et le réussir.

Quelque chose m'attire dans cette solitude extrême. Rien que la mer et soi-même. Je tente d'imaginer le quotidien d'une femme dans cet univers sans bornes. Mes idoles m'inspirent à être, à mon tour, une pionnière, à faire quelque chose de différent et de fidèle à moi-même. Quelque chose de féminin, aussi délicat et raffiné que difficile et complexe. La fougue de ces héroïnes, leur sérieux et leur discipline m'interpellent.

27

J'ambitionne. Pour découvrir l'histoire des grandes dames de l'océan, quelques mois plus tôt, j'ai tapé les mots : *first woman sailing solo.* Maintenant, pourquoi ne pas retaper ces mots en français ? Le résultat de ma recherche mentionne d'abord un article : « Première traversée féminine à l'aviron ». Je clique.

L'image qui apparaît alors me coupe le souffle. J'ai soudainement le vertige et tout se met à tourner. Je pousse brusquement mon portable sur la table à manger et me lève d'un bond ; ma chaise se renverse derrière moi. Non. C'est pas possible !

En observant l'image attentivement, on peut comprendre un peu mieux la nacelle* ; cette embarcation massive, qui ressemble à un énorme kayak, est muni de deux rames minuscules, une posée de chaque côté. Une silhouette est présente au centre de la barque. Pas de mât, pas de voiles. Qu'une simple femme, une coque de noix et des vagues d'une infinie bleutée. Minuscule le bateau et immense l'océan.

La seule question qui campe dans mon esprit est : « Quand vais-je y arriver ? »

Le faire semble être une simple donnée dans l'équation. Comme si c'était écrit dans les lignes de ma main, dans le ciel et les nuages. Ça sent le fait accompli. Comme si ça s'était déjà produit, terminé, réglé, *check*. Étrange sensation de déjà-vu. Odeur de prémonition.

Je suis pétrifiée, mal à l'aise, je me vois dans cette barque sans autre puissance que celles de mes bras au milieu des flots, sans bateau d'accompagnement, rien que moi, l'océan et la Voie lactée. J'imagine tous les êtres sous ma coque : les requins, les rorquals, les baleines à bosse...

La grandeur de cette vision me foudroie l'esprit. Toujours debout, je reste béate devant la dimension de cette prouesse, les yeux fixés sur l'écran de mon ordinateur, celui-ci toujours ouvert, largué sur la table.

Je ne cesse de me répéter : « Mais où sont les voiles ? Je voulais des voiles ! » Comme si ma tête marchandait avec mon cœur. Dans mes recherches, je voulais l'océan, mais je ne m'étais pas attardée à la nature du comment.

Ce défi est comme une poésie. L'énergie humaine dans sa plus pure expression, le retour aux valeurs de volonté et de courage. Le corps humain si modeste, mais si fort et endurant devant l'immensité de la tâche à réaliser. Autant en milles nautiques, en nombre de jours qu'en coups de rame, le résultat est colossal. Tout, dans ce défi, me séduit. Une balade sur la courbe de la Terre, entre ici et les vieux pays.

Si tout est possible, pourquoi pas ?

Je cherche une réponse. Pourquoi ne pas le faire ? Pourquoi ne pas essayer ?

Immobile durant tout ce temps, je comprends que rien de plus n'est nécessaire à mon esprit ; le *pitch* est fait, et mon âme l'achète. Maintenant, combien ça coûte, une poésie pareille ?

LA VÉRITÉ DE CYNTHIA

Depuis ma découverte de la rame océanique, je me laisse tranquillement porter par les histoires des autres. Je me documente sans me lasser sur le Net, voyageant entre les statistiques, les records et les autres prouesses.

Je découvre alors l'Ocean Rowing Society (ORS), une société ayant pour objectif d'encadrer les hommes et les femmes qui désirent se lancer dans l'aviron transocéanique. Sur le site se trouvent toutes les statistiques de l'histoire de la rame océanique. Tout est documenté, le nombre de milles nautiques effectués par tous les rameurs, leur nom, leur pays d'origine, leurs dates de départ et d'arrivée ainsi que leurs positions géographiques passées ou présentes. Les premiers navigateurs de chaque pays, les parcours d'océans non réussis, les moins fréquentés, les plus populaires, les plus rapides, les plus redoutés... C'est une bible, une encyclopédie. Le site de l'ORS donne aussi une place à la communauté de rameurs actifs en leur permettant de publier de petites annonces : bateaux à vendre ou à louer, suggestions de fournitures, rameurs cherchant une équipe ou équipage incomplet cherchant des coéquipiers.

L'incontournable pour moi : les *What's on* ! Qui, en ce moment même, rame sur l'océan. En poursuivant mes recherches avec les informations au sujet des rameurs, disponibles ici, j'arrive à trouver leurs pages Facebook, leurs blogues et leurs cartographies en ligne. Certains, très *in,* publient tous les jours des nouvelles concernant leurs défis, leurs succès et leurs échecs ainsi que leurs plus belles découvertes. Depuis *live* sur l'eau, je me nourris de mes héros. Je les suis mille après mille. Je vis leurs jours de pluie et de soleil en direct. Je vais parfois jusqu'à en suivre cinq en même temps. Je parcours leurs *posts*, leurs images, leurs histoires et leurs aléas, en ayant souvent impression d'avoir un pied sur terre et un pied sur l'océan. Je suis souvent dans la lune, à imaginer tout le potentiel d'une telle avenue pour moi. De moins en moins présente à ma vie, je vis leurs aventures par procuration. Je m'attache à eux. Une partie de moi est déjà là-bas dans les vagues.

Lors de mes recherches, j'apprends que l'histoire de la rame océanique a débuté il y a très longtemps. En 1896, Frank Samuelson et George Harbo sont partis de New York avec une barque en bois, des boîtes de conserve, un réchaud et quelques paires de rames. On raconte que, lorsque l'un ramait, l'autre écopait*, sans dormir. Ce récit, jugé improbable par certains, attire mon attention. Deux hommes avides de conquêtes ont dominé l'océan il y a de cela plus de 100 ans. En près de 44 jours, ils ont établi un record de vitesse demeuré invaincu jusqu'ici. Résultat effectivement discutable, surtout lorsque l'on considère les résultats cumulés des rameurs d'aujourd'hui. Tout à l'époque laissait croire que leur aventure était impossible. Malgré tout, ils ont été des pionniers. Ils n'ont eu aucun prédécesseur pour leur ouvrir la voie. Bon nombre d'années se sont écoulées avant que quelqu'un ose refaire la même chose.

De cette même société on apprend aussi l'histoire des moins glorieux. Ceux à qui la mer n'a pas cédé de passage. Office des moins chanceux qui n'ont pu se frayer un chemin pour gagner l'autre rive. Obstacle majeur, tempête, problème de santé ou bris technique. La malchance oblige souvent à abandonner. Entre le succès d'une telle tentative et sa déconfiture, il y a une ligne. Dans le répertoire de l'ORS, à chaque océan sont associés des gagnants et des perdants. Chacun figure dans deux répertoires différents, parfois trois... Les grands titres : traversées complètes et traversées incomplètes. Indépendamment des océans, on trouve aussi le tableau le plus obscur du registre : *Lost at sea*. Les perdus en mer. Ceux qui n'ont pas seulement perdu leur orgueil, mais aussi leur vie. Comment ? Combien ? Qu'est-ce qui peut bien les avoir poussés là, sur l'océan, eux aussi ?

Entre la réussite et l'échec, les navigateurs trouvent autant opposition dans les cancans populaires que leurs noms écrits en rouge dans des tableaux distincts. Après le succès, on ne parle que de héros, de surhommes et de femmes exceptionnelles. Des modèles. Après le coup de la défaite, l'opinion populaire juge ses condamnés : « Quelle folie, quelle stupidité ! Que ces êtres pourrissent en mer, qu'on ne dépense pas un sou pour aller les chercher ! »

Nul sport au monde ne condamne autant ses athlètes. Rien qu'à comparer avec le hockey, je n'ai jamais entendu le public dire d'un joueur : « Il la mérite, sa commotion cérébrale ! Franchement, se garrocher comme ça sur la glace pour une *puck*, y as-tu pensé ? » Pourtant, les sauvetages en haute mer ne sont pas communs, leurs frais relèvent d'assurances fort onéreuses et pas nécessairement des contribuables, le coût des soins de nos joueurs, si.

J'enrage de lire les commentaires sous les articles qui font état de recherches et sauvetages de grands navigateurs, autant à la voile, en course au large qu'en rame océanique. Je ne comprends que plus tard ; c'est une question de culture. Le défi en est donc à sa base : éducation populaire. La mer et l'océan ne font pas partie des mœurs québécoises. Hélas ! J'ai choisi un sport à contre-courant, c'est la taxe qui vient avec le paiement. L'aboutissement ne sera que plus grandiose, mais la déconfiture le serait tout autant.

Je pense à ma famille. Si je connais le succès, elle sera fière, mais si je dois rencontrer l'échec, tout dépend de son importance, elle sera probablement jugée elle-même pour m'avoir laissée évoluer sur cette voie. Est-ce que le jeu en vaut la chandelle ? Je délibère tous les jours.

De retour aux statistiques, je m'intéresse à l'Amérique, aux parcours de femmes solitaires et aux courses. Combien de femmes ont réussi l'exploit sur le versant nord de l'Atlantique ? Deux. Sur le sud ? Cinq. OK, il y en a d'autres comme moi. Comment ont-elles réussi, avec quelle force d'esprit, quelle a été leur vie d'avant ? Comment ont-elles découvert ce sport ? Combien ont coûté leurs escapades ?

Je commande des ouvrages par Internet. Je m'intéresse à leurs préparations, leurs budgets, leurs boulots, leurs aptitudes. L'une, 28 ans, a grandi sur une goélette, loin de ma minuscule rivière des Prairies. Elle a été la première sur le versant nord de l'océan. La seconde, une athlète et aventurière de métier, a fait le sud avant le nord pour mieux se préparer. Les deux Françaises ont donc fait le nord, respectivement en 2003 et 2004, et depuis, personne.

Le sud, parcours d'est en ouest, déjà connu pour être très fréquenté par les rameurs, permet d'être plus opérant. Temps chaud et clément, soufflé par les alizés* la plupart du temps. À l'inverse, au nord souffle le vent, inconstant. La mer, générée par le courant chaud du Gulf Stream*, permet aux adeptes d'avancer, mais celui-ci provoque autant de tumultes lorsqu'il compétitionne avec la direction du vent. Résultat : des vagues croisées et entremêlées, aux modèles de mouvements irréguliers. L'abondance des dépressions, leur force, le temps changeant et l'abondance de brouillard fait reculer le plus brave des marins.

Par les statistiques, j'apprends qu'un Américain a péri au nord. On n'a jamais retrouvé le corps de Nenad Belic. Sur le même parcours, quatre Anglais ont aussi perdu la vie et plus de 35 autres rameurs ont rebroussé chemin. Chez les femmes, Tori Murden, une héroïne américaine, a tenté le nord en 1998. Au terme de 85 jours de voyage, en septembre de la même année, elle a dû être rapatriée à la toute fin du parcours, face à la saison des ouragans s'avançant sur l'Atlantique. Elle a tout de même pris sa revanche sur le versant sud l'année suivante en devenant la première femme du continent américain à traverser un quelconque océan à la rame.

En décryptant le parcours de tous ces affamés d'océans, je découvre mes perspectives. Nul rameur du continent américain n'a connu de succès sur la route du nord. Cette partie de l'océan m'intéresse de plus en plus. Peut-être pour honorer mes prédécesseurs américains, pour saluer leurs efforts autant que leurs pertes, je souhaite l'emporter sur ce versant de l'océan. Ma conquête se dessine : être la première. Plus j'entrevois mon avenir, plus je m'imagine réussir et voir mon nom apparaître dans la bonne colonne du bon registre, inscrit en bleu.

À chaque ouvrage publié par un rameur chevronné, je commande ma copie. Je déchiffre les expressions de navigation européennes, en distingue les anglaises, j'apprends autant à lire dans la langue de Shakespeare qu'au sujet de l'aviron transocéanique. Toutes mes découvertes au sujet du sport me confortent dans ma croyance que je suis destinée à réaliser le même objectif. Réparer du matériel, faire face au mal de mer, comprendre la nature et les différents types de vagues, de vents, de dépressions, faire obstacle au doute, ramer, être endurante, persister, me soigner... Tout m'a l'air possible... excepté l'inévitable prouesse, la vraie imposture : descendre sous l'eau quelque part en cours de route. Non ! Jamais je n'aurai la capacité de descendre dans l'océan pour nettoyer la coque de mon vaisseau. Non, je devrai imaginer une solution pour ne pas m'y retrouver, c'est rédhibitoire pour moi. À cause de ça, je n'y vais pas. Si je ne déniche rien pour nettoyer la coque à ma place, je n'irai pas, un point c'est tout.

D'accord, je suis une poule mouillée.

Toute petite, j'aimais beaucoup jouer dans l'eau, mais jamais seule, jamais. Du plus loin que je me souvienne, même à l'heure du bain, je détestais être immergée, seule de surcroît. Je me souviens même d'avoir entendu ma mère me dire que ma sœur et moi étions trop grandes pour prendre notre bain ensemble et qu'il venait un âge où il fallait se laver seule. Aussitôt maman sortie de la salle de bain, je me levais dans la baignoire, petit jeu qui a duré des années.

Tous les étés, nous profitions de la piscine. J'aimais beaucoup m'y amuser et j'avais développé des stratégies épouvantables pour ne jamais me retrouver seule dans l'eau plus qu'une seconde. Comme si l'eau appartenait à un autre monde, incompris. Comme si elle pouvait prendre tout ce que je suis ainsi que tout le contrôle des mouvements de mon corps. Rarement j'y plongeais même un orteil sans que personne s'y trouve avant moi. Ce n'est que plus tard, en voyant les prouesses de ma mère sur ses skis nautiques, que j'ai eu envie de braver mon malaise. À chaque tentative de monter sur mes skis, j'étais pétrifiée. Assise dans l'eau, les skis installés sous mes pieds, la corde entre mes cuisses, la poignée dans les mains, les jointures blanches, je faisais fi de ma peur. Dès mes premières sorties, on voyait que j'avais hérité du talent de maman, car je ne tombais pas. Je ne voulais surtout pas tomber.

Je jubilais d'être au-dessus de l'eau. J'en voulais toujours plus. Le plaisir valait le dégoût qui entourait mes sorties. J'avais le sentiment d'avoir le contrôle sur ma peur, de passer par-dessus, de la regarder d'en haut... jusqu'à la chute où tout pouvait s'emballer. Seule dans l'eau, je rechaussais mes skis, aucune aspérité de mon corps ne devait dépasser... Ma ceinture de sécurité était un bouclier. Des images angoissantes de mammifères à nageoires énormes et à dentition abondante me fracassaient l'esprit. Je tentais de rire, de chanter, de crier en attendant le retour du bateau pour venir me chercher. J'adorais braver ma peur. Je sortais de l'eau l'*ego* gonflé, le cœur fier d'avoir survécu à mes bêtes imaginaires. Rien à voir avec le fait de descendre dans l'eau salée de l'océan... Il y a des limites, et la mienne est là. Ma peur me tenaille, je ne veux plus y aller. Trop fous, tous ces gens qui bravent les océans de la planète à la rame. Non, ce n'est pas pour moi. Je me contenterai de les suivre et de rêver d'être à leur place.

Torturée, je réponds à ma peur, je me sens soumise à elle, comme paralysée. À la lecture du récit de mes héros, lors de chaque passage racontant une plongée, je me donne toutes les raisons de croire que j'ai pris la bonne décision : celle de résister à mon rêve.

Je ne répondrai pas à l'appel de l'océan, je laisserai sonner...

Secrète, je recouvre mes volumes traitant de rame océanique de papier kraft. Leurs couvertures sont souvent trop explicites : bateaux sans mât ni voile, ou encore barques étranges entourées d'eau. Sinon ils arborent un titre trop révélateur, risquant de montrer mon jeu et de laisser présager un rêve qui pointe à l'horizon. À la somme des bouquins que je consulte religieusement, tapissés de mes notes en marge du texte, surligné et habillé de bien des gribouillages, un simple coup d'œil aurait pu trahir mes désirs les plus profonds. Mes collègues de la clinique d'orthopédie de l'hôpital, où j'ai obtenu un remplacement ces derniers mois, sont trop taquins pour me permettre de leur ouvrir une porte. Seule ma collègue Lucie a tout deviné. Son regard maternel posé sur moi, un sourire au coin des lèvres, elle me dit : « Je sais que tu peux y arriver, toi aussi. » Malgré que je sois touchée par l'ouverture de mon amie, je traite mon rêve comme un trésor précieux et impartageable.

Mon obsession me tient éveillée même la nuit, non seulement pour aller vérifier les positions virtuelles des rameurs présents sur le grand bleu, mais surtout pour m'imaginer seule sur mon bateau au milieu des flots. J'entends le clapotis des vagues frappant la coque, le vacarme des tempêtes rugissantes ou le son incessant des coups de rame. Alors que de me visualiser dans une cabine ou en train de ramer me plaît, je reste plongée dans une peur intense en pensant au volume d'eau autour de moi. Pourtant, j'adore être sur l'eau. L'eau qui semble être l'objet le plus redouté ne l'est pourtant pas. Suffit de me regarder dans le miroir pour comprendre que la chose que je redoute le plus est de devoir mesurer les conséquences de ma décision et y faire face. Je suis effrayée à l'idée que ma vie va changer si je me lance dans une telle direction. J'appréhende ce que la suite me réservera si je me décide enfin, ce qui m'attendra de l'autre côté de ce grand revirement.

Je sais que ce projet impliquera des changements draconiens dans ma vie. En commençant par mon emploi plutôt stable qui me permet de payer l'hypothèque, d'être retournée à l'université dans l'espoir de trouver un autre travail afin d'avoir une meilleure qualité de vie. Avec mon amoureux qui souhaite fonder une famille, ce changement de cap m'expédie à la case prison du Monopoly pour encore bien des années. Est-ce que ce choix me marginalisera et fera de moi une vieille fille à jamais si je me retrouve seule à nouveau ? Inévitablement, suivre mon ambition nous séparerait, Jason et moi. Par respect pour ses ambitions à lui, et lui par respect pour les miennes, notre vie à deux touche à sa fin. Je ne pourrais imposer cette démesure à celui avec qui je forme un couple. En m'évadant dans les méandres de mon rêve, j'ai déjà fragilisé notre relation. Au cours des cinq dernières années passées ensemble, nous avons rencontré plus d'une difficulté et je nous connais trop bien pour savoir que ce projet sonnerait le glas de notre couple.

Statu quo. J'ai trop peur de bouger, comme si rester immobile allait régler la situation et que mon rêve allait s'évanouir de lui-même. Je suis dépassée par la grandeur de l'exploit. Je ne bouge pas, comme si ma passion pouvait s'endormir. Tranquillement, sur la pointe des pieds, je sors de zone comme on le ferait face à un panneau « Attention : chien méchant » devant la bête qui sommeille. Je tente de penser à autre chose et je cesse de nourrir ce rêve. Pire : je fais comme si la rame océanique n'existait pas. Lentement, j'étouffe ma dépendance et je me sèvre. Je délaisse les sites de rame, de course et de navigation, question de ne pas devoir constamment affronter ma lâcheté évidente.

Tout l'été 2008, je travaille de nuit. Équipe volante, remplacements de vacances, je me promène aux étages et rencontre d'anciens patients. Après un remplacement de plusieurs mois à la clinique d'orthopédie, le fait de retourner collaborer aux départements d'hospitalisation est un renouveau qui occupe mon esprit.

Plusieurs mois plus tôt, je me suis liée d'amitié avec une patiente bien spéciale. Cynthia a reçu un diagnostic de leucémie l'année dernière. Je l'ai côtoyée durant quelques semaines dans l'unité d'oncologie. Je me souviens de son désarroi le soir de sa première hospitalisation et de la réaction bouleversante de sa mère.

Le caractère ardent de cette adolescente me touche. Elle est de ces personnes qui ne mâchent pas leurs mots et qui ne font rien dans le but d'être aimées. Cynthia demeure elle-même, même si, étant plus gentille, elle s'attirerait bien des attentions. Dans la fleur de l'âge, elle manque souvent de délicatesse. Cynthia n'a pas de filtre et n'a pas peur de faire de la peine. Elle est belle de véracité et c'est ce qui fait toute sa valeur à mes yeux. Elle n'a pas de caprices et, si elle en avait, je ferais tout pour les assouvir. J'apprécie sa compagnie. Je passe régulièrement mes pauses café à ses côtés. Cynthia demande ma présence sans en tirer parti. Partager le silence avec elle n'est pas vide de sens et ne crée aucun malaise. Avec moi, Cynthia n'a pas à être gentille.

Ces derniers mois, j'ai suivi l'évolution de sa maladie depuis la clinique d'orthopédie. À l'occasion, je rencontrais Normand, son papa, à la cafétéria et il me transmettait les dernières nouvelles de son état de santé. Aussitôt qu'elle me réclamait auprès d'elle, je lui rendais visite.

Une nuit, cet été là, alors que je commence mon quart de travail dans l'unité d'oncologie, je vois son nom au tableau des patients. Je comprends tout de suite qu'elle ne va pas bien. Aussitôt que j'ai une minute, je vais vérifier si tout se passe bien pour elle. Sa santé s'est grandement détériorée ces dernières semaines. Cette nuit-là, je me sens vraiment impuissante devant son état.

Cynthia me demande de ne pas la laisser seule et je sais très bien que ce n'est pas un caprice. C'est la première fois que je vois la frayeur et, au même moment, le désir d'abandonner dans ses yeux. Même à l'époque où je la visitais aux soins intensifs, je ne l'avais jamais vue découragée à ce point. Je perçois maintenant une détresse immense en elle.

À ses confidences, je comprends qu'elle a le goût de baisser les bras et que, selon elle, son combat est terminé. Elle a peur, peur de laisser ceux qu'elle aime, peur de mourir. Elle, jeune fille de peu de mots, veut parler cette nuit-là. Je suis surprise, surtout dans son état actuel. Je veux qu'elle garde son souffle. Je me sens maladroite.

— J'en peux plus.

— Je sais, Cyn, je sais. Je vois plein de jeunes comme toi.

— De quoi tu parles ? Ta gueule. Tu sais pas c'est quoi se battre vraiment. Tu sais pas c'est quoi affronter tes peurs. Toi, t'as rien à dire. Tu sais même pas c'est quoi avoir peur pour vrai. Viens pas me dire que tu sais. Pis vous, les adultes, ici, vous savez pas c'est quoi vouloir baisser les bras. Vous vous battez pour que je reste, mais ça serait aussi correct de partir, t'sais.

Avoir peur de mourir, peur de quitter le monde, c'est légitime.

Baisser les bras, s'en aller aussi, c'est légitime.

Grâce à Cynthia, je comprends que si la vie peut m'imposer des batailles, je peux aussi choisir les miennes et les affronter à bras-le-corps.

Si certaines peurs sont inévitables, d'autres sont faites pour être surmontées, nous apprendre et nous dépasser.

Je réalise que j'ai tout pour réussir, j'ai la santé, j'ai la vie devant. Il ne me manque que de croire en moi.

106
107
FRANCE
Bonne fête Mimi!
30°
59
70
OCÉAN
ATLAN
79
MERCATOR PROJECTION
Scale 1:5,870,000 at Lat. 54° 00′

PROMISE À L'OCÉAN

Le matin de mes 30 ans, je suis loin de me douter que la nuit suivante va permettre à mon rêve de prendre son envol. Et comme pour sauter à l'eau, il faut que quelqu'un me tienne par la main.

Je commence à me sentir à l'étroit dans la grandeur de mon secret. Autour de moi, on remarque ma perte de poids due à mon entraînement obstiné et intensif. Je suis convaincue que c'est la meilleure chose à faire pour me préparer à affronter, un jour, l'océan. De plus, je suis complètement absorbée par mes recherches, téléchargeant des devis de courses, des budgets, des listes d'idées de levées de fonds ou des plans de demandes de commandite. Je visite tous les jours mes listes de matériel et mon budget sur fichier Excel, que je modifie et réimprime continuellement. Je traîne partout ce grand cahier à anneaux dans lequel je garde mes précieux documents, en prenant bien soin de conserver intact le mot que j'ai inscrit en grosses lettres sur la couverture, deux sessions d'études plus tôt : Biologie. Le plus horrible des cours de mon programme d'attestation d'études collégiales auquel j'ai survécu. Ce petit rappel me permet de croire que ça pourrait être pire. Mon retour sur les bancs d'école m'a permis de confirmer que je ne suis pas douée pour les études. Je vois dans mon projet une parenthèse, une façon de me soustraire à mes études universitaires à peine entamées. Pourtant, je me jure de terminer mon bac en communication si ce projet devait avorter d'une quelconque manière.

Mon rêve prend beaucoup de place. Mon amoureux me voit m'éloigner de nous dans cet enthousiasme démesuré. C'est maintenant difficile de le cacher à celui avec qui je partage mon quotidien. Il aime me voir m'épanouir dans cette passion naissante, mais je comprends dans son regard qu'il tente de dissimuler sa peine. Il comprend ma décision avant même que je sois capable de l'exprimer moi-même. Il me dit parfois : « Tu veux faire ça, hein ? », « C'est ça que tu vas faire maintenant, non ? » Qui ne dit mot consent. Jason a raison. Notre couple évolue maintenant avec ce non-dit énorme qui prend place entre nous.

Mon rêve est désormais trop grand pour continuer à l'étouffer. Le soir de mon trentième anniversaire, presque à la fin de la nuit, Jon, un bon ami, me demande comment j'entrevois la trentaine. Mon regard qui trahit quelque chose attire son attention. Les paroles de Jason me font sursauter : « Dis-le donc, là ! Ce soir, c'est ta soirée. » Jason est de ces sages qui savent tout sans avoir besoin d'en discuter davantage. Il sait que j'ai besoin d'une petite poussée pour faire le saut.

Mes amis, les yeux grand ouverts, l'oreille tendue, me regardent avec un point d'interrogation au visage, attentifs au moindre mot de ma part. Je chuchote : « Je vais traverser l'Atlantique à la rame ! » Je le dis si bas que je dois répéter au moins trois fois mon affirmation.

Enfin, je me sens légère. Comme si une tonne de briques venait de me soulager de son poids, je peux me tenir debout.

Mes amis sont inquiets, leurs réactions sont délicates, aimantes et fraternelles. J'ai réponse à toutes leurs questions. Quel type de bateau ? Quel parcours ? À partir de quand ? Combien de temps ? Allais-je devenir folle sans les voir si longtemps ? Allais-je être accompagnée ? Est-ce que je pouvais mourir ? J'y pensais depuis combien de temps ? Comment irais-je aux toilettes ? Est-ce que j'allais m'ennuyer ? Et surtout : pourquoi ?

Déjà, les uns me défendent des autres.

— Tu parles d'une question, elle n'a pas à se justifier ! Pourquoi ? Elle en a envie, c'est tout !

— Pour la même raison que d'autres vont aux Olympiques…

— … pour ses 30 ans !

Tous s'entrecoupent et se répondent. Quand ceux sortis fumer avant que mon secret soit révélé reviennent à l'intérieur du bar, ils ne comprennent plus rien. C'est une douce zizanie, belle à observer. Leurs réactions sont le plus beau cadeau d'anniversaire qu'on puisse me faire.

— Mais non, elle a trop bu, la Mimi. Trente ans, ça fesse, hein ? J'te l'avais dit que ça te rentrerait dedans, Mimi !

— Elle a pensé à ça à matin. Il faut qu'elle se lève plus tard demain. Tu as besoin de dormir, ma belle !

— Pour vrai, ayoye ! Comment, avec quel bateau ?…

Soudain, j'ai l'impression que le temps a suspendu son vol, et ce n'est pas parce qu'on a reculé l'heure et qu'on a une heure de plus au bar. Je me sens libre comme l'air.

C'est un moment adorable, exquis. Je n'aurais pu en espérer autant. Dix minutes plus tard, mon cas est résolu, mes amis me donnent leur bénédiction. Selon eux, si quelqu'un peut faire ça, c'est moi. Et on passe à une autre tournée, un tchin-tchin à ma santé, un tchin-tchin à ma traversée, et la fête continue.

Le lendemain matin, mon mal de tête me rappelle que je ne fais plus partie de la vingtaine, mais surtout que j'ai veillé trop tard… Avant même d'ouvrir les yeux, je suis saisie de panique. Non, j'ai vraiment

45

dit ça hier ? Et si tous mes amis déjeunent présentement ensemble et qu'ils sont en train de ridiculiser mon rêve, juste là, maintenant ?

J'imagine la scène : « Elle ne rame même pas, la Mimi ! Quelle lubie ! »

Je me sens comme si j'avais fait une folle de moi, comme si j'avais dansé nue sur les tables ! J'ai des regrets d'avoir trop parlé. Je revois mentalement les réactions de mes amis, leurs questions, mes réponses, leurs visages... Je me préoccupe de ce que mes amis peuvent penser de mon projet. Comme si maintenant que je l'ai révélé, je n'ai plus le contrôle sur lui. Avant de le partager, le rêve était embryonnaire et je pouvais le défendre farouchement ; maintenant qu'il prend forme, il risque de ne pas être respecté. Je sens mon rêve vulnérable porté par d'autres lèvres que les miennes. Jason me raisonne tant bien que mal en m'encourageant dans cette première étape, il me rappelle que tout s'est bien passé la veille.

Je sais que je viens de franchir un point de non-retour, autant à la rame qu'en amour. Je sais que notre séparation est imminente. Déjà, à la naissance de ce projet, j'ai commencé à m'éloigner de lui. Pauvre Jason. Je nous ai abandonnés quelque part en cours de route. Je me souviens qu'au lendemain de ma foudroyante découverte, plusieurs mois plus tôt, après que j'eus passé une nuit blanche à faire des recherches, il s'est levé et, m'apercevant au même endroit qu'avant de se coucher, il m'a dit : « Je sens que je viens de te perdre. »

Jason est comme ça, il sait tout. Et même si le coût est de le perdre, pour honorer cet homme merveilleux, je dois réussir.

Le dimanche matin 26 octobre 2008, j'écris un premier courriel au fondateur du Club d'aviron de l'Université de Montréal. La réponse est brève et rapide : « Tu es la bienvenue au club, entraînement demain matin, 6 heures ».

— ★ —

Comment trouver un montant de 350 000 $?

En planchant sur mon budget, je suis découragée. Je me demande comment rassembler une somme pareille. Un ami m'a expliqué que l'important est d'aller chercher de la visibilité qui me permettra de faire rayonner des images de marque et de décrocher des partenaires. Mais par où commencer ?

Je fais trois budgets. Le premier, pauvre, me permettra une traversée spartiate, mais efficace. Le deuxième, idéal, m'assurera un maximum de sécurité et des communications abondantes avec mes partenaires, mon équipe au sol, ma famille et mes amis. Le troisième, parfait, me garantira la totale, il m'offrira un grand confort et une préparation à toute épreuve, avec l'apport de spécialistes pouvant augmenter mes chances de réussite, et peut-être même la construction d'un bateau sur mesure.

En me battant avec les totaux de mes grilles de calcul, j'écoute la télévision d'une oreille. Dans une publicité, j'entends une animatrice inviter les gens du public à poser leur candidature afin de participer à une émission populaire qui donne la chance aux concurrents de gagner de l'argent, beaucoup d'argent. Dans la pub, l'animatrice pose trois questions : si on a un projet à réaliser, ce qu'on ferait avec 500 000 $ et si on est prêt à faire des vagues à l'émission...

J'hallucine, le mot est bien choisi ! Je suis la candidate idéale. Je tombe des nues. Les astres semblent être alignés pour moi.

Pour soumettre sa candidature, il suffit d'enregistrer une vidéo expliquant son projet. Bingo ! Dans la minute qui suit, j'écris à mon ami Jon, un as du septième art et des films d'animation. Comme il a lui-même provoqué mon saut dans le vide le soir de mon anniversaire, je me permets de croire qu'il sera sensible à ma demande.

Loin d'imaginer l'effet que sa réponse aura sur la suite de mon cheminement, Jon me répond un fabuleux : « *Let's do it !* »

Il me propose même d'écrire un scénario avec mon ami Denis. Denis est un gars fantastique, drôle, sensible. Leur participation commune au scénario apportera l'étincelle qu'il faut pour attirer l'attention des producteurs. Je donne carte blanche. On procède au tournage.

Plusieurs plans sont nécessaires : au parc Jean-Drapeau, au bord du Saint-Laurent, au bassin d'entraînement d'aviron de l'île Notre-Dame, à la maison et, clandestinement, un dimanche après-midi, à la clinique d'orthopédie de l'hôpital... Pendant que Jon et Denis travaillent au montage de la vidéo, je planche sur ma préparation.

Convaincue de me tailler une place à l'émission, je suis enthousiaste comme jamais. J'ai confiance en ce plan de match. Soudainement, tout devient possible. Cet espoir d'être choisie me permet de me visualiser en train de tout organiser, de rassembler, d'acheter, de m'entraîner et de partir. L'argent, durant plusieurs semaines, n'est plus un frein dans mon esprit.

Au cours de cette période, je compose soigneusement mes listes de matériel nécessaire à la traversée. Je demande même un devis pour la construction d'un bateau. Je passe plusieurs heures à scruter les sites Web et les blogues de rameurs, à la recherche d'informations à propos de leurs fastidieuses préparations. J'observe activement la progression de navigateurs qui traversent l'Atlantique en équipage. Je m'interroge aussi sur les types de cours de navigation offerts au Québec et leurs horaires pour l'année à venir, afin d'évaluer une date de départ potentielle. J'ai vraiment des ailes.

Avril arrive, ma vidéo est enfin prête à mettre en ligne. Elle est parfaite, drôle et sensible. Elle fera un tabac sur le Net. Tout est au top, c'est même plus que ce que je n'aurais espéré. Date limite pour le dépôt : 8 avril 2009.

Tranquillement, autour de moi, des gens commencent à découvrir mon projet. Ma sœur et son copain sont au courant, certains de mes collègues et des amis aussi. Lentement, j'apprends à répondre aux questions avec aisance, et ce, beaucoup plus adroitement qu'au départ.

Je suis prête à passer aux choses sérieuses. Avant que ma vidéo soit en ligne, je dois aviser mes parents. Et c'est ici que, pour la première fois, le courage me manque.

— ★ —

Lors d'une journée de ski en famille, je préviens mes parents que j'aurai quelque chose à leur raconter le soir venu. Je redoute depuis le matin de devoir leur exposer mon projet, car je devine qu'ils s'y opposeront, mais je me sens prête à répondre à toutes leurs questions et surtout à faire face à leurs objections. C'est inévitable de passer par là. Les décevoir sera un prix à payer en cours de route. Je suis tellement décidée que je sais que je ne retournerai pas en arrière, peu importe leur réaction.

Avant de commencer, je leur fais promettre une chose : visionner la vidéo jusqu'au bout. En échange, à la fin du visionnement, je répondrai à chacune de leurs questions.

La réaction de mon père ne se fait pas attendre. Durant la vidéo, je sens qu'il est difficile pour lui de se contenir. Sur son fauteuil, il semble bouillir d'impatience de prendre la parole. Je sais que je dois accueillir leurs réactions, quelles qu'elles soient. Jamais je ne m'étais imaginé une réaction de cette envergure, aussi vive et aussi forte. Aussitôt la présentation terminée, mon père me demande : « C'est tout ? » Il me semble que c'est assez. « Maudite affaire de fous ! Tu vas te tuer ! » Il se lève d'un coup, sort de la pièce et descend bruyamment au rez-de-chaussée pour exprimer son mécontentement.

Ma mère, plus sereine que je ne l'aurais imaginé, me pose des questions calmement. Elle m'épate ! On la croirait en train de gérer une prise d'otages. Comme si j'avais un déclencheur sous l'index, avec, au bout, une bombe prête à exploser. Je n'en reviens pas ; elle est si calme que je ne la reconnais plus. C'est le monde à l'envers : ma mère paisible et mon père en colère. Dans leurs comportements respectifs, je mesure tout leur amour.

Même si je ne l'avais jamais vue aussi stupéfaite, ma mère semble comprendre mon besoin de repousser mes limites.

— Mylène, tu ne rames même pas. C'est quoi, cette idée-là ? Non, ça va te passer. Voyons. Attends une semaine ou deux et tu n'y penseras plus.

— Je te jure que j'ai essayé de ne plus y penser. Maman, ça fait long-temps que j'y réfléchis, si tu savais...

49

Son « Non » me rappelle une autre époque, celle où je lui demandais la permission de rentrer tard le soir, avant d'avoir l'âge légal pour sortir dans les bars. Patiente, je l'écoute. Maman négocie.

— Pourquoi tu ne le fais pas en équipe ? Seule, c'est trop. En équipe, ce serait mieux. Comme ça, s'il se passe quelque chose, d'autres personnes pourront t'aider.

Je dois me montrer aussi ouverte qu'elle, elle qui me donne l'exemple. Je me dois de l'écouter et de mettre de l'eau dans mon vin.

Commencer en équipe me permettrait de gagner mes galons et de faire mes preuves à leurs yeux, mais surtout aux miens. La confiance ne s'achète pas, elle se construit dans l'expérience, ma mère me l'a toujours dit. Démystifier la mer à bord d'un équipage, me faire une bonne idée de son caractère et de celui de mon défi, ça me semble être une bonne idée.

Là où d'autres ont commencé d'aplomb, je serai plus sage et je commencerai en équipe. Je ne suis pas obligée de faire comme eux et d'y aller seule du premier coup. Il n'existe aucun manuel intitulé *Comment traverser l'Atlantique à la rame pour les nuls*, non plus que de recette toute faite, de guide ou de marche à suivre. Dans un projet comme celui-là, on n'improvise pas, on mesure tout. Cette nouvelle possibilité répond d'autant plus à mon besoin de me préparer sérieusement et de mettre toutes les chances de mon côté.

Au pire, ça prendra plus de temps, voire une année de plus... Après, avec plus d'expérience et de crédibilité, j'aurai plus de facilité à trouver des commanditaires. Parfois, il faut faire des détours ; le mien bifurque vers l'Atlantique Sud.

Je sens que je déçois mon papa. Je crois qu'il aurait souhaité une vie plus confortable pour sa fille. Jusqu'ici, je n'ai jamais rendu mes parents très fiers de moi, je ne me suis jamais conformée à ce que mes parents auraient voulu pour moi. Plus que tout, je veux réussir cette traversée et j'espère les rendre fiers de moi, fiers d'être mes parents. Moi qui n'a jamais rien terminé ou accompli. Ce dans quoi je m'étais engagée dans la vie était trop souvent mort dans l'œuf.

En même temps, la réaction de mes parents, particulièrement celle de papa, me semble démesurée. Avant de me voir désirer l'océan, je n'avais pas l'impression qu'il avait eu tant d'intérêt pour moi. Sa réaction trahit son amour. À sa décharge, souvent, les papas de cette génération sont maladroits, ils ne savent pas toujours comment aimer leur fille une fois celle-ci devenue adulte. Mon père a droit à sa réaction, aussi grosse que pure et vraie. Et la déception que je lis dans ses yeux devient un immense incitatif à les voir briller de nouveau.

Mon père est un homme de peu de mots. Il faut toujours lui tirer les vers du nez pour engager la conversation. Et pour obtenir une réplique certaine, truc infaillible : lui offrir un choix de réponses pour le provoquer un peu.

Il m'a cependant transmis une valeur importante : dans la vie, on n'a qu'une parole. Simple, mais ô combien riche d'enseignements. Déjà toute petite, j'en traduisais le sens. Je comprenais que n'avoir qu'une parole signifiait : si on dit quelque chose, c'est mieux d'être vrai, on doit réfléchir avant de parler, on ne doit jamais dire quelque chose qui dépasse notre pensée, mais surtout, si on dit quelque chose, on le fait.

D'un homme qui n'avait jamais fait de fausses promesses, c'est ce que j'avais compris. Mon père m'avait souvent répété : « Si tu dis quelque chose, tu le fais. »

Ma soif de réussir venait de trouver une nouvelle source. Pour honorer son enseignement, j'allais lui prouver que j'étais aussi dure et forte que lui. J'allais faire ce que j'avais dit. L'orgueil d'une fille à son père est parfois un puissant moteur. Et à partir d'ici, il me servira jusqu'à la fin, jusqu'à l'autre rive.

ACTE DE FOI

Mauvaise en anglais, je crois d'abord m'inscrire à la *newsletter* d'un équipage se préparant à traverser l'Atlantique à la rame au cours des prochains mois. Quelques minutes après avoir inscrit mon adresse courriel dans la case appropriée du site Web, je reçois une réponse me donnant plus d'informations pour participer moi-même au projet. Nerveuse, je demande plus d'explications. Je reçois ensuite un volumineux prospectus pour réponse, trente pages, que je commence à déchiffrer méticuleusement.

À la lecture du document, je constate que les organisateurs du projet ont déjà une bonne expérience de l'océan puisqu'ils ont tenté, un an plus tôt, de franchir l'Atlantique à la rame en équipage. J'avais suivi leur projet, La Mondiale, sur le Net. Matthew, commandant, et Peter, second, cherchent quatre hommes pour traverser l'Atlantique et, par le fait même, battre un record : rejoindre l'autre continent en moins de 40 jours. Je suis soulagée de constater qu'il ne s'agit pas d'une course. Je n'avais pas envie de me mesurer à d'autres rameurs, mais plutôt à moi-même, tout simplement.

Depuis plusieurs années ont lieu les courses de la Woodvale Challenge et de la Bouvet Rames Guyane. Dans la première course, anglaise, des navigateurs prennent le départ en équipe de deux ou de quatre, ainsi que des rameurs solitaires dans différents modèles de bateaux et de coques. La seconde, une course française, met en compétition des rameurs solos à bord de leur bateau respectif, standardisé, suivant un modèle précis de construction. L'une se déroule entre les îles Canaries et Antigua dans les Caraïbes ; l'autre relie le Sénégal à la Guyane. Je surveille ces courses depuis que j'ai découvert ce sport, mais je ne me suis jamais sentie attirée par elles. Surtout qu'elles se déroulent normalement au sud et que, le sud, avant de suivre les conseils de maman, ne m'intéressait pas. Région trop chaude et trop sujette à la monotonie des alizés. Comme papa, je préfère le froid et les sensations fortes.

Alors que j'avais suivi le projet La Mondiale, je me souviens de m'être sentie personnellement touchée, voire impliquée, quand cette histoire a connu une fin malheureuse, désastreuse. J'avais été remuée d'apprendre la perte du bateau, l'imaginant seul en mer, brisé, abandonné. À ce moment, j'étais loin d'imaginer que j'allais tirer parti de ce fiasco. Si j'avais su que deux des hommes à son bord me donneraient la chance d'être membre de l'équipage qui allait venger leur perte quelques semaines seulement après leur défaite, je ne l'aurais jamais cru.

Parce que ces deux aventuriers ont connu la débâcle sur l'océan, je suis convaincue qu'ils ne laisseront maintenant aucune place à l'erreur. Forts de leur expérience, ils mesureront tous les risques. Selon moi, leurs apprentissages vont contribuer au succès d'une nouvelle tentative. Il y a deux types de défaites : celle devant laquelle on bat en retraite, la queue entre les jambes, abdiquant, la peur au ventre de retourner au combat, et celle qui nous nargue, nous incite à nous relever et à nous préparer au prochain coup. Je suis persuadée que ces rameurs sont de ceux qui se relèvent et qu'ils ont le désir d'en finir avec ce vieux rêve, cet immense défi. *Unfinished business* avec l'Atlantique.

Rapidement, ils me proposent de leur envoyer ma candidature. Peu efficace en anglais, je demande l'aide d'une amie. Marie-Josée me rassure et me garantit son aide pour bien comprendre mes premiers échanges avec eux. Après avoir saisi le sens de leur démarche, Marie-Josée et moi rédigeons une lettre et mettons à jour mon CV.

Après que j'ai postulé suivent plusieurs discussions. Les premières me laissent démotivée tellement je ne saisis qu'une infime partie de leur discours coloré de leurs accents britannique et irlandais. Avec moi, ils sont patients, gentils. Ils me diront plus tard qu'ils voyaient chez moi beaucoup de volonté. Ils me questionnent sur la façon dont je prévois financer mon défi. Pour rassembler la somme de 15 000 livres sterling, je leur explique que le profit réalisé avec la vente de ma maison me donnera un peu de liquidités. Je suis aussi convaincue d'être choisie comme concurrente à l'émission, ce qui me permettrait de gagner une bonne somme d'argent. À l'appui, je leur envoie ma vidéo de participation et je les informe que je suis extrêmement heureuse de ma performance lors de l'audition à laquelle j'ai été convoquée. Je leur soumets également quelques idées de financement « plan B ». Comme je désire aussi amasser des fonds pour la Fondation CHU Sainte-Justine, j'ai le soutien du personnel pour travailler à l'élaboration d'un plan de commandite et approcher des partenaires.

Comme ces navigateurs désirent pulvériser un record de vitesse et que je ne me sens pas l'âme d'une athlète, je leur exprime mes doutes au sujet de mes capacités physiques à contribuer au programme. À cela, ils répondent que la rame océanique, c'est d'abord une question de tête et d'esprit, et que même le plus grand des sportifs peut heurter un mur. Ils sont persuadés que je vais tout donner malgré ma petite stature. J'ai de l'ambition, de la volonté, et c'est tout ce qui compte dans un projet pareil. Dans ma tête, c'est impensable de les savoir prendre le large sans ma petite personne à bord. Obtenir un refus de leur part serait une catastrophe.

À leur question qui vise à savoir pourquoi je désire traverser avec eux, je réponds que c'est pour moi une étape, une simple préparation à ma traversée de l'Atlantique Nord l'année suivante. J'apprendrai, une fois dans l'aventure, qu'il ne leur en avait fallu pas plus pour les convaincre de ma bonne volonté.

« *She's keen* », comme disent les Anglais.

Enfin, le condo est vendu. En juillet, j'irai m'installer chez Denis, mon très bon ami. N'ayant pas besoin de tous mes biens matériels, j'organise un encan qui sera le point de départ de ma collecte de fonds tant pour moi que pour la Fondation de l'hôpital où je travaille. Autant pour les sommes que je peux amasser que pour témoigner de ma volonté, cet encan marque le début de ma nouvelle vie.

À la suite de la vente du condo, une fois nos dettes communes à Jason et à moi compilées et remboursées, les quelques milliers de dollars qui restent dans mon bas de laine correspondent à la somme que je dois envoyer à mes coéquipiers, en Angleterre, en guise de dépôt pour réserver ma place à bord. Je réfléchis, je retourne le tout dans mon esprit. J'ai toujours un bon emploi et la vie devant moi, ai-je vraiment besoin de me lancer ce défi ? Personne ne m'oblige à monter à bord avec ces gens que je ne connais pas. C'est ma dernière chance d'y réfléchir, après quoi je sais que je ne pourrai plus reculer ou me remettre en question.

Je décide de suivre mon intuition. Ma foi, forte et certaine, me fait avancer. *All-in.*

Je passe à la banque afin de faire des démarches pour transmettre l'argent en Angleterre. La somme demandée en guise de dépôt est de 3 000 livres sterling. Après la transaction, le solde de mon compte de banque indique 1,68 $. Je sens que je jongle avec ma chance. J'ai pleinement conscience que la ligne est mince entre une bonne décision et une erreur monumentale, une erreur hors de prix. Moi qui gagne à peine un salaire de 30 000 $ par année... C'est l'équivalent de la somme que je dois trouver d'ici les six prochains mois pour réaliser cette première traversée.

À la sortie de la banque, avec moins d'argent en poche qu'il ne m'en faut pour m'offrir le luxe d'un café, je déambule rue Saint-Hubert. Je regarde les gens circuler. Je m'assois sur un banc. Je réfléchis. Comme pour confirmer ma décision, je me questionne. Est-ce que c'est ici que je veux être ? Je suis complètement libre de tout arrêter et d'annuler mon transfert d'argent dans les prochaines heures si je change d'avis. J'hésite. Personne ne m'en voudrait de reculer.

Alors que j'ai encore une porte de sortie, que je suis encore capable de tout arrêter, je saisis ici une chose fondamentale pour la suite de mon parcours : je suis libre. Libre d'avancer. Cette sensation vaut beaucoup plus que le prix d'une tasse de café. Cette prise de conscience, importante pour moi, restera gravée dans ma mémoire.

Je me sens riche même si je n'ai plus rien : plus d'amoureux, plus de maison et bientôt, bien que temporairement, plus d'emploi. Je tente de me convaincre que tout ira bien. Faire table rase du passé me donne l'impression que le monde est possible. Je sens que les plus belles aventures sont devant et que je tiens les rênes de mon avenir.

J'ai le courage et la capacité de contracter de nouvelles dettes et, peut-être un peu aussi, la naïveté de croire que je trouverai la somme qui comblera mes besoins et mon manque à gagner. J'ai confiance en ma bonne étoile. Sur le chemin du retour, je chasse les moments de doute.

Je rentre à la maison. Dans le fouillis de mon déménagement, je relis une centième fois la copie du prospectus de course. La première que j'ai imprimée, celle que j'ai traînée partout, pliée en quatre dans mon *Collins* de poche afin de la repasser au peigne fin dans les moindres détails lors de mes moments libres. La copie sur laquelle j'ai fait la traduction, celle avec les pages gribouillées, biffées, surlignées de coloris fluorescents marquant les passages importants.

J'imprime une copie vierge, neuve et toute belle.

Je tiens mes deux copies côte à côte. La vieille, à gauche, témoin de ma réflexion. La neuve, à droite, promesse d'un avenir rocambolesque. Après m'être assurée de la compréhension du texte en relisant la copie de gauche, j'appose mes initiales au bas de chaque page dans une petite case prévue à cet effet sur ma copie de droite. Je m'engage à ramer 12 heures par jour : initiales. Je m'engage à respecter les autres : initiales. À me conformer aux règles, à respecter l'horaire de rame, à répondre aux commandements, à obtenir mes certifications, à conserver une bonne attitude, à donner tout ce que j'ai dans le ventre... tout ce que j'ai. Justement, je viens d'envoyer toute ma fortune !

Il faut parfois mettre la charrue devant les bœufs, et cette charrue, c'est ma locomotive à moi, ma force pour aller en avant.

Durant tous ces chambardements, j'affronte le silence de papa. Il souhaite ne rien entendre de mes folies. Pour lui, c'est de la pure maladie, du suicide.

Je me raisonne en me répétant que l'on craint ce qu'on ne connaît pas. La peur mène aux jugements, aux préjugés, tout simplement. Je me sens condamnée d'avance tellement le regard de papa est déçu, triste. Je le sens en colère contre moi. Ça m'est insupportable, alors je laisse son attitude creuser lentement un fossé entre nous. Après tout, il a droit à sa réaction.

Idem pour tous ceux et celles qui me traitent de folle. Ils peuvent bien penser ce qu'ils veulent. Au fond de moi, je conviens que mon défi les amène probablement à affronter leurs propres limites, leurs peurs, leurs rêves inavoués, enfouis. Prétentieuse, je me raisonne en me disant que j'aurai au moins servi à ouvrir certains esprits étroits, paresseux. Avoir une opinion préconçue est beaucoup plus facile que tenter de comprendre, connaître, approfondir et apprendre.

C'est très difficile de savoir mon père inquiet, mais je l'excuse et le protège aux yeux de ceux qui me rappellent son absence. Papa a besoin de temps pour se faire à l'idée. En respectant ses besoins autant que ses réactions, je résiste à l'envie de l'affronter, ça n'aurait pour effet que de nourrir d'angoisses supplémentaires nos deux têtes de mule. Je choisis de me consacrer pleinement à ma préparation et d'y concentrer toutes mes énergies.

Quand je me sens accablée devant le défi des préparatifs, je pense à papa et ça me donne une motivation pour augmenter le régime. L'orgueil me pousse à lui prouver que j'ai raison, que je suis capable. Si c'est une folie, c'en sera une des plus belles.

J'ai quelques mois à peine pour me préparer : passer mes certifications de navigation et de survie en mer, apprendre un maximum d'anglais, m'entraîner, rassembler le nécessaire pour être prête à partir à Noël, et surtout trouver des milliers de dollars, des dizaines de milliers de dollars.

Depuis l'autre côté de l'Atlantique, mes coéquipiers m'aident à établir mes priorités. Je reçois régulièrement des nouvelles sur l'avancement du projet : combien de rameurs ont reçu le prospectus, combien ont postulé au programme, comment progressent les travaux sur notre vaisseau : le *Sara G*. Je leur parle une fois par semaine afin de rester à l'affût ; ils me donnent des mises à jour précieuses, encourageantes, positives. Avant chaque appel, je vis le suspense de savoir si quelqu'un vient de se joindre ou non à l'équipe. Lentement, au même rythme que les travaux avancent sur le bateau, se dessine une équipe solidaire, unique. Je sens que je fais partie de quelque chose, quelque chose d'intangible certes, mais de concret, tellement concret.

La présence de Denis m'aide à passer à travers mes moments de doute. Quand rien ne va plus, c'est bien d'être entourée de relations solides. Denis est mon meilleur ami. Il me fait rire, me soutient et me donne toujours l'heure juste, même quand c'est difficile. Dans l'appartement du quartier Petite-Patrie, nous sommes trois : Denis, Olivier et moi. J'adore ma nouvelle vie de colocataire basée sur l'échange et le partage. Ironiquement, je sens qu'elle me prépare à vivre à six, dans l'étroitesse d'un frêle esquif.

J'ai aussi la chance de compter sur Denis pour mon projet. Il me conçoit un joli site Web qui comporte un beau plan de commandite. Ces outils me permettent de voir mon projet prendre forme, du moins sur papier et sur Internet.

Pas de nouvelles de l'émission télé. Je devine alors que ma candidature n'a pas été retenue. J'aime à penser que ce sont eux qui manqueront le bateau. Je ferai de même pour toutes les demandes sans réponse, toutes les démarches sans résultat. Je constate bien malgré moi que je ne peux pas me permettre d'attendre après les autres. Il me faut devenir cette personne qu'on a le goût de suivre, ce leader-né. Les vrais leaders ont une attitude à tout casser, ils sont forts et volontaires. Pour cause, je résiste à la tentation d'être négative et je chasse le moindre mauvais esprit de mes pensées. Ces semaines durant lesquelles je travaille de nuit à Sainte-Justine et où, le jour,

59

je planche sur mon projet me donnent le vertige. À travers mon quotidien difficile, je bâtis ma confiance, mon aplomb.

Pour trouver des partenaires, il me faut de la visibilité et, pour ce, je dois me faire connaître des médias. Comment et par où commencer ? Comment parler de mon projet en ondes ou à la télé ? Je fais des recherches sur le Net, je fouille tous les sites Web d'émissions où je crois pouvoir avoir une vitrine. Après avoir constaté les piètres résultats à la suite d'un envoi massif de dossiers de présentation, je choisis de passer par une autre porte, celle de derrière... À partir des mêmes sites, je collectionne les noms de recherchistes, de journalistes et de réalisateurs, que je retrace ensuite sur Facebook. En m'assurant de m'adresser aux bonnes personnes, je lance différents modèles de messages pour faire connaître l'illustre inconnue que je suis. Ça mord. Je commence à donner des entrevues dans la semaine qui suit. Plus tard, quelques partenaires se joindront à moi, une station de radio, une entreprise, une agence... De surcroît, j'accumule des dons pour ma cause : les enfants malades du CHU Sainte-Justine.

Durant l'été, la patronne de la Direction des soins infirmiers m'annonce que mon congé sans solde est accepté, fiou... J'avais tout misé là-dessus. Six mois. Je constate que les mots « sans solde » font rapidement partie de mon quotidien, à commencer par leurs synonymes, inscrits en lettres vertes sur les terminaux de paiement de toutes les caissières que je rencontre : *Fonds insuffisants*. Heureusement, j'ai mes cartes de crédit pour me sauver la face à d'innombrables reprises. Je sais que je peux compter sur elles encore un moment.

En octobre, je dois me rendre en Angleterre. Enfin, je rencontre les coéquipiers avec qui je m'exerce en anglais, travaille sur le bateau et procède aux essais en mer. Importante étape qui me permet de me faire confiance pour la suite des choses.

Je voyage entre Christchurch et Lowestoft, Oxford et Londres, mais, la plupart du temps, je suis hébergée dans la grande ville chez mon amie Jennifer. J'ai connu Jennifer alors qu'elle cohabitait avec mes amis à Montréal, durant ses études, quelques années plus tôt. Elle m'accueille et se rend disponible pour m'aider dans mon projet. J'ai rarement partagé autant de fous rires et de moments ridicules avec quelqu'un. Rapidement, nous devenons des amies. Sa présence est un phare durant ces semaines de stress et d'incertitude. Depuis son appartement de Londres, je planche sur mon projet le jour durant ses heures de travail et, le soir, on passe du temps ensemble. Grâce à elle, la période la plus redoutée de ma préparation devient lumineuse. Je ris, j'apprends à prendre la chose avec moins de sérieux et à ne plus m'en faire pour rien. Elle me fait comprendre que, si je suis convaincue de faire de mon mieux tous les jours, je ne pourrai jamais m'en vouloir si ce projet devait ne jamais fonctionner. Les deux mois passés en Angleterre me permettent de collectionner les bons souvenirs avec elle autant qu'avec mes coéquipiers, mais surtout de mieux comprendre la culture dans laquelle je vais baigner durant toutes ces semaines en mer.

Là-bas, j'obtiens les certifications nécessaires afin de monter à bord : cours de navigation, radiofréquence et survie en mer. Mes cours s'avèrent aussi profitables pour apprendre l'anglais et me familiariser à l'accent britannique, ce qui pourrait également devenir une question de survie !

Après nos essais en mer, mis à part l'accent, je me sens égale à mes camarades. Ce soir-là, sirotant une bière, on apprend à se connaître davantage. J'écoute, mais je parle peu ; mon anglais coule mal.

Une camaraderie manifeste se dégage. Je sens que j'aurai cinq frères durant quelques semaines. Notre rencontre efface toutes mes craintes d'être la seule femme à bord. Je me sens faire partie d'une fratrie, celle des rameurs d'océan. Je goûte à un univers que je ne connaissais pas. Je sens enfin que je fais partie de quelque chose.

RENCONTRE
AVEC L'ATLANTIQUE

De retour à Montréal pour compléter mon financement, je me prépare pour mon grand départ vers le Maroc. Question d'économie, je quitte Montréal le matin de Noël, car le billet d'un jour férié me fait économiser plus d'une centaine de dollars. À Dorval, ma famille est là, mon ami Luc, ma petite-cousine... Au moment de les quitter, je serre papa et maman dans mes bras. Alors que je serre papa encore une dernière fois, lui qui a gardé le silence si longtemps me dit : « Allez, tu voulais partir, là, vas-y... T'es capable. » Ses paroles m'accompagneront longtemps.

Après un transit à Chicago, je rejoins Jennifer à Londres pour un dernier déjeuner. Je quitte ensuite Gatwick avec un membre de mon équipe pour nous envoler vers l'Afrique.

Dès l'instant où on pose les pieds à Agadir, je sens qu'être francophone sera un atout. Pour récupérer notre bateau, envoyé par conteneur il y a quelques semaines, il faut se faufiler dans une bureaucratie gouvernée par une hiérarchie complexe et plutôt douteuse. Là, rien n'est informatisé, tout fonctionne à l'estampille du dernier gradé, et les lois ne semblent pas être écrites dans les mêmes caractères pour tous. On dirait la maison des fous d'Astérix. Des estampilles, nos papiers, la gendarmerie royale, nos passeports, un numéro, une fiche, la garde côtière, la douane... Tous les jours, il faut batailler pour obtenir un nouveau papier ou un nouveau formulaire. Ma langue maternelle brille par son utilité, mais mon genre féminin, lui, semble contrarier le moindre des bureaucrates. Ces quelques jours me permettent de gagner de la confiance en moi et de la valeur aux yeux de l'équipe. Je sens que je suis utile. Dans l'incertitude qui accompagne alors mes pensées, me sentir indispensable m'aide à regarder en avant avec assurance.

Nos deux premières tentatives de départ se soldent par des échecs, résultats d'une météo trop changeante, des courants côtiers imprévisibles et des vagues qui risquent de nous pulvériser sur les récifs. Après chaque tentative, j'accompagne le capitaine à la douane pour servir d'interprète et donner des explications, remettre nos six passeports à la gendarmerie royale pour faire annuler nos estampilles et nous permettre d'accoster de nouveau à la marina. Je me fais gronder en français. J'ai droit à un sermon interminable, comme si le fait d'être une fille le leur permettait. Les gendarmes tentent de me faire admettre que notre projet est chimérique, absurde, et nous, stupides et idéalistes. Nous leur faisons perdre leur temps. Ils sourient à mon capitaine, chez qui je sens un malaise évident, et narguent ma petite personne. Selon eux, je suis l'unique responsable de ces deux échecs. Durant ces altercations, je comprends un tout petit peu, je l'admets, ce qu'est d'être une femme dans cette région du monde. Je suis là, soumise à leurs blâmes et réprobations, impuissante. Ils ont le gros bout du bâton. Je réponds aux ordres du responsable de mon groupe, soit de rester calme et obéissante, car ces hommes ont le pouvoir de nous empêcher de partir. Que je sois la seule à être réprimandée, à me sentir humiliée n'est rien, ce sont les besoins de mon équipe qui importent. Je n'en suis qu'une partie, un morceau.

Même si j'ai le sentiment, à ce moment, d'avoir acquis une certaine crédibilité grâce à ma langue maternelle auprès de mes collègues, je sais que je devrai repartir à zéro une fois sur l'océan et gagner à nouveau leur respect.

Après avoir surmonté le stress de la première journée, je me plais à avancer dans l'inconnu. Le courage est une résolution que je décide d'adopter. Même si j'ai peur, je choisis d'en faire fi. Les deux membres de l'équipage qui ont une expérience en rame océanique nous réconfortent en nous répétant que ce sport est une affaire de tête. Dix pour cent se passent dans les jambes, le dos, les épaules, et 90 % entre les deux oreilles. À bord, nous sommes tous sur un pied d'égalité. Même si des super sportifs, des athlètes et des costauds se mesurent à moi, personne n'a eu le loisir de s'entraîner sérieusement durant les dernières semaines de course folle qui ont précédé le départ. Les premiers jours promettent bien des courbatures.

Dès le début, j'ai du mal à voir le bout. Le défi de ramer deux heures consécutives se présente six fois par jour, à intervalles de quatre heures, et l'imploration du repos de même. Six fois par jour, durant de nombreuses minutes, sinon deux heures, je supplie Morphée d'attendre avant de m'envelopper de ses bras. Tous les jours comptent 12 heures de rame et 12 heures d'autres choses : se laver, se faire à manger, faire le lavage, le plan de navigation, le ménage, écrire, donner des nouvelles à nos proches, se soigner et, enfin, dormir. Je prends la décision de n'entrevoir qu'un quart de rame à la fois, le présent ou le suivant. Ne rien prétendre avoir à faire de plus que maintenant ou durant les quatre prochaines heures. Ne penser qu'au quart d'après, celui de congé si je rame, et celui de rame si je suis en pause. Rapidement, je constate que rester dans le présent m'aide à désamorcer mon stress... Ici, maintenant, je n'ai pas de problème, aucun. Il suffit de ramer, un coup de rame à la fois. En anticipant le reste, en regardant l'immensité du bleu devant et vers l'ouest, en pensant aux 12 heures de rame quotidiennes, j'ai la sensation d'être dans une impasse, j'ai parfois même un malaise à la poitrine, et un doute s'installe...

Je découvre que j'adore ramer. J'ai l'impression d'être toute-puissante quand je sens le bateau filer sous nos coups, sous la force de notre alliance. Tous les quarts sont différents. Ceux de midi, ceux

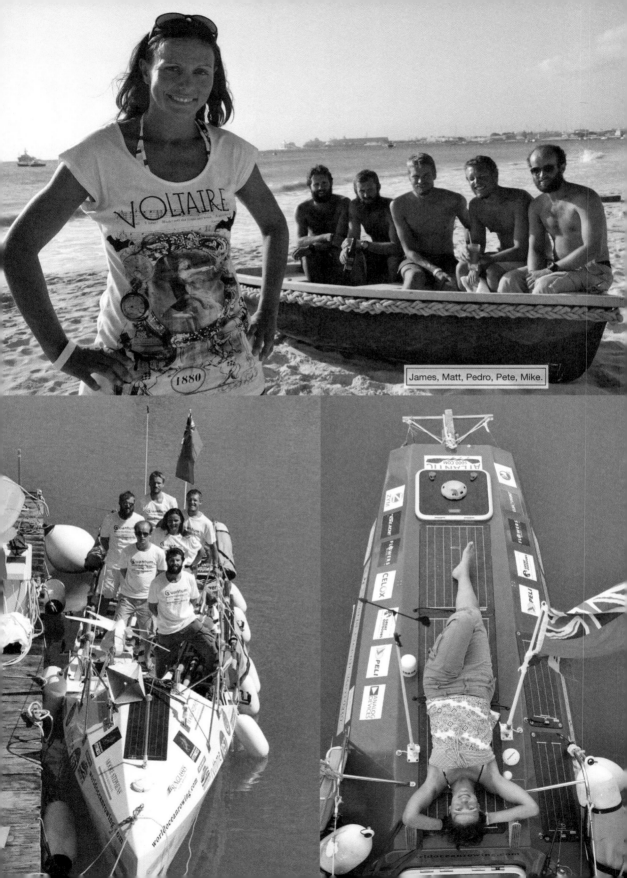

James, Matt, Pedro, Pete, Mike.

de fin d'après-midi, de début de soirée, de nuit, de matinée, d'avant-midi ; tous ont leurs avantages et leurs inconvénients. À chaque heure son spectacle. En traversant les fuseaux horaires, lentement, l'océan nous offre différents tableaux dans lesquels la lune se déshabille toujours davantage. Trois rameurs à la fois, on avance, auditoire et interprètes dans ce théâtre incroyablement beau, démesurément grand.

Là sur l'océan, seule et fière représentante de mon peuple, je suis l'unique ambassadrice d'Amérique. Pour me taquiner surtout, cela dépend de mon discours, on me nomme l'Américaine, d'autres fois la Française, jamais la Canadienne ou la Québécoise... Je mords à coup sûr.

Je vis une existence nouvelle, comme la cadette de cinq frères souvent narguée, mais combien de fois défendue. Fraternité et camaraderie se bousculent tellement l'esprit d'équipe est bon. Comme une enfant qui découvre le monde sous un nouveau jour, je grandis au cours de ce voyage fabuleux. La finalité de notre tentative reste tellement incertaine que chaque jour est une victoire en soi. Et cette incertitude dans laquelle on baigne constamment me rend à l'aise dans le présent. Je suis bien, je refuse de penser à demain, trop loin devant.

Pour la première fois de ma vie, je saisis le sens du mot *liberté*. Étrangement, moi qui n'avais jamais été soumise à un emploi du temps aussi strict ou à des quarts de travail incessants, véritable galère, je n'ai jamais eu la sensation d'être aussi libre, affranchie. Malgré cet horaire de fous, je n'ai pas l'impression d'être astreinte, captive ou contrainte. Et non plus prisonnière, en dépit du confinement. Je suis là où je voudrais être, nulle part ailleurs. J'ai le cœur léger, la conviction d'être à ma place, au bon endroit.

L'équipage a appris très tôt, dès nos premières discussions, que je déteste me retrouver seule dans l'eau. À la grande surprise des autres, je propose d'être la première à sauter, s'ils me suivent, évidemment. Si je ne peux être seule dans l'océan quelques minutes avec cinq hommes dans l'embarcation pour guetter la présence des bêtes et assurer ma sécurité, je devrai tirer un trait sur mon rêve de traversée en autonomie complète. Je me convaincs donc que je n'ai pas à avoir peur, que descendre dans l'eau est un jeu, un rite de passage, après quoi je pourrai prétendre être capable de m'élancer seule sur l'océan, un jour.

Quand Peter sonne l'heure de la récréation, il nous demande qui est prêt à plonger. Comme si mon esprit observait mon corps faire ce qu'il lui dicte, je me prépare à sauter le plus rapidement du monde, tel un automate, sans émotion aucune. Sous les encouragements de mon petit public, poussée par l'orgueil et le courage, je plonge. Au moment d'entrer dans l'eau, mon corps en entier est chatouillé par les bulles d'air emportées avec moi sous la surface, j'entends leurs pétillements. Je retiens mon souffle. Je ne pense qu'à la prochaine étape : sortir ma tête de l'eau et attraper le bateau. Je perçois la différence de température sur mon corps, l'eau est plus froide à mes pieds qu'à mon tronc et à mes bras... Je remarque que mon cœur bat plus fort et pousse tout mon sang dans mes artères et mes veines. Mes oreilles bourdonnent, j'ai le vertige, comme si je pouvais tomber de haut, de très haut. Je suis tout sourire, fière, excitée d'affronter mon côté sombre. Mes camarades crient et m'encouragent. Je mets doucement un bras devant l'autre afin d'agripper le bateau. L'image que j'ai de lui est voilée par le sel dans mes yeux. Aussitôt que je touche à notre esquif, je me retiens à lui. Je suis maintenant mieux, plus calme, et je décide de rester dans l'eau. Cette première rencontre avec le grand bleu me permet d'embrasser ma peur, de lui faire face, comme pour régler quelque chose avec moi-même au plus vite.

Alors que je suis dans l'eau à quelques mètres du *Sara G*, je retiens mon souffle, j'observe les dorades par dizaines nager sous le bateau, je distingue aussi les petits poissons-pilotes autour de nous. L'eau est limpide, d'une infinie bleutée. Je vois des oiseaux prendre une pause et nous observer, assis sur l'eau, comme perchés sur la mince ligne qui sépare ces deux univers.

Soudain, je touche à un sentiment jamais éprouvé. Je constate ma chance, ma chance d'être un élément de cet univers. Comme si ma présence était justifiée, je me sens légitimée, autorisée à être ici, à être en vie et à le demeurer. J'ai droit, moi aussi, de faire partie de cet océan merveilleux où tout semble à sa place. Je sens que je participe au monde qui m'entoure. J'ai l'impression que nous formons un tout. Un équilibre parfait règne entre les prédateurs et leurs proies. S'il advenait quelque chose à ma petite personne, ce ne serait rien, j'aurais le sentiment de contribuer à ce tout, d'appartenir à cette immensité.

Régulièrement, nous croisons des déchets. Parfois par petits groupes, d'autres fois seuls, remplis d'anatifes ou d'algues... Outrés, nous nous questionnons sur leur provenance, sur la façon dont ils peuvent se retrouver ici, au milieu de nulle part, dans ce no man's land. On se questionne sur le pourquoi et le comment. Chacun nourrit la discussion avec ses connaissances du problème du plastique dans les océans. On parle de la *Great Pacific Patch**, des tourbillons océaniques et des courants de ce côté-ci de la planète. On comprend que ces déchets peuvent venir autant de dépotoirs à ciel ouvert que de la mauvaise gestion des rebuts, des transporteurs, peut-être des croisiéristes, des gens à la plage, du manque de lois et de mesures... On rêve de solutions pour nettoyer les océans, on imagine d'énormes réservoirs et des filets immenses pour nettoyer les eaux, on imagine des lois, des chartes ou des ententes entre les pays, autant de solutions utopiques que de solutions magiques. On se perd dans des envolées où tout n'est pas possible, car il y a toujours de nouveaux problèmes qui se présentent. Je tente de comprendre, mais je suis frustrée de savoir que les animaux marins ou d'innocents mammifères qui croient pouvoir s'en nourrir peuvent s'étouffer ou s'intoxiquer avec ces détritus, puis mourir.

Je me sens honteuse de nous savoir, nous les humains, responsables de milliers de drames et de pertes de bêtes qui semblent si éloignées de nos existences. Je me questionne sur l'effet papillon de mon mode de vie. Je réalise que ma consommation à moi peut influer sur le parcours de vie de mammifères marins, de poissons et d'oiseaux aussi loin ailleurs dans le monde. Je me sens complètement dépassée par ce problème.

Je suis triste de constater que rapidement certains de mes coéquipiers deviennent indifférents à la présence des déchets. Pour eux, dans la mesure où il n'y a pas de solution possible, mieux vaut éviter d'aborder le sujet et faire comme si le problème n'existait pas.

Pour ma part, plus je vois des déchets, plus mon indignation grandit. À partir de mes constatations, je commence à être inquiète davantage pour l'océan et ses êtres vivants que pour ma simple et petite personne. Doucement, mon intérêt pour l'environnement se développe. Face à la mer, témoin d'une grande injustice, je me sens devenir responsable de parler pour ceux qui l'habitent. Je veux mieux les connaître et parler tant de leur beauté, de leur grandeur, de leur nombre que de leur précarité.

L'océan est en vie, mais bien fragile. Il est autre chose qu'une frontière à franchir, un garde-manger, autre chose qu'un milieu hostile à ne pas fréquenter. Bien qu'il semble infini, il n'est pas si vaste qu'on peut l'imaginer. À preuve, ici, on le parcourt à la rame.

Je me réveille souvent à mi-jour, mi-nuit, sans savoir où je suis. Je regarde rapidement notre position à l'écran, j'observe la vitesse de coque et la vitesse sur le fond. Deux indices indéniables qui me permettent de savoir si je vais profiter d'un quart de rame agréable. J'enfile mon ciré, je pige une barre tendre, des bonbons ou un sac de noix dans ma réserve, j'en avale une bouchée, je prends ma bouteille d'eau, mon iPod et hop ! à ma position. Pedro, lui, exténué, rentre et prend ma place, celle que je viens de lui céder, sur la couchette. Il m'arrive de me rendre compte que, les écouteurs sur les oreilles, la musique dans le tapis, derrière moi, deux coéquipiers discutent, et alors je me mêle à leurs conversations au cœur de la nuit. La grande noirceur incite souvent aux partages de confidences les plus intimes, aux commérages, aux discussions sur le sens de la vie, que la lumière du jour ne laisserait pas exister.

Le jour, c'est l'action, les rires aux éclats, la camaraderie, les taquineries, la musique aussi. Dans les moments les plus pénibles, pour faire abstraction de l'ennui, on invente des jeux de devinettes et d'énigmes. Se raconter des histoires reste ce qui brise le plus la monotonie.

ATLANTIC 2010
MATT CRAUGHWELL
PETER WILLIAMS
ENE PAQUETTE
S KENWORTHY
E JONES
RO CUNHA

Traverser l'océan à la rame est un défi mental bien plus que physique. Traverser l'océan en équipage est un défi social, culturel autant que psychologique. Tout est stratégie, c'est une question de survie. Je réalise aussi qu'être seule avec cinq hommes peut être le meilleur moyen pour me préparer à me sentir seule !

Dans les difficultés que je rencontre, je me ramène à l'ordre en me centrant sur mon objectif : me préparer en vue de ma grande traversée en solitaire. Je suis ici pour apprendre, observer, voir et faire le plus de manœuvres possible. Je dois me rappeler constamment pourquoi je suis ici.

Souvent, après avoir épuisé nos redondants sujets de conversation, celui de ma future traversée nous occupe. On se plaît à imaginer mon point de départ, mon point d'arrivée, la saison de l'année, les commanditaires potentiels... Et tout le monde se laisse bercer dans la projection de ce rêve que personne à bord n'entreprendrait sinon moi. À chaque conversation, de nouveaux propos surgissent, et je prends sans cesse des notes mentalement pour ne rien perdre des précieux conseils de mes camarades.

En projetant notre arrivée, on y va tous de nos pronostics. Dans combien d'heures et de jours, à quelle période de la journée, de la nuit. Mes derniers jours de rame sont douloureux, pesants, j'aspire à retrouver ceux que j'aime. Je sais maintenant que mes amis et ma famille m'attendent sur le quai.

Le soir du cinquante-septième jour de navigation, on voit enfin se définir une silhouette au-dessus des vagues, à l'ouest. Des effluves nous parviennent de la terre ferme. L'odeur, la couleur de l'eau, sa densité, tout le paysage que l'on consomme depuis si longtemps se transforme sous nos yeux. Ces changements, qui me semblent trop draconiens, me préparent mentalement à accoster et à retrouver le sol sous mes pieds. Intérieurement, je dis au revoir à la mer, j'ai le sentiment que ce n'est qu'une question de temps avant de la retrouver. Je suis triste, entre deux mondes. J'ai le bonheur coupable d'avoir hâte d'arriver, mais je supplierais le ciel de pouvoir encore rester. Pendant quelques instants, j'ai le plaisir de pouvoir encore mesurer ma chance d'être ici. Je regarde autour de moi, je sais que tout cela ne sera plus là dans quelques heures à peine. Maintenant que j'espère notre arrivée, je me sens trahir mon amie la mer alors que je suis toujours dans ses bras.

En approchant de la marina, j'entends les applaudissements, les cris, les cornes de brume* et, à travers ce tintamarre, je distingue la voix de maman qui crie mon surnom « Mimi ». Je sens la chaleur du feu de détresse qu'un coéquipier tient à bout de bras, l'odeur du soufre qui s'en dégage et sa lumière éblouissante m'aveugler.

Sur le quai de la Barbade, mes proches sont là pour m'accueillir et me serrer dans leurs bras. Après avoir embrassé mes amis, j'aperçois mon père, timide, appuyé sur une colonne au bout du ponton. Il semble attendre patiemment son tour. Je tremble de sentir la terre sous mes pieds, je suis enivrée par toutes ces émotions et découragée par la distance à marcher pour avoir une caresse de papa. Chancelante et boiteuse, je m'avance vers lui.

L'homme de peu de mots tremble et me réserve ceux-ci :

— J'ai la chienne.

— Papa, je suis là, pourquoi tu as peur maintenant ?

— Parce que, maintenant, je sais. Je sais que tu vas le faire toute seule, rien ne va t'arrêter…

LES MÉANDRES DU RÊVE

Après que tout le monde a quitté les lieux, je reste seule à la Barbade. J'ai besoin de me retrouver un peu. Ces quelques jours de solitude m'offrent le recul dont j'ai besoin pour me réapproprier le temps et le voir filer normalement, sans horaire, sans obligation, sinon celle de prendre mon vol de retour pour la grande ville. Enfin, j'ai mon espace dans lequel je circule librement. Je réfléchis et je me questionne.

Par-dessus tout, je tente de comprendre l'état dans lequel je suis. Très certainement, j'ai le spleen de ne plus être avec mes proches, de ne plus être sur l'eau. Peut-être aussi que mes coéquipiers me manquent un peu, mais, outre ces absences et celle de l'océan, j'ai l'impression qu'il me manque quelque chose. Je sens qu'à partir d'ici plus rien ne sera pareil.

Au bout de quelques heures, je comprends. C'est comme si j'avais été interrompue au milieu d'un repas et que je n'avais pas fini mon assiette. Je me rappelle maintenant un moment particulier. Je revois mes coéquipiers quand nous sommes descendus de l'embarcation et que nous avons embrassé nos familles sur le quai. Une même énergie émanait de chacun d'entre eux. Ils semblaient si fiers d'eux-mêmes, si heureux.

Je pourrais aussi être fière de moi. Par contre, je sens que je ne pourrai l'être que lorsque je serai allée au bout de mon rêve, au bout de moi-même. Au fond de moi, je sais que je suis capable de plus. Depuis que j'ai choisi de faire cette traversée en équipe afin de me préparer à réaliser mon défi en solo, pour être comblée, je dois continuer. J'ai toujours faim, je suis restée sur mon appétit. Je ne suis pas rassasiée d'océan.

Je suis parfaitement consciente qu'il est encore temps de me désister. Comme le défi semble trop gros devant moi, je sais que j'ai le pouvoir de reculer, mais je n'en ai aucune envie. Même si j'ai le vertige d'aborder et d'imaginer tout ce que représente la préparation d'un défi en solitaire, même si je suis étourdie en regardant devant, je suis convaincue que c'est la voie à suivre. Ce que je souhaite par-dessus tout, c'est de retourner vivre avec l'océan, seule avec lui.

Ma décision se confirme, je scelle un pacte avec moi-même : je vais essayer de toutes mes forces, je vais tenter l'impossible pour y arriver. Si je n'y parviens pas, je n'aurai aucun regret de ne pas avoir essayé. Je m'en fais la promesse comme si je donnais ma parole à quelqu'un d'autre, à quelqu'un qui attend sévèrement des résultats.

Je peux maintenant rentrer à la maison.

Mon retour à Montréal est abrupt, exigeant. Tout semble aller trop vite autour de moi. J'ai la chance de compter sur papa qui m'accompagne pour répondre aux demandes d'entrevues. Nous courons les plateaux télé et les stations de radio entre Québec et Ottawa. Ces kilomètres parcourus ensemble nous rapprochent.

Une fois le petit *rush* média passé, le retour à la vie normale est difficile. Tout me semble plat, vide, sans vie, immobile. Montréal est beige. Tout est monochrome autour de moi, il manque de couleur à ma vie.

J'ai parfois de la difficulté à sortir du lit. Denis s'inquiète pour moi, mais surtout du regard que je pose sur le monde. Inerte et sans émotion, je visionne les vidéos captées sur l'océan. Emmitouflée dans ma douillette, bien au sec, je regarde la mer et ses vagues danser sous nos rames. Je nous revois ramer inlassablement vers notre destination, vers notre but.

Je regrette déjà ces moments pas si lointains qui me semblent appartenir à un autre univers, à une autre vie. Tout me paraît tellement loin derrière et tout aussi inaccessible devant. Denis me réconforte. Grâce à sa présence, je retrouve le sourire et surtout l'espoir. Il m'écoute et me rassure. Il me secoue les puces, aussi. Je découvre que de me permettre d'être triste m'aide à me sentir mieux. J'observe et je laisse monter en moi les émotions. J'accepte de ne plus être cette battante, cette brave Canadienne qui évolue dans un monde d'hommes au milieu de l'océan pour qui le défi est quotidien et démesuré. Je retrouve tranquillement mon identité à moi, celle d'une Montréalaise dans la jeune trentaine. Je rechausse tranquillement mes bottines, celles que j'avais laissées ici, à Noël, le jour de mon départ.

Je reprends un horaire de travail à l'hôpital, et ce que j'aurais cru aidant pour moi me confirme davantage que je ne suis plus du tout au bon endroit. Ma place n'est plus ici. Je me sens encore moins bien qu'avant mon départ, ici entre les murs de ce bâtiment. Je suis forcée de constater qu'il y a un énorme décalage entre le moi d'aujourd'hui et le moi d'autrefois. Même si le travail me ramène à l'essentiel, je me sens complètement à côté de ma vie. Je suis maintenant convaincue que celle-ci est ailleurs. Je ne veux plus revenir travailler comme préposée ; ce temps est révolu, fini.

Mon boulot ne devient qu'un simple gagne-pain. Moi qui avais toujours critiqué intérieurement ceux qui ne sont là que pour la paye, je me retrouve maintenant du lot. Désormais, je rentre au travail et j'en sors comme un automate. De retour au quart de nuit, mes contacts avec les patients et leurs familles se font de plus en plus rares. Je passe presque toutes mes nuits aux unités de néonatalogie et des soins intensifs, où je suis affectée au remplissage d'articles médicaux. Je me sens en punition, reléguée aux chariots de matériel des réserves froides, éclairées au néon, au milieu d'étagères métalliques. Ici, je ne me sens plus indispensable. Mes nuits sont longues. Sans apercevoir les visages de patients ou d'anciens collègues, je me résigne à comprendre que je n'ai plus rien à faire ici. Je ne suis plus attachée à personne.

Entre mes quarts de travail ennuyants, je reste bien accrochée à mon rêve, motivation de toutes mes actions. Au moment où j'ai le sentiment de patauger au même endroit sans avoir l'impression d'avancer, je reçois un message de celui qui deviendra un allié important. Michel, météorologue et routeur, a suivi ma traversée en équipage par Internet et il souhaite maintenant contribuer à mon défi en solitaire. Telle une petite fée témoin de mon rêve, Michel vient aviver le feu que j'entretiens dans la tourmente. Bien expérimenté, il m'offre un suivi par satellite entre les deux continents. Il me donnera l'heure juste quant aux dépressions, aux tempêtes et aux courants. Il me guidera, depuis sa résidence de Lyon, afin de bien m'orienter pour que je termine mon parcours au bon endroit. Enfin, j'ai un premier membre officiel de mon équipe au sol, Michel sera là jusqu'au bout, jusqu'à la ligne d'arrivée.

Grâce à lui et au soutien de mes amis, je redécouvre tranquillement tout le potentiel de mon rêve malgré ce retour difficile. Ma première réunion avec Michel, bien que virtuelle, me sort de mon marasme. Enfin, quelqu'un compte sur moi et m'appuie dans cet objectif colossal, et ce, depuis l'autre côté de l'Atlantique. Sa confiance me donne une volonté immense. Je me sens invincible.

Sans même m'en rendre compte, j'attire les gens qui souhaitent me voir réussir. Comme si mon projet leur permettait de vivre un défi par procuration. Des personnes désirent contribuer de leur mieux à un rêve qu'ils ne pourraient peut-être pas espérer pour eux-mêmes. Pour certains, se rallier à moi devient nécessaire. Ma fougue les inspire peut-être.

Un homme ayant lu un article à mon sujet me contacte également. Pierre, un grand aventurier, désire me prêter main-forte dans ma recherche de partenaires et me permettre de construire mon rêve. Il souhaite m'orienter dans mes démarches, tel un conseiller. Par la suite, je rencontre de nouveaux partenaires en communication et des spécialistes en recherche de commandite qui prendront le flambeau.

Pierre me convainc de la prochaine étape : me trouver un bateau. En parcourant les salons et les foires publiques avec un bateau à rames océanique, chose rare au pays, je pourrai obtenir de la visibilité pour mon projet. Nous sommes convaincus que nous pourrons ainsi séduire des partenaires intéressants.

De plus, Pierre me propose de rencontrer mes parents pour les rassurer dans mon projet et les encourager à m'aider. Parce qu'il a aussi ramé à travers l'Atlantique en équipage, mais surtout parce qu'il est lui-même père de famille, il pourra sécuriser mes parents et faire en sorte qu'ils se sentent compris et écoutés. Par la suite, papa décide de m'aider financièrement. Avec les 10 000 $ qu'il m'avance, j'accumule 13 000 $ en guise de dépôt pour l'achat d'un bateau. Il me reste maintenant à trouver le bon bateau à rames, mais, surtout, le bon propriétaire, celui qui acceptera des paiements différés et échelonnés sur plusieurs mois.

Il me faut trouver cette perle rare…

— ✷ —

En acceptant un remplacement de sept quinzaines, je peux travailler sans interruption durant sept nuits, pour ensuite me libérer de l'hôpital durant sept nuits consécutives. Pour réussir mon projet, je n'ai pas d'autre choix que de m'imposer une discipline autant lors de mes jours de travail à l'hôpital que lors de mes jours de congé. Durant mes semaines de service, je sens que je brûle la chandelle par les deux bouts. Après mes nuits de travail, je consacre mes journées entières à développer mon projet : recherche de commandite, appels téléphoniques, conférences et rendez-vous. Je tente de dormir de 17 heures à 23 heures si je n'ai pas de rendez-vous en soirée. Je multiplie les courtes siestes durant la journée pour m'aider à tenir le coup. Les jours de repos ou de congé disparaissent de mon agenda, mes loisirs aussi.

La prochaine étape étant d'acheter un bateau, je dois aller en Europe pour en visiter quelques-uns. Des amis qui travaillent pour une compagnie aérienne m'aident à me rendre de l'autre côté de l'océan pour magasiner des embarcations. Généreux, ils partagent avec moi leurs laissez-passer familiaux. De cette façon, je deviens une passagère *stand-by*. Heureusement, je ne paie que la taxe des vols sur lesquels je voyage, mais je ne peux monter dans l'avion que si des sièges sont vacants.

En contact avec d'anciens rameurs ayant des embarcations à vendre, j'ai une liste de bateaux à visiter. Souvent, je pars au travail pour ma dernière nuit avec une valise pour ma semaine de congé. À la fin de mon quart, je me rends à l'aéroport en espérant qu'un siège reste libre pour pouvoir partir de l'autre côté de l'Atlantique quelques jours. J'ai l'impression d'avoir accès à quelque chose d'impossible, de vivre une vie d'aventures. Je me croise les doigts avant chaque vol, je me sens fébrile avant de savoir si j'hériterai d'une place à bord. J'aime vivre cette attente pendant laquelle je doute toujours de monter ou non. C'est une surprise chaque fois. J'adore me rendre à l'aéroport sans savoir si je m'envolerai. J'aime jongler avec les imprévus. Et, de cette façon, je me rends en Europe à quelques reprises pour le prix d'un aller simple.

Au Royaume-Uni, je rejoins un ami avec qui je visite des bateaux et un chantier à Exeter dans le sud-ouest du pays. L'un d'entre eux, placé sur un ber* au fond d'un parc de bateaux, attire mon attention. Son propriétaire ne pouvait pas être présent, mais Phil Brooks, son père, nous fait visiter le bateau et nous renseigne de son mieux. Mon ami Charlie et moi l'inspectons aussi au mieux de nos connaissances. Phil nous explique sa construction en chantier, nous parle de sa préparation et de la traversée de son fils. Je reste perplexe devant le *Peta*, que Phil appelle affectueusement par son nom. J'ai l'impression que ce bateau a une âme, j'ai même la sensation que nous sommes quatre à discuter ensemble. Le *Peta* fait partie de la famille, sa préparation a été un projet de retraite pour Phil, et l'expédition de son fils les a rapprochés. Le nom du bateau a été choisi par sa femme. C'est la première fois que quelqu'un vient le visiter et, en même temps qu'il me vante ses caractéristiques, l'homme me donne l'impression qu'il n'est pas prêt à le laisser aller. C'est aussi touchant de constater qu'il en prend encore soin. Cette rencontre est familière et sensible. Avant de partir, je me surprends à dire bonjour au bateau et à l'appeler par son nom, moi aussi.

Lors d'un voyage subséquent, je me rends en Irlande pour essayer un bateau dans la baie de Dingle. Même si je me sens légèrement à l'étroit alors que je rame, je crois que quelques réglages me permettraient de me sentir plus à l'aise à bord, bien que ce soit un bémol pour moi. Je tente quand même de mesurer l'ouverture du propriétaire à négocier. Acariâtre et peu courtois, il refuse tous pourparlers. Comme il ne laisse entrevoir aucune souplesse, je m'abstiens d'aller plus loin. Je suis déçue, mais je me console en me disant que le bateau est plus cher que tous les autres sur le marché et que ce serait peut-être un mauvais achat. Je me convaincs d'avoir fait une bonne chose en me déplaçant ici. Je quitte quand même heureuse d'avoir essayé ce rare modèle d'embarcation.

Depuis l'Europe, j'appelle souvent papa pour lui donner l'heure juste au sujet de mes visites. Je sens le besoin de le rassurer et de lui démontrer qu'il est important dans ma prise de décision. J'ai autant besoin de sa bénédiction. Plusieurs bateaux sont à vendre, et je lui ai promis que j'en achèterais un de fibre de verre et de composite, ou encore fait de kevlar, mais, par-dessus tout, que je vais en acheter un qui ne soit pas trop abîmé, qui n'a pas traversé l'océan trop souvent. Nos critères réduisent considérablement l'éventail des possibilités. Je reviens bredouille au terme de trois voyages en Europe.

Devant la liste de bateaux à vendre, je procède à l'élimination. Je suis un peu découragée de constater que nos critères sont peut-être trop rigides. Le premier bateau, à prix modique, représente trop de travail. Il a des moisissures plein la cabine et il a été laissé à l'abandon trop longtemps pour espérer qu'il sera foncièrement en bon état. D'instinct, je le raye de la liste.

Le bateau en Irlande s'élimine de lui-même. Comme son propriétaire est peu collaborant, je n'entrevois aucune possibilité de négociation avec lui. Un bateau américain est à vendre. Bien qu'il soit à peine à 12 heures de route de la maison et représente une grosse économie, je crains qu'il soit beaucoup trop petit et abîmé par de nombreuses traversées pour faire face à l'Atlantique Nord. Je le biffe aussi. Un autre est trop cher, un autre trop abîmé, un autre trop vieux, trop petit…

Aucune raison ne me permet d'éliminer le *Peta*, le bateau d'Exeter. Son propriétaire étant absent lors de ma visite, il me manque des informations pour décider maintenant de son avenir. Il conserve donc la première place dans la liste des bateaux potentiels. Au moment où je commence à élargir mes recherches en France, Dave

Brooks, le propriétaire du *Peta*, m'écrit. Il est persuadé que son bateau est pour moi. Solide et stable, il est construit à partir d'un modèle qui a fait ses preuves. Dave me propose de me rendre en Angleterre de nouveau pour, cette fois-ci, essayer son bateau sur l'eau. Il m'offre d'être logée et nourrie chez ses parents, le temps de mon voyage là-bas. Comme je veux en avoir le cœur net et que je n'ai plus beaucoup de marge de manœuvre, j'accepte l'invitation. Je lui réponds que je peux essayer d'être sur place dans les 48 heures. Je prépare mes bagages pour quelques jours et je pars travailler ce soir-là avec l'intention de quitter pour Toronto le lendemain matin. À partir de là, les sièges libres pour l'Angleterre sont plus nombreux. Je mets toutes les chances de mon côté pour retourner voir le *Peta*, et j'ai soudainement espoir de trouver enfin le bateau qui me convienne.

Au terme d'un long voyage et d'une journée pénible, j'arrive enfin à Exeter. Chez les Brooks, je passe un moment formidable et je partage avec eux mon histoire et mon inspiration pour réaliser ce défi. Je trouve chez eux un peu de répit avant que le bateau soit prêt pour pouvoir enfin l'essayer.

Au moment où on déplace le *Peta* sur sa remorque, je retiens mon souffle comme s'il s'agissait de mon petit bateau à moi et qu'un lien imperceptible nous unissait déjà. Je me sens *connectée* à lui. J'ai souvent repensé à cet esquif vert et blanc après l'avoir vu la première fois au fond du parc de bateaux. Lorsque tout est prêt, je suis la première à monter à bord. Dave m'accompagne. On prévoit passer une bonne partie de la journée sur l'eau. Nous reviendrons avant la marée descendante en début de soirée.

Avant de donner mes premiers coups de rame, j'ai des papillons dans l'estomac, comme si je montais à cheval et que je voulais faire bonne figure devant ma monture. Nerveuse, je m'installe, j'ai peur de faire mauvaise impression à Dave et même à *Peta*. Aussitôt le premier coup de rame donné, je comprends que le *Peta* est fait pour voler... J'ai l'impression qu'il est extrêmement léger, je me sens comme ces insectes qui patinent sur l'eau pour se déplacer. C'est magique, magnifique. Je nous sens tous légers, le bateau se manipule facilement, il est nerveux ; la direction du gouvernail est efficace. De son poste de rame, je me sens toute-puissante et agile. Mon énergie est bien répartie, autant dans les talons, le dos, les cuisses que les épaules. Ici, ramer est facile, instinctif. Je retrouve le même plaisir que j'avais sur l'océan quelques mois plus tôt. Je sens que je pourrais ne pas m'arrêter.

J'essaie d'être critique et de ne pas trop laisser paraître mon enthousiasme. Méfiante et sérieuse, je demande à Dave si ce sont les rames qui font cet effet-là. Il convient que c'est un tout, un amalgame de glisse, de force et de réglages. Tout a été fait et installé pour son gabarit à lui. Il me suggère quelques réglages pour le mien, mais, déjà, le *Peta* et moi formons un heureux ménage. J'adore ce bateau !

Nous passons la journée à partager nos histoires, des anecdotes de rame, des histoires sur le *Peta*. Nous nous arrêtons dans quelques microbrasseries le long du fleuve Exe. Partout où le *Peta* prend une place à quai, il n'attire pas l'attention. La rame océanique, c'est déjà dans la culture ici. En Angleterre, c'est presque normal de voir un vaisseau du genre circuler. Par contre, apercevoir une Canadienne assise au bar d'une microbrasserie du comté, c'est plutôt rare. On me sert la main, on me souhaite la bienvenue, on me demande pourquoi je suis ici, on veut savoir d'où je viens au Canada, on me parle de Montréal et de hockey.

Le bateau est aussi particulier que son propriétaire et sa famille. Les Brooks veulent croire en moi. Le soir de notre exercice sur le fleuve, de retour à la maison, on discute sérieusement de l'achat du bateau, mais aussi de nos motivations profondes à nous investir dans ce genre d'aventures. En Angleterre, tout le monde connaît quelqu'un qui connaît quelqu'un qui a traversé l'Atlantique à la rame, surtout le sud. Le nord, c'est extrêmement rare, c'est presque proscrit, contre-indiqué, dangereux. C'est réservé à une classe à part. J'apprends, très tard dans la nuit, que ce serait un honneur pour eux de voir leur bateau parcourir, un jour, l'Atlantique Nord.

Le lendemain fait place aux négociations. Durant nos discussions, j'appelle papa et je lui explique où j'en suis. On choisit de ne négocier que le mode de paiement, mais pas le prix.

Je leur dis combien d'argent j'ai à ma disposition. Je leur explique que je veux seulement trouver un arrangement de paiement avec eux. Ils acceptent de répartir mes paiements en quatre versements égaux dans l'année qui suit et ils me permettent de faire livrer le bateau au Canada dans les prochains jours. Dave est convaincu que les choses vont se placer lorsque le bateau arrivera en sol canadien. Il est d'avis, tout comme ses parents, qu'une fois le bateau en main les partenaires seront plus enclins à me suivre dans le projet puisqu'ils y verront du sérieux, de l'engagement.

Ils choisissent de me faire confiance. J'y vois une marque de respect, une raison supplémentaire de continuer, de réussir. Au moment de signer les documents avec Dave, je sais que je n'ai pas les moyens d'acheter le bateau ; il le sait trop bien également. Devant ses parents qu'il a convaincus de participer à ce projet de vente, je sens qu'il est aussi nerveux que moi à la signature de notre entente. Nous croyons tous en ma bonne étoile et nous aimons à penser que les astres sont alignés pour moi.

En relisant le contrat à l'encre encore humide, je me perds entre les lignes, et un souvenir me tire de l'endroit. Je demeure confortablement dans la lune quelques instants pour comprendre où j'en suis. Je me revois à Montréal, 15 mois plus tôt, assise en face de la banque sur le banc de la rue Saint-Hubert, quelques heures avant de signer un prospectus de course dans une langue que je connaissais à peine. Peut-être un signe pour m'indiquer que tout va rentrer dans l'ordre pour payer le bateau, de la même façon que je me suis toujours arrangée pour tenir parole. Je me sens fébrile, stressée. J'ai l'impression de provoquer les choses, exactement comme la dernière fois où j'ai mis la charrue devant les bœufs.

Après avoir signé chacun sa copie et s'être fait l'accolade, M. Brooks, le père, me regarde droit dans les yeux et me tend la main. Solennellement, il me demande de lui donner ma parole et de répéter après lui : « Je vous donne ma parole que le bateau et moi allons revenir ensemble et en un morceau de ce côté-ci de l'Atlantique. Je vous promets d'être prudente et de penser à mes parents, aussi. »

En concluant la transaction depuis une vieille maison du joli petit village de Topsham ce jour-là, je ne croyais pas devoir promettre autant.

— ★ —

De retour à la maison, je travaille à faire venir le bateau au pays. La seule condition exigée par Dave pour importer le bateau en sol canadien est de le payer en entier avant mon départ pour ma grande aventure sur l'océan. Dave croit en moi, et je compte bien lui donner raison.

Pour réaliser l'importation, je dois faire d'innombrables demandes. Je m'adresse aux différentes directions d'entreprises de transport afin d'obtenir une commandite de service. Après plusieurs semaines de démarches à temps plein, durant lesquelles je ne reçois que des refus, je me décourage. J'ai approché toutes les entreprises qui transportent quelque chose par bateau, toutes ! Pendant que je jure à Pierre que j'ai bien fait mon travail, et qu'il me dit de continuer, mon père me suggère de payer.

Aussitôt que je m'adresse aux mêmes contacts pour connaître le prix du transport et demander des soumissions, je suis traitée comme une reine. Ce changement de comportement soudain me pue au nez. S'ils savaient ce qu'ils manquent ! Je me contente de croire qu'ils ne savent pas réfléchir ni saisir la bonne affaire. Les petits 8 000 $ qu'ils recevront immédiatement ne paraîtront nulle part, alors que d'inscrire leur nom sur la coque de mon bateau et dans toutes les communications d'une aventure pareille serait beaucoup plus bénéfique à long terme. Du moins, ça leur permettrait de faire vivre bien des émotions et de la fierté à leurs employés. Ces gens-là manquent de vision... et je veux faire équipe seulement avec ceux qui en ont.

Je n'ai d'autre choix que de payer avec ma Visa. Solution : faire augmenter ma limite de crédit. Ma force de conviction agit au moins sur quelqu'un : la dame du service à la clientèle. Généreuse, à l'écoute, elle semble vraiment sensible à ma cause. Par chance, elle avait lu mon histoire dans la dernière édition du *Sélection du Reader's Digest*. À force de gentillesse, elle augmente ma limite à 20 000 $. Ce sera la seule réponse favorable que j'entendrai du mois de septembre 2010. Je suis frustrée de devoir donner de l'argent que je n'ai pas encore gagné et que je devrai rembourser à 19 % d'intérêt par année.

En tant qu'entreprise, pour importer du matériel, je dois être importateur. Pour être importateur, je dois être incorporée. Fini la petite entreprise enregistrée. Je savais que fonder mon entreprise m'aiderait à passer des dépenses relatives au projet et me permettrait d'être exemptée d'impôts dans une certaine mesure. J'ai aussi mes numéros de taxes, et je les facture maintenant et les réclame quand je les paie en trop. Mission de mon entreprise : mise sur pied des projets sportifs d'envergure ayant à cœur de faire rayonner une mission environnementale. Denis, l'ami de Pierre, m'offre ses services et incorpore mon entreprise. Je demande ensuite mon numéro d'importateur, ce qui devrait faciliter les procédures de dédouanement et me faire épargner des sous.

Pendant que mon bateau se dirige vers Liverpool pour prendre le large, je réponds à une multitude de questions des compagnies de transport. Les termes ber, remorque, essieu, *lift-truck*, *flatbed* et les unités de poids et de mesure anglaises ou américaines font maintenant partie de mon vocabulaire courant. Ça me change des poches de soluté, seringues, sortes de lait ou tailles de couches pour bébés avec lesquelles je compose normalement.

Le prix de mon « kayak » et mon conteneur de 40 pieds presque vide attirent probablement la suspicion des douaniers. Ma cargaison reste dans leurs entrepôts 10 jours supplémentaires pour subir une inspection complète. Moi qui ai toujours des sueurs froides au moment de passer à la douane des frontières américaines ou à la sécurité dans les aéroports, j'ai maintenant l'impression d'y rester prise. Avec les quelques centaines de dollars de frais qui s'additionnent chaque jour où mon bateau reste sur place, je panique... Je vois mon argent fondre comme neige au soleil. Toute la semaine où mon bateau est en sol canadien sans être en ma possession, je ne me nourris même plus, impuissante. J'ai l'impression d'être piégée.

Durant ce temps, je passe aux choses sérieuses avec ma banque. Pour obtenir un prêt, je termine mon plan d'affaires et je le remets à la Banque de développement du Canada avec l'aide de ma banquière. Cette dernière m'aide à développer le tout et m'appuie dans cette fastidieuse démarche. Désolée, elle me fait parvenir la réponse : malheureusement, la seule chose sur laquelle on peut garantir mon prêt, soit mon bateau, a une valeur certaine, mais un avenir trop incertain. Autrement dit, la banque ne veut pas prendre le risque que je disparaisse en mer avec mon bateau, donc elle ne veut pas le comptabiliser comme une liquidité de mon entreprise avant ma traversée. Après, ce serait autre chose. Même assuré, mon bateau ne vaut rien à ses yeux. Ça a au moins l'avantage d'être clair.

Il m'arrive souvent de pouffer de rire devant le ridicule de la situation. C'est probablement plus compliqué de faire monter un bateau à rames dans un conteneur trop grand pour lui, de l'installer sur un cargo pour lui faire traverser l'Atlantique que de le rapporter moi-même en ramant jusqu'ici. Souvent découragée devant toutes ces démarches qui m'empêchent de trouver le sommeil, je me répète : « Mais j'veux juste ramer, moi ! » Devant l'absurdité de la situation, je développe mon sens de l'humour même si je ris jaune trop souvent.

D'accord, personne ne me croit... Pas grave. Il y a au moins Pierre et papa qui ont mis la main à la pâte en m'avançant des fonds... et il ne faut pas oublier la dame au téléphone qui a, tout en soupirant, écouté mon histoire pendant 20 minutes pour augmenter ma limite de crédit, merci. Je savais que son système disait non, mais qu'elle avait quelque chose à voir avec ce « système »... Heureusement, elle a écouté son libre arbitre.

Et je choisis de me concentrer sur ceux qui croient en moi ; leur appui prend des proportions démesurées dans mon cœur et dans mon âme. Je sais que d'autres me suivront. Ce n'est qu'une question de temps. Une fois le bateau ici, les choses vont changer, j'en suis convaincue.

— ★ —

Deux fois. Le camionneur avait vérifié deux fois que le numéro du conteneur était bien celui qui figurait sur son bordereau de livraison avant de partir du port. Sur le chemin de la marina Lennox, il s'est souvent demandé ce que pouvait bien contenir la caisse qu'il transportait. Elle était si légère qu'il doutait qu'elle contienne vraiment quelque chose. Quand l'homme est descendu du camion, il ne s'attendait pas à une telle réception. Nous l'avons accueilli, mon amie Nanci et moi, tout sourire, en sautillant sur place comme deux fillettes.

En brisant le sceau de la caisse, je suis nerveuse. L'ouverture des portes laisse pénétrer la lumière de cette journée froide et pluvieuse du mois d'octobre. Enfin, j'aperçois mon petit bateau bien attaché par des sangles au milieu de ce grand conteneur vide et, comme un trésor précieux au fond d'un coffre, on l'en extrait doucement.

Nous passons la journée à nous occuper de lui. Mes parents ainsi que mes amis Luc et Nanci s'attellent à la tâche. Nous le préparons pour qu'il puisse aller se pavaner fièrement dans les salons et les expositions. Bientôt nettoyé, démuni de toutes les marques de son voyage précédent, il peut maintenant envisager le destin qui l'attend. On appose sur sa coque les autocollants : *mylenepaquette. com – Traversée de l'Atlantique à la rame – 2 700 milles nautiques, en solitaire, du Canada à la France.* Logos qui en feront klaxonner plus d'un.

Je passe près de quatre jours à vivre avec mon bateau, à en faire l'inventaire, à rédiger des listes de matériel manquant ou nécessaire, à comprendre ses recoins et à noter sur papier le moindre de mes désirs, ce que je voudrais voir modifié ou optimisé sur lui.

Les jeux sont faits. Mon bateau est ici et est maintenant prêt à se pavaner pour attirer les regards d'éventuels partenaires. Avec mon ami Luc, on déniche toutes les occasions où je peux me déplacer avec le bateau pour présenter mon projet et avoir une vitrine afin de joindre les gens. De novembre à mars, un horaire serré nous attend.

Et c'est ainsi que, alors que je saute dans le vide, plusieurs se mettent à croire en moi. La machine que je fais avancer, c'est moi, c'est mon engagement à réussir envers ceux qui m'accompagnent, c'est ma foi et ce à quoi j'aspire. J'ai de la fougue, de l'entrain, un enthousiasme certain et, surtout, j'ai une naïveté, celle de croire que tout est possible et que tout sera maintenant plus facile avec le bateau.

Autant j'organise mon embarcation, autant je planifie mes communications et je coordonne les déplacements dans de nombreuses expositions. Tranquillement, mon projet prend forme, et j'assiste à sa croissance en acceptant toute l'aide nécessaire.

Mon ami Denis retape mon site Web, sur lequel je vois ma première traversée être reléguée sous l'onglet «Expérience», et la grande traversée, la prochaine, prendre toute la place. Je rencontre des spécialistes de relations publiques qui acceptent de me prendre sous leur aile. Chez Cardinal Communication, Éric et Virginie m'orientent et peaufinent avec moi le contenu de mes communications, après quoi Denis conçoit de nouveaux outils : fiche de présentation pour conférences, carte de visite, plan de commandite, tableaux interchangeables et fichiers divers. Chez Cardinal, Dany bûche avec moi la recherche de commandites. Avec Virginie, je travaille le texte d'une vidéo pour présenter les grandes lignes du projet. Mon amie Pauline, vidéaste, en tire une bande-annonce qui apparaîtra ensuite sur la page d'accueil de mon site Web. Jennifer traduit le tout en anglais et nous cherchons maintenant des partenaires dans les deux langues. J'élabore des contrats de commandite, des ententes, des contrats de conférences. Devant toutes mes interrogations juridiques, un ami me présente Me Besner qui devient mon avocat-conseil. Je rencontre aussi Sylvain, urgentologue, qui accepte d'être mon médecin sur appel durant la traversée.

Entre deux quarts de travail de nuit, je me réunis avec ma petite équipe, je donne quelques conférences, nous rencontrons des entreprises avec qui on entrevoit des possibilités de commandite.

En décembre, je fais un saut en France pour établir des contacts en Europe et préparer l'arrivée. Au Salon nautique de Paris, je rencontre enfin mon routeur en personne. Notre contact est facile et direct. Je sens en lui toute sa loyauté et sa dévotion envers ma réussite. Son côté protecteur à mon égard me rassure. On échange à propos des différentes possibilités de routes, des lieux de départ et d'arrivée. Je suis incapable de fixer mon choix sur une ville d'arrivée. Heureusement, j'ai encore du temps devant moi.

Engagée pour offrir une conférence dans un cours de gestion des ressources humaines à l'Université de Montréal, j'arrive de Paris à la course, en pleine tempête, de la neige jusqu'aux genoux, en retard. Mon client, Benoit Marsan, spécialiste en ressources humaines, peut bien rigoler de la situation : lui et ses élèves m'attendent patiemment depuis un pavillon sur la montagne. Notre première rencontre reflète déjà tout le travail qu'il aura à faire auprès de moi.

Satisfait de mon intervention auprès de ses étudiants qui entrevoient le travail d'équipe sous un nouvel angle, Benoit, déjà sensible à ma cause, me confie qu'il aimerait bien contribuer à mon projet. Je lui décris comment mon équipe se façonne autour de moi. Il y voit une force, un leadership qu'il veut m'aider à développer, affiner. En quelques rencontres, notre amitié évolue. Il devient un phare pour moi. Comme je suis trop souvent contrainte par mes soucis financiers, Benoit me présente Pierre, son comptable, qui me soutient et me donne de judicieux conseils. Benoit a cette qualité de savoir me contrarier avec délicatesse pour me faire bien réfléchir.

Avec le temps, je vois se former une équipe, au sein de laquelle je me sens encadrée et accompagnée. Solide, stable, elle m'assure de pouvoir compter sur elle quand je ne peux plus compter sur moi-même, faute d'énergie, de temps, d'argent.

Papa m'aide à déplacer le bateau et nous l'exposons autant que possible. Nous nous engageons à être présents à plus d'une quinzaine de salons, d'expos et d'évènements spéciaux. Papa sillonne les routes avec moi : Québec, Saint-Hyacinthe, Gatineau, Montréal, Sutton et Toronto. Je me consacre presque à temps plein à faire connaître le projet. J'échange la location des kiosques que j'occupe contre la valeur de mes conférences qui sont offertes aux visiteurs. Alors que le bateau attire des foules, j'en profite pour vendre des sacs d'emplettes à l'effigie de ma traversée et collectionner les cartes professionnelles de clients potentiels tant pour des conférences que pour des commandites.

Heureusement, la majorité des gens que je rencontre veulent me suivre et m'encourager. Je répète sans cesse le même discours ; le pourquoi et le comment à la rame, la façon dont je vais dormir, manger, boire, communiquer et me diriger sur l'immense océan. Je permets aux plus jeunes de monter à bord, je leur explique le fonctionnement du gouvernail et le système de positionnement aux plus vieux. Avec mes affiches, mes sacs d'emplettes à vendre, mes grandes cartes de visite, ma boîte de dons et ma belle barque, je répète, je souris, je parle, je partage et je patine parfois devant la plus complexe des questions. J'apprends rapidement à m'informer au maximum, à prendre ma place, à aiguiser ma patience devant les mauvaises blagues que j'entends du matin au soir de la bouche de ceux qui pensent être les premiers à y penser et desquelles je fais semblant de rire.

Je développe aussi ma patience pour les centaines de fois où je me fais surprendre par de vulgaires tâteurs de biceps. J'affine aussi mon sens de la répartie face aux commentaires déplacés. Et, à mes détracteurs qui me demandent le plus bêtement du monde pourquoi je fais ce projet stupide, je réponds que je le fais peut-être pour élargir la vision des plus étroits d'esprit.

Outre ces gens particuliers, je rencontre des *fans* irréductibles vendus à mon voyage, des partisans sans pareils qui seront là jusqu'au bout de l'océan. De généreuses personnes m'apportent des lunchs, des cadeaux, des dons. Je reçois des talismans, de petits jésus de plâtre, des médaillons de la Sainte Vierge et des images d'autres saints à coller sur mon plafonnier. On me remet des dessins, des lettres et des messages pour témoigner de la façon dont mon projet saura toucher les gens. On me félicite pour mon courage d'entreprendre une telle aventure. D'autres m'offrent de leur temps. Précieux bénévoles, ils travaillent ici et là afin que puisse voir le jour un projet porteur de sens à leurs yeux. Ces quelques rencontres magiques me donnent l'énergie nécessaire pour traverser ces journées accaparantes et épuisantes.

Ma vie accuse un rythme infernal. Je travaille toujours à l'hôpital entre les expositions de mon précieux bolide. Je conserve mon emploi à Sainte-Justine en répondant aux demandes de la liste de rappel. Cela me permet de demeurer employée et de conserver mon ancienneté. Je rentre plus souvent au travail de nuit et j'accepte parfois de faire un double quart de travail. Ces heures supplémentaires m'aident à joindre les deux bouts. Mon travail me permet de me nourrir dans tous les sens du terme. Alors que je suis de service aux différents étages, je prends souvent l'initiative de faire le ménage des cuisinettes des unités de soins. Là où mes collègues n'y voient que du zèle, j'y vois une occasion de me nourrir. Les plateaux laissés-pour-compte par les patients à l'heure du souper me permettent de manger à ma faim. Même si les temps sont difficiles, je suis résolue à me nourrir coûte que coûte.

Essoufflée par toutes mes difficultés financières, je me sens dans une impasse, car je n'arrive pas à payer mon bateau. Je souhaite trouver des commanditaires qui partagent les mêmes valeurs que moi. Je reste convaincue de pouvoir trouver le partenaire idéal. La recherche de commandites coûte très cher en argent et en temps : impression de documents, refonte de dossiers, recherche de contacts, analyse de dossiers, appels, billets d'avion, déplacements à l'extérieur du Québec, hôtels, essence... Mon équipe est parfois méfiante devant certaines entreprises qu'on soupçonne vouloir faire de l'éco-blanchiment en investissant dans le projet.

Plus j'expose mon rêve et plus je raconte mon histoire, plus j'expose ma vulnérabilité aux vautours. Mon manque à gagner me joue des tours. En étalant mes besoins et mes recherches de financement, j'attire les vendeurs de toute sorte, les prometteurs en série et les exploiteurs de mal pris. Un jour, ce sera un agent malin qui empochera mes honoraires de conférence à ma place et à l'avance sans m'en parler ; un autre jour, un mec me promettra monts et merveilles contre le plus charnel des échanges. Je suis épuisée de douter de tout le monde tout le temps. Devant l'éventail de propositions que je reçois, j'apprends à identifier rapidement les gens malintentionnés et à repousser les imposteurs. Je tiens à partager la moindre rencontre avec mon équipe qui devient une forteresse autour de moi.

Au cours d'innombrables recherches de financement, je remplis de nombreux formulaires de demande, je déchiffre le bottin des subventions du gouvernement provincial, dans lequel je constate que je ne corresponds à aucune case. Je ne suis ni championne de mon sport, ni membre d'une fédération sportive, ni athlète émérite. Quand on fait quelque chose de différent, à contre-courant, il faut accepter d'être traité différemment. La satisfaction ne sera que plus grande.

Devant mon budget, je me sens démunie. J'ai beau jouer avec les chiffres, le nombre qui représente le solde à envoyer à Dave pour le paiement du bateau reste le même : 30 000 $. Je suis à bout de solutions. Incapable de payer les comptes, je cherche des moyens. Bien que ce soit à ma portée, je sais que faire faillite n'est pas le remède. Cela affecterait trop mon estime de moi et, pour le moment, c'est tout ce qu'il me reste. Je ressens un échec total. Là où, autour de moi, on va me proposer d'abandonner et même de vendre mon bateau, papa m'offre la possibilité de retourner vivre à la maison. Là-bas, j'aurai tout ce dont j'ai besoin. Maman accepte bien malgré elle.

À 32 ans, le fait de revenir chez mes parents représente un échec monumental pour moi. Ça me tue. À la maison, papa m'installe du mieux qu'il peut. Maman m'accueille et m'encourage avec sa bonne humeur apaisante. Je me sens protégée, à l'abri des vautours qui veulent consommer mon projet à leurs profits et qui m'ont trop souvent mise dans le pétrin.

Je suis fragile. Comme un petit oiseau aux ailes brisées, au rêve dépouillé de lumière, je panse mes plaies et me refais doucement une santé. Je suis à bout de forces à cause du surmenage des derniers mois. Trop souvent à fleur de peau, je me cache pour pleurer. Je me sens ingrate et égoïste d'imposer mon choix à mes parents de la sorte. J'ai honte qu'ils soient obligés de m'accueillir à la maison après que je l'ai quittée à l'âge de 18 ans. Les côtoyer tous les jours me fait du bien et, comme pour leur faire honneur, je puise dans ce qu'il me reste d'orgueil pour continuer et travailler d'arrache-pied depuis la maison familiale.

Un soir, alors que j'essuie encore une vague d'indifférence totale face à mes nombreuses demandes de commandite, épuisée et défaite, j'éclate en sanglots devant mes courriels. Papa, installé plus loin sur son sofa, ouvre les bras, et je cours m'y blottir. Il me console du mieux qu'il peut.

Ce soir-là, allongée avec mes mouchoirs sur le canapé, la tête posée sur la cuisse de papa, mes larmes se déversent et mes nerfs lâchent. Je fais mes excuses les plus sincères à papa. Je lui demande pardon d'avoir gâché ma vie avec cette idée folle. Je lui donne raison. J'abdique. Ce n'était pas une bonne idée. J'abandonne.

Alors que les mots affluent de ma bouche, je me sens devenir la Mylène de qui j'ai le plus peur : celle qui abandonne, celle qui se cache depuis le début de cette histoire, celle que je n'aime pas. J'ai mal jusqu'au bout des orteils. Ma tête veut exploser à chaque sanglot. Je suffoque. Un poids sur le cœur, je respire mal, les yeux dans la brume, je ne vois plus rien. Je tremble.

Malgré ma gorge brûlante, je prononce :

— Papa, si tu me pardonnes, j'arrête tout.

Assis sur le même sofa où il avait trouvé refuge un soir d'avril 2009 pour aller bouder sa grande fille et son projet dérisoire, d'un ton ferme, l'homme de peu de mots me répond :

— Ma fille n'est pas une lâcheuse. Je suis fier de toi. Tu es une entrepreneure et tu travailles fort, comme mon père et comme moi. Tu as de la détermination, et c'est tout ce qu'il te faut. Tu vas y arriver. Continue, ma grande.

PHARE «LA TOUPIE»

DENDU
N50 30.2
W052 04

KOBEV N50°
N49 40.
W051 28

LOGSU
N48 46.6
W051 00.0

MOVER

W050°

W045°

N50°

N

NW

FEU
BLANC

FEU
BLANC

L'HOMME AUX YEUX PLEINS D'ÉTOILES

Durant ma première expérience sur l'Atlantique, j'ai acquis un sentiment de responsabilité envers l'environnement et je me suis promis de faire mieux connaître l'océan au public lors de mes communications pendant ma traversée en solitaire. À mon retour sur la terre ferme, j'entre en contact avec la Fondation David Suzuki. Je me souviens de notre première rencontre avec les gens de la Fondation, à leur bureau du centre-ville de Montréal. Dans l'entrée, devant la grande murale arborant l'image d'un petit boisé verdoyant, nous nous étions regardés, Dany et moi, l'air un peu circonspect, de crainte que cela n'ait rien à voir avec l'océan. J'y ai trouvé des gens dynamiques et très engagés. En étant bénévole auprès d'eux, j'approfondis tranquillement mes connaissances et mon discours en environnement.

Karel Mayrand et son équipe me proposent un projet : devenir ambassadrice du Saint-Laurent. L'idée de représenter la Fondation David Suzuki et de faire rayonner le fleuve m'intéresse, mais, en voyant la brochette d'ambassadeurs qui vont suivre la formation sur le Saint-Laurent avec moi, j'ai vivement le goût de refuser la proposition. Je me sens comme un imposteur au milieu de tous ces biologistes, observateurs de baleines, scientifiques de renom et activistes engagés qui ont fait leurs preuves. J'ai envie de reculer. Après quelques jours de réflexion, toujours mal à l'aise devant l'engagement et l'ampleur du projet, je discute avec Karel de mon embarras. Je lui explique que je ne connais pas le fleuve et que je ne suis pas à l'aise de m'engager dans quelque chose que je ne maîtrise pas du tout. Karel me répond avec toute la simplicité qui le caractérise que le Saint-Laurent est là. Si je n'ai pas le financement pour réaliser ma traversée cette année, je devrais saisir l'occasion et aller m'entraîner sur le fleuve. Selon lui, partir de Montréal pour me rendre aux Îles-de-la-Madeleine devrait bien me prendre l'été.

Coup de tête ; je décide de descendre le Saint-Laurent à la rame. Sept cent cinquante milles nautiques. Effectivement, je ne connais pas le fleuve. J'ai besoin d'entraînement avec mon bateau, de naviguer dans des conditions difficiles et de rencontrer des situations complexes comme celles que ce plan d'eau peut offrir pour bien me préparer. J'ai aussi besoin de faire connaître mon projet et de démontrer, par mes actions, toute la volonté qui m'habite.

Devant cette possibilité, j'ai l'impression de renaître de mon hiver douloureux. Je sens l'excitation monter en moi. J'ai même du mal à dormir. Il y a de l'imprévu dans l'air et j'aspire à me réconforter dans cette nouvelle aventure. Comme un second souffle, un vent de fraîcheur, ce défi est exactement ce dont j'ai besoin pour me sortir du marasme dans lequel je me trouve. J'ai besoin de foncer dans quelque chose de positif, de concret.

Je vais enfin rencontrer ce fleuve magnifique. J'ai besoin de rebâtir mon estime personnelle et de me sentir bonne à quelque chose. Durant cette période ardue qu'est la recherche de financement, je manque de visibilité, et ce défi sur le fleuve saura m'en apporter.

Nous sommes en mars. Je devrai partir en juin, à la même date où j'espérais quitter le continent pour rejoindre l'Europe. Durant l'organisation de l'escapade, je réalise la simplicité de la chose : je n'aurai pas à débourser beaucoup d'argent, j'ai surtout besoin d'une grosse épicerie, de quelques services gratuits, et le tour est joué. Alors que je choisis de relever ce défi, je suis loin d'imaginer que ce sera là mon salut.

J'ai de la boue plein les chaussures. À choisir, j'aurais préféré que ce soit du sel. Le nom de l'évènement rend la chose ironique parce qu'à cause de l'orage il n'y a presque personne au festival Plein air et voyage. Je décide de laisser mon bateau seul sous la pluie pour aller m'abriter sous les chapiteaux, et partir à la recherche de contacts pour d'éventuelles commandites.

Une fois au kiosque de Cushe, j'intercepte celui qui me semble être le patron pour lui demander de l'information. Je reste perplexe devant sa réponse : ils ne font pas ça, eux, de la commandite pour des projets comme le mien. En marmonnant la chose, il me dirige vers une Karine aux cheveux bruns, au fond du chapiteau, en la montrant du doigt et en me signifiant qu'elle confirmera son discours. La Karine en question fronce les sourcils en le regardant, exaspérée. Je devine qu'elle ne partage pas son avis.

J'aime tout de suite la Karine aux cheveux bruns. Elle est drôle, spontanée et facile d'accès. Quelques semaines après notre rencontre, elle m'appelle pour faire un suivi à propos de ma demande de commandite auprès de Cushe. Depuis notre rencontre, j'ai conçu un programme de commandite sur mesure pour répondre aux besoins de leur entreprise. Comme je quitte Montréal dans deux semaines pour entreprendre mon voyage sur le Saint-Laurent, Karine et moi sentons un peu la pression.

Quelques jours après nos derniers échanges, alors que je suis au volant de ma voiture, Karine est au bout du fil. Elle semble avoir un sourire dans la voix, mais je ne comprends pas très bien ce qu'elle m'explique. Je la fais répéter. Rapidement, mes yeux s'emplissent de larmes, ma gorge se serre et j'ai du mal à parler. Au moment où je finis par comprendre, des larmes coulent déjà sur mes joues. Mon corps tremble, il semble avoir saisi la chose avant mon esprit : Cushe a un budget pour moi.

Au moment où je réalise ce qui m'arrive, tous mes efforts des derniers mois remontent à la surface. Je sens soudainement une tonne de briques quitter mes épaules. Soulagement total. Cette marque de confiance envers mon projet me plonge dans la béatitude. Au-delà de la somme que cela représente, une entreprise croit en moi. Une entreprise et son personnel reconnaissent ma valeur pécuniaire, ma valeur publicitaire, ma valeur pour rejoindre les gens. Malgré la journée ensoleillée, ma vue est complètement brouillée par les larmes, et j'entends à peine Karine me communiquer la date d'envoi du chèque. J'essaie de lui parler le mieux possible pour ne pas laisser entendre ma voix qui tremble et paraître une émotion trop vive qu'elle ne comprendrait pas. Je suis euphorique, légère, délivrée et soulagée, tellement soulagée. Dans les minutes qui suivent, je dois arrêter ma vieille voiture au bord de la route pour me ressaisir un peu.

J'appelle mes parents pour leur annoncer la nouvelle. Enfin, je pourrai rembourser un peu mes marges de crédit, je pourrai envoyer un des paiements promis un an plus tôt pour payer mon bateau et je conserverai quelques dollars à peine comme argent de poche. C'est l'énorme tape dans le dos dont j'avais besoin pour continuer et me savoir sur le bon chemin.

Premier réconfort pour moi. Le vendredi après-midi, je reçois le chèque de la main d'un courrier à vélo, quelques heures avant mon départ. Papa ira le déposer dans mon compte commercial le lundi matin. Pour mon voyage, j'ai tout organisé avec lui. Il doit retirer de l'argent des marges de crédit de mes deux comptes de banque pour effectuer le paiement minimum exigé sur les relevés de mes cartes de crédit aux dates indiquées. La méthode est claire et précise. Papa est mal à l'aise de savoir que je vis, comme il dit, sur « du temps hypothéqué sur mon avenir ». Il accepte la tâche malgré tout.

Moins de 24 heures avant que je parte sur le fleuve, nous sommes, mes parents, des amis et moi, à procéder aux derniers préparatifs au bateau installé sur le terrain de la maison familiale. Pendant que Nathalie applique l'antisalissure sous le bateau, Yan, qui a généreusement payé mon épicerie, m'aide à voir clair dans le rangement des compartiments. Papa et maman se donnent corps et âme pour que tout soit parfait. Les autocollants de mon nouveau commanditaire sont installés durant la nuit et mon bateau arbore désormais fièrement les logos de Cushe. Je suis fière. Quand mes amis quittent, je m'endors quelques minutes sur le sofa du salon, jusqu'à ce que maman me somme de prendre une dernière douche avant de partir.

Au petit matin, papa et moi attachons mon bateau derrière le camion en sirotant le même café noir instantané. Maman le réchauffe en remplissant notre thermos avant que nous ne quittions la maison pour nous rendre au grand cours d'eau de l'autre côté de la ville. Je l'embrasse. Elle viendra nous rejoindre là-bas, sur le quai.

Sur la route du Vieux-Port de Montréal, l'atmosphère est fébrile et, comme d'habitude avec papa, les silences ont leur place. En route, l'homme de peu de mots ne dit presque rien. Il me fait promettre d'être prudente. Je promets. À ses phrases courtes et à sa voix hachurée, je distingue son émotion. Papa ne veut pas détacher ses yeux de la route, et j'aperçois ses larmes. Je ne peux m'empêcher de pleurer, moi aussi. Il me dit, à cet instant, qu'il m'embrassera avant de descendre le bateau dans l'eau, mais qu'il va partir immédiatement après. Ce serait trop difficile pour lui de me voir partir seule à l'horizon. Entre un mouchoir et une gorgée de café, il me dit qu'il m'aime. C'est la seule chose que j'ai besoin d'entendre ce matin.

Après avoir reculé le bateau dans le fleuve, papa tire la remorque vide sur la rampe de mise à l'eau. Lorsqu'il remonte dans le camion, je constate qu'il est gagné par l'émotion. J'ai la gorge qui brûle en voyant le camion disparaître sans s'arrêter. Mon cœur fait mal, mais je comprends que papa n'aurait pas été capable d'assister à mon départ. Je pense à mon départ prévu pour l'an prochain.

Au quai Jacques-Cartier, je suis bien entourée ; mes amis, mes collègues, mes commanditaires, Virginie, Karine, ma sœur, sa famille et maman qui tente de cacher ses larmes bien malgré elle. Depuis les dernières semaines, à vivre sous son toit, maman entrevoit tout l'acharnement que j'applique dans mes démarches. Je crois qu'elle est fière.

La Garde côtière auxiliaire est là et j'échange avec ses membres les dernières informations. Ils m'accompagneront les premiers milles, jusqu'à Boucherville. Des journalistes demandent de prendre les dernières photos et m'interrogent rapidement. L'énergie est belle, l'atmosphère est fébrile. La trentaine de personnes présentes sur le ponton arborent un sourire. On voit l'espoir et l'émotion dans leurs yeux, le rire est facile sous les parapluies. Je serre tout le monde dans mes bras avant de monter à bord de mon petit esquif.

Après avoir éloigné mon bateau du quai, maladroite, j'essaie de le diriger vers le fleuve. En donnant mes premiers coups de rame, je tente de ne pas me laisser emporter par l'émotion en regardant les au revoir des gens que j'aime. Je suis un peu nerveuse et inquiète de ne pas comprendre parfaitement le gouvernail et l'influence de mes coups de rame sur la direction. Je lance la question à voix haute, avec un sourire aux lèvres : « Bon, comment ça fonctionne, ce bateau-là ? »

Tout le monde éclate de rire sans se douter une seconde de la véracité de ma question. Mon humour pince-sans-rire, que je tiens de papa, camoufle mon inquiétude. Je préfère que tout le monde croie à la blague.

Au fond de moi, je me dis que c'est peut-être mieux ainsi. Je suis mieux d'être la seule à savoir tout ce que j'ignore encore et que j'apprendrai plus tard.

— ★ —

Ma nièce Laurence et mon filleul Loïc.

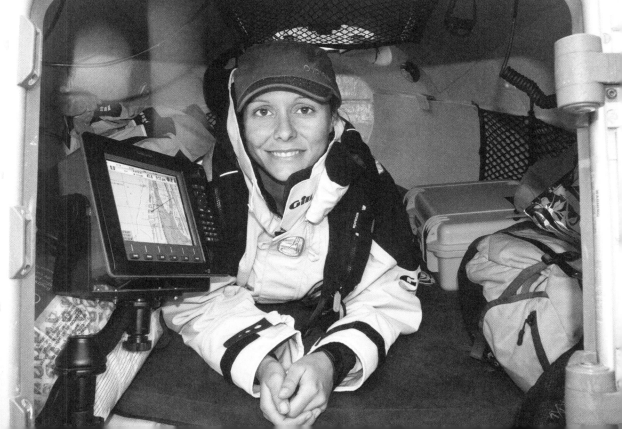

Ma crainte entourant le départ : c'est la bouée verte. Je ne veux pas passer près de la bouée verte, tout sauf ça. Cette bouée est très dangereuse. La Garde côtière rit. « Bon, d'accord, je veux bien traverser l'océan, mais j'ai peur des bouées, c'est ça, exactement. » Ça ne me dérange pas d'avoir l'air un peu idiot avec ma peur de la bouée. La Garde côtière sait, elle, quelles vies cette bouée a fauchées, et je suis loin de prendre à la légère ce que je perçois comme une menace. J'ai fait la promesse à papa de rester vigilante et, chaque fois que j'identifie un danger potentiel, j'y pense.

Ma première rencontre avec le fleuve est mouillée, humide. Je ne distingue plus le ciel de l'eau, je ne vois que la grisaille du ciel se mélanger à la couleur du fleuve. La pluie gagne sur le soleil. Dans le tronçon fluvial, tout se passe très vite. En quelques secondes à peine, je dépasse la bouée, et le fleuve m'appartient.

À mon arrivée à Québec, Maman vient me rejoindre pour m'encourager, après des visites à Sorel et Trois-Rivières. Cet été la fait courir selon mon horaire et celui des marées.

Cela fait plus d'une dizaine de jours que je suis partie de Montréal et j'ai des comptes à rendre à l'hôpital. Je ne réponds plus aux demandes de la liste de rappel et je n'ai pas non plus de disponibilités pour aller travailler un week-end sur deux comme le prévoit la convention. J'ai étiré la sauce ces derniers mois et je sais très bien que, tôt ou tard, le téléphone va sonner et que, cette fois, ce ne sera pas pour que je rentre au travail. La patience de la chef des soins infirmiers est d'or. Cette patronne exemplaire me connaît depuis presque une décennie. Elle me sait disciplinée et réfléchie. Aujourd'hui, elle me convoque à un entretien téléphonique.

Martine sait très bien que je rame et que je suis présentement dans la capitale. La veille, on a déposé sur son bureau, à la direction des soins infirmiers, un quotidien où figurait un article traitant de mon escapade sur le Saint-Laurent. Si elle ne le fait pas déjà, elle ne peut plus me couvrir et fermer les yeux. Peut-être ai-je des jaloux ? Avant mon départ, en me fiant aux règlements, je pensais m'en tirer avec une suspension pour non-remise de disponibilités et revenir dans la banque de remplacements de l'automne. Mon cas semble à part, différent. J'en conviens. Nous sommes conscientes, toutes les deux, que ma seconde demande de congé sans solde a été refusée et qu'une suspension serait, en quelque sorte, une récompense pour moi. Martine est lucide. Comme toujours, elle est délicate avec moi, me parle d'égale à égale et me dit ce qu'elle pense réellement. Notre conversation traite plutôt de mon grand rêve et de ma vie d'aventurière, de ma nouvelle vocation, de mon choix. En discutant avec elle, je réalise que je conserve mon travail comme un phare, une assise. Avec le même effort mieux dirigé, je pourrais faire beaucoup plus. Je réalise que je traîne maintenant mon emploi comme un boulet qui m'empêche probablement d'avancer et de me lancer à fond dans ma nouvelle carrière. Il faut parfois avoir le courage de marcher sur la corde raide sans filet de sécurité. C'est souvent en plongeant dans le vide que les solutions surviennent. J'en ai souvent fait l'expérience. Et nous savons très bien que je n'ai pas la tête de l'emploi, bien que je sois une préposée efficace et bien appréciée. Je n'aime pas mon travail et j'attends le bon moment pour quitter l'hôpital.

Elle me propose 24 heures pour réfléchir ; je n'utilise que l'heure qui suit. Toujours installée à une table dans le coin du restaurant de la marina, je compose ma lettre de démission. Je n'ai aucun doute que je prends la bonne décision.

En appuyant sur « envoyer », je me sens légère comme un papillon. Je suis désormais sans emploi et peut-être sans le sou, mais je suis fière de ne dépendre de personne. Nulle catégorie pour me définir, nulle subvention pour m'aider, je ne profite d'aucune aide gouvernementale. Je ne me sens redevable à qui que ce soit, ni en dette pour autant. J'ai donné presque 10 ans de ma vie aux enfants malades ; à partir d'ici, je vais penser à moi. Autant j'ai été fière de faire partie de ce grand établissement, autant je serai fière de l'avoir fait aussi longtemps. En quittant cette assise qu'était mon emploi, j'ai un peu le vertige. Je me demande de quoi demain sera fait, mais je me rassure en me répétant que de nouveaux horizons s'ouvriront pour moi. Il est midi, je me permets le luxe d'un café Baileys pour célébrer ma retraite avant de retourner à mon esquif et plus tard rejoindre maman.

Sur le fleuve, les haltes se suivent et se distinguent les unes des autres. L'île d'Orléans, Saint-Jean-Port-Joli, Kamouraska, Rivière-du-Loup ; le fleuve est beau, joli. Il change de visage et de couleur.

Les riverains m'accueillent généreusement. Je fais des détours pour mieux connaître la rive nord. Je me rends à Saint-Siméon et à Tadoussac, où maman vient me rejoindre encore une fois. De retour à Trois-Pistoles, un ami m'héberge durant la semaine où je suis présente, avec mon bateau, à des festivités.

Dans un théâtre de Trois-Pistoles, je reçois l'appel de M. Lavoie. Lorsqu'il se nomme, je me souviens de son rare prénom : Hermel. Pendant qu'il me remémore l'endroit où nous nous sommes rencontrés, la scène me revient en tête. J'ai fait la connaissance de M. Lavoie lors d'une conférence à Rimouski, un an plus tôt exactement. Avant la conférence, alors que je faisais le tour des exposants, j'avais remarqué cet homme aux yeux pleins d'étoiles au kiosque de la Garde côtière auxiliaire. Je sentais qu'il était heureux, vraiment heureux d'échanger avec moi. Il m'avait réservé des questions et me les avait posées comme personne ne m'avait jamais assaillie après une conférence. M. Lavoie est de ceux qui ne se satisfont pas d'une simple réponse. J'ai tout de suite compris qu'il était brillant, intelligent et allumé. Le genre d'ami ou de grand-père que tout le monde voudrait avoir.

Je l'ai adoré dès cet instant. Je me souviens de son air moqueur et de ses yeux pétillants qui semblaient voir la mer à travers mes paroles. Échanger avec lui, c'était comme être en face d'un gamin qui s'émerveille. Un homme sans âge habitait son corps. Nous avions échangé nos coordonnées et nous nous sommes laissés tranquilles pendant presque une année.

Au moment de prendre l'appel, je suis aussi émue que si je retrouvais un vieil ami. Je reconnais l'homme aux yeux pleins d'étoiles au bout du fil. Il me demande si j'aimerais qu'on vienne à ma rencontre sur le fleuve. L'idée m'enchante et j'accepte volontiers. Je recevrai sa visite entre Trois-Pistoles et Rimouski, alors que j'attendrai la marée descendante pour repartir vers l'est. On se fixe un rendez-vous téléphonique la veille de mon départ de Trois-Pistoles et on fait des projections des coordonnées de notre point de rencontre, selon nos vitesses de croisière respectives.

Quelques jours plus tard, j'aperçois un point blanc à l'horizon. Hermel et son équipage font route vers moi. À bord de leur embarcation se trouvent des membres de sa famille et des amis. On jette l'ancre dans une baie et on s'installe à l'épaule pour partager un repas et savourer notre rencontre.

Quelques heures plus tard, nous rentrons tous ensemble à Rimouski, où ma famille nous attend. Nos familles et amis font alors connaissance et nous leur racontons l'aventure de la journée.

Hermel reste à mon service durant tout mon séjour à Rimouski. Il m'offre de réparer ce dont j'ai besoin. Lui qui connaît les bateaux et la navigation aime que les choses roulent parfaitement. Je lui parle de mon système d'identification automatique (SIA)*, celui qui signale aux autres embarcations ma présence, qui est défectueux. Lors de ce premier mandat, Hermel m'émerveille. Sa patience, son intérêt et sa débrouillardise m'épatent. Nos rencontres donnent lieu à des moments uniques, cocasses.

Son sens de l'humour est délicieux, et sa spontanéité, touchante. Son dévouement me convainc que les anges existent, et il allège doucement mon voyage en me prenant sous son aile. Depuis ces derniers mois où j'ai dû repousser les malicieux vautours qui rôdaient autour de moi, sa générosité véritable parvient à panser mes plaies. Avec Hermel, j'ai l'impression de partager mon voyage, de m'amuser et de ne penser qu'à une journée à la fois.

Hermel ne me lâche pas d'une semelle. Il vérifie que tout est parfait à bord, fait des tests, regarde chaque recoin et passe en revue le moindre fil électrique. Il ne laisse rien au hasard. Il me demande s'il peut optimiser une ou deux installations. Je vois ses yeux briller et dévorer son nouveau dada comme ceux d'un enfant avec un nouveau jouet.

Passionné, il va jusqu'à étudier rigoureusement la météo pour dénicher une fenêtre qui me permet de quitter la marina. Lui qui connaît le fleuve me donne des indications précises sur le moment opportun pour lever l'ancre. À partir d'ici, il me signale son intention de suivre mon voyage de près. À la suite de mon départ de Rimouski, il tient parole et nous échangeons tous les jours. Puisque la Haute-Gaspésie me réserve des défis de taille, je sais que les prochains milles nautiques s'avèrent périlleux.

Après avoir rencontré quelques écueils, Hermel me propose de faire une partie du voyage avec moi et vient me rejoindre à Rivière-au-Renard. Tel un ange gardien, Hermel s'installe confortablement à l'avant du bateau et il y séjourne pendant que je rame. On discute des heures et des heures. Dans l'aventure, sur l'eau et sous le soleil, lui, Rimouskois de 42 ans mon aîné, et moi, jeune Montréalaise de 32 ans, nous lions d'amitié malgré les générations qui nous séparent.

Je découvre un homme sans âge, serein, calme. Confiant en raison de toutes ses années d'expérience de vie, Hermel pose son regard teinté de sagesse sur tous les sujets. Il réfléchit, mesure, évalue et analyse le monde qui l'entoure. Sa curiosité me nourrit et m'influence à vouloir à mon tour tout saisir. Hermel est méticuleux, il aime faire de son mieux. Son sens de l'humour est croustillant. Il ne manque aucune occasion de rire de lui-même ou de nous deux.

Au terme de notre voyage autour de la péninsule gaspésienne, un rendez-vous marquant a lieu entre nous. Tous les deux installés dans le spacieux carré du bateau que l'on m'a offert d'habiter durant mon interlude à L'Anse-à-Beaufils, on discute de l'avenir du projet. À un an de mon départ sur l'Atlantique, Hermel s'inquiète. Son étude de la situation l'a préparé à me faire subir un interrogatoire en règle. Chaque question annonce la suivante, et mes réponses donnent des munitions à ses prochaines mises en situation. Comme s'il creusait à la pelle, il se fraye un passage pour découvrir l'essence du projet qu'il approfondit méticuleusement.

Hermel se fait une idée, il peint lentement son tableau. Habile à déstabiliser l'interrogé, digne d'un Columbo, il se promène d'un sujet à l'autre en prenant des notes et en feuilletant les nombreuses pages du petit calepin rouge qu'il traîne partout avec lui.

Je donnerais n'importe quoi pour regarder à l'intérieur de ce petit calepin sacré qui retrouve toujours soigneusement sa place dans la poche de sa chemise. J'imagine l'éclectique répertoire qu'il recèle: entre les numéros de téléphone de mon agente Virginie et de ma famille, les cinq ou six notes d'éphémérides* et de marées, les deux ou trois données de vent en passant par une liste de choses à acheter se trouve une multitude de questions. Hermel m'interroge autant sur mes honoraires de conférences, la méthode de prospection de futurs clients, le loyer du nouvel appartement où j'emménagerai à mon retour que sur ma famille, les gens qui m'entourent, le montant d'une commandite ou la manière dont je calcule le retour sur investissement des commanditaires… Là où il ne semble pas y avoir de relation entre mes réponses, lui voit des liens invisibles pour la plupart des gens. Ses notes sont un trésor. Elles lui permettront d'y revenir pour obtenir une meilleure vue d'ensemble du projet.

Quelques heures plus tard, alors que l'interrogatoire tire à sa fin, il me pose la question fatidique, qui me surprend : « Si j'étais un génie dans une bouteille, quels seraient tes trois souhaits ? »

Je comprends qu'il aime le projet et qu'il se demande quelle place il pourrait y prendre. Tant d'un point de vue financier, technique que physique, il aimerait faire partie de l'organisation avec moi. Il me propose de revenir à Rimouski et de mettre cartes sur table pour voir la faisabilité de l'ensemble de l'opération. L'homme aux yeux pleins d'étoiles ne se doute aucunement à quel point son implication sera cruciale.

Hermel quitte L'Anse-à-Beaufils et ne peut rester jusqu'à mon départ dans le golfe, pour les Îles-de-la-Madeleine. En attendant que la météo me permette de quitter l'endroit, j'ai l'impression d'être laissée à moi-même. Je ressens soudainement un vide immense, un gouffre. Il y a près d'un mois qu'Hermel et son clan veillent sur moi. Même si j'ai du soutien au bout du fil, je me sens maintenant bien petite face au golfe, face aux îles.

Je me fais rapidement des amis et, malgré l'attente qui s'éternise, ma solitude se tasse. Je suis impatiente de m'élancer dans la plus belle partie de cette aventure estivale : traverser le golfe à la rame. Même si j'ai le vertige depuis le départ d'Hermel, je me retrouve un peu. Je profite de l'espace privé que m'offre le petit bateau qu'on m'a gentiment prêté. Enfin, je peux dormir tranquille, et ça me change d'être la bête de foire permanente de toutes les marinas que je fréquente avec mon étrange bateau à rames depuis mon départ de

Montréal, 66 jours plus tôt. En dormant des nuits complètes, sans me faire réveiller par les questions de ceux qui cognent sur ma coque à 7 heures du matin, je trouve du repos. Tout en surveillant mon bateau, amarré à quelques mètres de mon domicile flottant, je récupère et je me prépare mentalement.

Le temps passe, mon stress grandit, et une appréhension naît en moi. La nuit, je me réveille souvent recroquevillée, par le tourment. Pour être honnête avec moi-même, je m'analyse pour comprendre l'origine de mon malaise.

Je regarde au large et je me questionne. Je ne doute nullement de mes habiletés à faire face aux vents, aux vagues ou aux assauts de la mer. Je n'ai pas peur de ce que le golfe me réserve. Je n'ai aucun doute quant à mon aptitude physique à parvenir à franchir à la rame la centaine de milles nautiques qui me sépare des Îles.

Comme à la veille d'un mariage arrangé, je me sens promise à quelque chose que je ne connais pas et que je devrai aimer. Quelque chose que pourraient craindre la majorité des gens et qui devrait aussi me faire peur, mais qui ne le fait pas.

Ma peur est celle de ne pas aimer mon rêve. Je ne sais pas si je vais aimer être seule avec moi-même sur cette grande étendue d'eau, sur cette masse immense. Que faire si, à la rencontre de mon rêve, je ne l'aimais plus ? Et si rien ne m'arrivait durant le voyage ? Et si je ne rencontrais pas les défis que j'aspire à affronter pour gagner en expérience et en confiance ? Et si... Et si ?

J'aborde ma crainte, je l'observe. Je me promets surtout d'être honnête avec moi-même. Si je n'aime pas l'aventure, je changerai de cap, je m'autoriserai à changer d'idée et je rentrerai chez moi. Je me permets d'avoir peur, et la tension s'abaisse, lentement.

Sans faire abstraction de l'angoisse qui me tenaille, j'attends le signal de Michel, mon routeur. Il étudie la météo en parallèle avec Hermel. Après quelques jours d'attente, j'obtiens la double bénédiction pour partir. Virginie aligne toutes nos communications et me voilà prête à larguer les amarres qui retiennent mon bateau à la péninsule gaspésienne.

Mes premiers moments sont délicieux. Malgré la nausée, je goûte enfin mon rêve. Je m'imagine partir sur l'océan et avoir 100 jours devant. J'apprivoise mon milieu, j'installe mes habitudes et je fais face au rêve. D'un soubresaut à l'autre, ma petite traversée connaît le relief que j'espérais, et j'avance vers les îles entre les marées.

Je m'entraîne à vivre sur mon petit esquif sans me sentir à l'étroit. Je m'exerce à installer et à retirer l'ancre parachute*, à démêler les nœuds qui s'y logent, à mieux lire les vagues, à calculer ma dérive*, ma vitesse, à évaluer mon énergie, mais surtout à développer ma capacité à anticiper les évènements. Depuis mon départ de Montréal, je suis suivie de près par la Garde côtière et je l'appelle régulièrement. Je me sens accompagnée par mon équipe, ma famille. J'ai le sentiment que des forces suprêmes veillent sur moi.

Entre un début d'incendie dans le système électrique, un mal de mer de quelques jours, une tempête de 36 heures et des vents violents, je me fraye un chemin vers les îles et je savoure mon entraînement. Je gagne en assurance, et toutes mes réactions me confirment que j'ai la tête de l'emploi.

Je suis heureuse de constater que je réagis mieux à l'intérieur d'un habitacle envahi par une épaisse fumée blanche, à la suite d'un début d'incendie, que devant les larmes d'un enfant malade que je dois maîtriser sur une table d'examen. Je comprends que ma place est ici et beaucoup plus dans l'épicentre d'une tempête que dans une salle de traitement. Mon séjour sur le golfe me rassure : quitter mon emploi était la chose à faire pour me sentir en harmonie avec moi-même. Je réalise que je suis maintenant complètement en accord avec la vie que je souhaitais mener, je jubile. Ma réalisation personnelle passe par l'aventure. Ici, j'ai l'impression de ne faire qu'un avec tout ce qui m'entoure. J'ai la sensation d'être au bon endroit. Soudainement, il n'y a plus d'avant et d'après. Le centre du monde est peut-être ailleurs, mais le centre du mien est ici.

J'apprécie ce rendez-vous grandiose entre le fleuve, mon bateau et moi. Je retrouve mes yeux d'enfant. Le temps n'existe plus, l'endroit non plus. Je me sens sur une autre planète, dans une autre galaxie. La nuit, j'apprécie le spectacle du phytoplancton phosphorescent qui forme des tourbillons de lumières vertes dans les restes de mes coups de rame, de chaque côté de mon sillage. Je m'émerveille devant les courbettes luminescentes des dauphins à flancs blancs qui illuminent la mer sous ma coque, lors de leurs coups de nageoires dans le plancton présent. J'interprète leurs comportements comme un signe d'impatience devant ma faible vitesse qui ne peut leur fournir une vague d'étrave* adéquate et excitante. Ils semblent m'inviter à les suivre, puis ils disparaissent dans l'azur de la nuit. Je rencontre cet étrange poisson-lune à l'œil immense qui me regarde, maladroit, à la nage un peu instable. J'aperçois des ailerons peu fréquentables çà et là. Les oiseaux chantent leur solitude et pêchent leurs proies sous la surface liquide sur laquelle j'avance lentement.

Quand l'humidité quitte le ciel, je repère des centaines d'astres, d'autres galaxies ou plutôt des milliards d'étoiles. Je suis obnubilée par les vagues. Toutes différentes, elles m'obsèdent. Tantôt dans leurs creux, tantôt sur le sommet des plus hautes, je me laisse imprégner par l'immensité des lieux, je m'amuse à repérer dans quelle direction se trouvent tous les pays du monde comme dans nos jeux de l'époque où nous étions six dans le même bateau. J'apprends à aimer être seule dans ce royaume, dans l'épicentre du perpétuel changement météorologique, où rien n'est immuable.

Au rythme du soleil et de la lune autour de la terre, je regarde le temps.

Après neuf jours à habiter la mer, je découvre les Îles-de-la-Madeleine. D'abord dans mes jumelles, de petites maisons colorées semblent flotter sur l'eau. Un monde à part m'attend. Enfin, je peux prendre une pause et apprécier ma découverte : la conviction d'être sur la bonne voie.

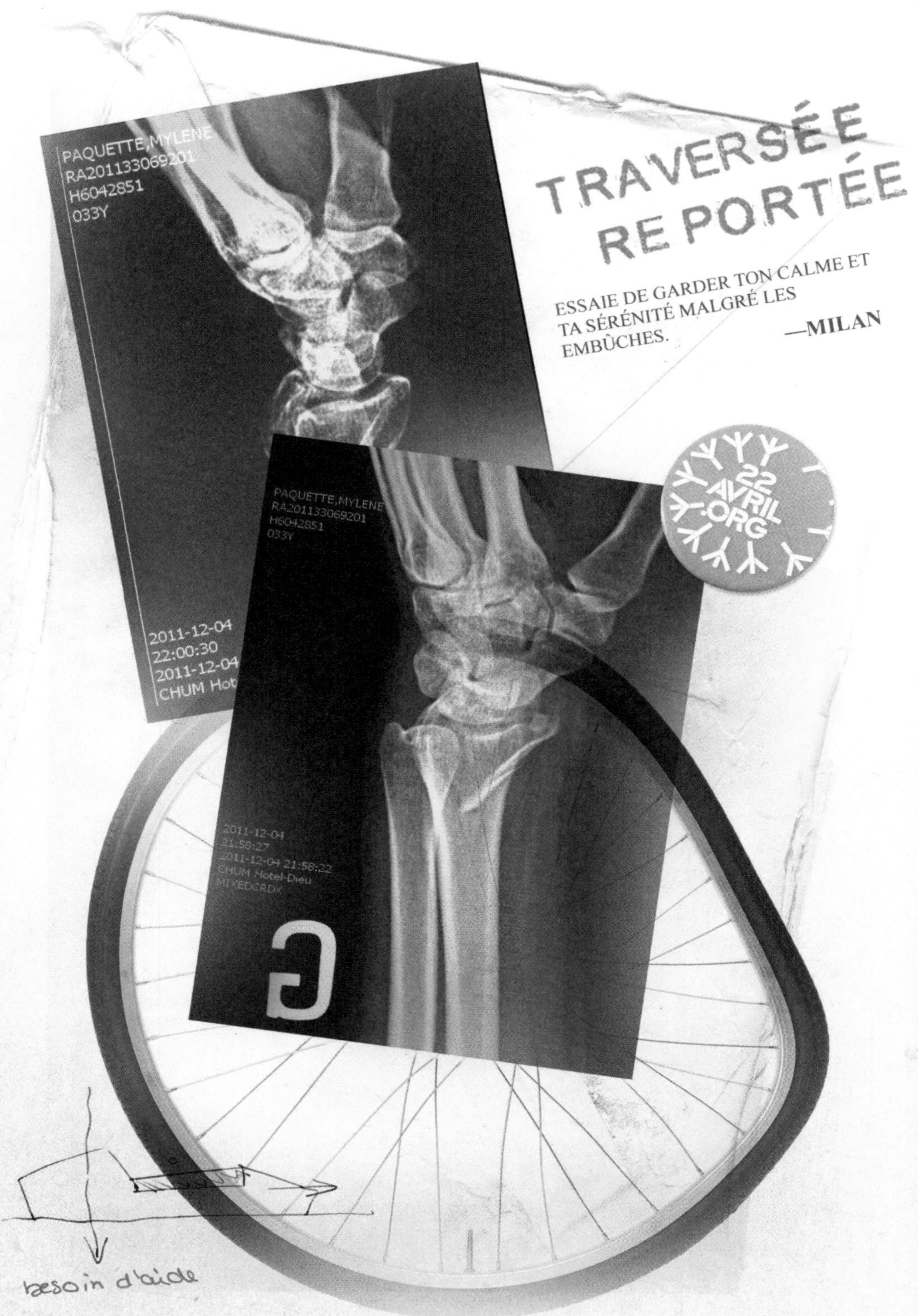

TRAVERSÉE
RE PORTÉE

ESSAIE DE GARDER TON CALME ET
TA SÉRÉNITÉ MALGRÉ LES
EMBÛCHES.

—MILAN

PAQUETTE,MYLENE
RA201133069201
H6042851
033Y

2011-12-04
22:00:30
2011-12-04
CHUM Hôte

PAQUETTE,MYLENE
RA201133069201
H6042851
033Y

2011-12-04
21:58:27
2011-12-04 21:58:22
CHUM Hotel-Dieu
MIXEDCRDX

22
AVRIL
.ORG

besoin d'aide

8

FRACTURE DE ROUTE

Pour des raisons financières, je venais tout juste de remiser ma voiture chez mes parents, dans l'espace occupé jadis par mon bateau. J'avais décidé que, même l'hiver, le vélo, c'était bien ! On en voyait plein les rues à Montréal durant la saison froide et, sans être imprudente, je sortirais le mien uniquement lorsqu'il n'y aurait pas de neige annoncée. En ce dimanche 4 décembre 2011, jour où j'avais décidé d'essayer mes nouveaux freins à disque, il n'y avait pas de neige au sol, et peu de véhicules circulaient dans les rues du Vieux-Port endormi. L'erreur s'est produite à 100 mètres de ma porte d'entrée.

Je vois la scène se produire au ralenti. Au moment où j'ai aperçu mon bras se déformer dans la manche de mon manteau, je n'ai pensé à rien d'autre qu'à ça : ma traversée. Ça a vraiment fait crac, je pense que ça a même craqué des deux côtés. Je sais que c'est cassé. De toutes mes forces, j'essaie de pousser sur ma main droite pour me relever ou m'asseoir, n'importe. À droite aussi, ça bouge, c'est *lousse*...

Non, c'est pas cassé à droite aussi ! Non, pas à droite, pas les deux bras ! S'il vous plaît !

Tout se passe très vite dans ma tête. OK, je dois faire un bilan, calmement. Reprendre mes esprits.

Je sais que du côté gauche il n'y a rien à faire. C'est exactement comme si ma main ne m'appartenait plus, j'ai beau commander les mouvements, y mettre toute ma volonté, rien n'y fait. J'ai peur de regarder. Je reprends mon souffle. Rien qu'à voir, maintenant, je comprends. Je n'ai pas besoin d'un doctorat en médecine pour poser mon diagnostic. C'est fracturé.

Il faudrait que je replace ma main, je ne peux pas la laisser comme ça. Ma paume, tournée vers le ciel, n'est pas dans le même axe que mon avant-bras. Je sens la pression monter dans mes doigts. D'une pulsion de vie, avec ma main droite, je prends mon pouce et mes phalanges de ma main gauche et les tire vers moi. Je crois que c'est plus conforme à mon anatomie de cette façon. C'est tout ce que je peux faire pour l'instant, avant de voir un médecin.

Je sens tout mon corps pris d'une vague d'éveil, transporté par un élan plus fort que ma volonté. Je n'éprouve pas de douleur, ni même le froid que je ressentais sur ma peau deux minutes plus tôt quand j'ai enfourché ma bicyclette. Je sais que c'est l'adrénaline, et que l'adrénaline ne durera pas longtemps.

Je m'imagine sur l'océan, ça me rassure. Qu'est-ce que je ferais en mer, dans cette situation ? Une attelle ? Et avec quoi ? Une rame ? Ma traversée... Comment vais-je traverser l'océan dans six mois et trouver le reste de mon financement si je suis amochée comme ça ? Et c'est beaucoup plus cette pensée qui provoque mes larmes que mon bras lui-même. Je suis agenouillée, les fesses sur mes pieds, en sanglots.

Je tente de réfléchir avant que l'adrénaline cesse de me porter, car je sens que je commence à trembler... et, soudainement, la douleur arrive d'un coup, accompagnée d'un mal de cœur terrible.

Depuis ma civière à l'urgence de l'hôpital, je m'excuse auprès de papa qui est venu me rejoindre. Il explique au médecin que mes bras, c'est important. Je l'entends lui dire : «Ma fille est une rameuse d'océan. » Je souris.

Au cours des jours qui suivent, maman essaie de s'occuper de moi le mieux du monde. Nous attendons qu'une place se libère en salle d'opération. Mon bateau est aux Îles-de-la-Madeleine, et moi dans un lit d'hôpital, en proie à des hallucinations monstres. Déjà, j'ai le sentiment de l'avoir abandonné là-bas en revenant à Montréal ; maintenant, je me sens tellement loin de lui, tellement loin de mon objectif. Après être arrivée aux îles quelques semaines plus tôt, j'ai choisi de laisser mon bateau sur place pour procéder aux modifications prévues afin de le rendre solide comme un tank pour affronter les tempêtes de l'Atlantique Nord. Mon ami Réjean a dessiné la rallonge de la grande cabine, le chantier naval a accepté le contrat, ils sont prêts à commencer l'agrandissement et à effectuer les différents travaux de réfection. Au moins, ça peut avancer sans moi.

Après quelques jours et une anesthésie générale, je sors enfin de l'hôpital. Je suis malade. Les médicaments auxquels j'ai fait une réaction vont toujours être proscrits pour moi. Il faut d'abord que j'apprenne à en prononcer le nom comme il faut. Je dirai à mes médecins au sol, Sylvain et notre amie Christiane qui vient de se joindre à l'équipe, qu'il n'en faudra pas dans mon bateau.

Mon plâtre est lourd, immense. On m'explique qu'on le changera pour un nouveau en fibre de verre, comme mon bateau, pour Noël. Je rentre chez moi, le rêve encore plus loin, quelque part entre les vapes de mes médicaments. Je me sens spectatrice de ma vie, sans pouvoir en faire partie. Cet accident provoque l'ouverture d'une parenthèse. Je peux travailler un peu au clavier à l'aide de ma main droite ; par contre, je ne peux ni m'entraîner, ni aller voir mon bateau, ni bouger trop rapidement, ni dormir comme il faut… Assoiffée de résultats, je me sens lâche, impotente. Mon plâtre me paralyse l'âme, et les antidouleurs, ma tête et mon estomac. Obligée de ralentir, je dois patienter.

Juste avant l'accident de vélo, on a réussi à mettre de l'ordre dans mes besoins les plus criants. Dès mon retour sur le continent, je suis allée rendre visite à Hermel et à sa famille à Rimouski. Munie de mes boîtes à chaussures pleines de factures et d'états de compte,

117

Hermel et moi avons démêlé les livres de ma compagnie, refait les budgets et mis à jour la liste de mes créanciers. J'ai fait connaissance avec la grande famille Lavoie et on m'a adoptée comme la dernière arrivée des grandes filles. J'ai tout de suite élu deux grands-mères, l'épouse d'Hermel, que j'appelle mamie Louise, et sa sœur Gertrude, ma grand-mère d'en bas. Chez eux, je me sens comme autrefois chez mes grands-parents, leur hospitalité me fait sentir comme chez de vieux amis. La douceur de mes mamies est apaisante. Deux petites fées.

Hermel, et Benoit, mon conseiller, m'ont aidée à élaborer un plan de match, toute une série d'étapes à respecter au cours des prochaines semaines afin que tout se déroule bien. Je me suis fixé des objectifs précis : trouver des spécialistes en relations publiques et surtout en recherche de commandites. J'ai fait appel à la boîte de relations publiques de Marie-Annick L'Allier, où travaille Dominique, ma nouvelle conseillère en communications. J'ai donc commencé à collaborer avec elles pour répondre à mes besoins. Enfin, j'espérais, nous espérions tous, que nous pourrions dénicher, à l'aide de leurs contacts et de leur expérience, des commanditaires qui sauraient embrasser les valeurs que cette grande traversée souhaite transmettre.

Sans m'en cacher, je savais que le retour de mon voyage sur le fleuve serait difficile. Maintenant sans travail, je me doutais bien que les temps allaient être encore moins évidents qu'auparavant, encore plus pénibles. Maman m'a aidée à me trouver un appartement et j'ai élu domicile chez mon ami Pierre-Alexandre qui cherchait à partager son grand loft du Vieux-Montréal. J'ai toujours aimé vivre en colocation et, comme Pierre-Alexandre est un ami, un ami de la famille de surcroît, je savais que sa présence me nourrirait beaucoup. À la suite de mon accident, son soutien est indéniable et sa présence rassurante.

Après avoir porté mon plâtre six semaines, j'apprends que je dois le conserver dix jours additionnels. La consolidation osseuse des premières semaines n'a pas eu lieu comme on pouvait s'y attendre. Avec les quelques kilos que j'ai perdus après ma fracture, on peut bien penser qu'une malnutrition est responsable de ce manque à gagner.

Enfin, janvier se termine et on me dénude le bras tel qu'on me l'avait promis. La chose que je trouve entre ma main et mon épaule est étrange et minuscule. Je l'observe longuement, comme s'il s'agissait d'un transplant, comme s'il était le membre de quelqu'un d'autre. Un petit bras chétif à la physionomie étrange est accroché à moi. Qu'est-ce que je vais faire avec ça ? Il est tout croche, hirsute, maigrichon, avec plein de bosses. Il m'apparaît loin d'être prêt pour affronter le stress du moindre coup de pagaie. Je suis frustrée de le retrouver ainsi.

Je dois être patiente. Résiliente, je lui offrirai toute ma sollicitude pour affronter la réadaptation. Mon ostéopathe Isabelle viendra y mettre son grain de sel avec les traitements magiques qu'elle m'offre généreusement, aussi bénéfiques pour ma charpente que ma psyché.

En raison de mon membre défaillant, et surtout du retard considérable qu'il m'a fait prendre dans toutes les étapes de mon projet, la décision s'impose d'elle-même. J'écris un blogue pour annoncer que je sursois à mon projet, soit jusqu'à l'été suivant. J'achète un an. J'ai l'impression de repousser ma vie. Je me résous à croire que ce délai est une promesse de trouver le commanditaire idéal, rêvé et espéré depuis longtemps. Après tout, ce n'est qu'un an de plus. Un an durant lequel je pourrai me préparer davantage.

Et dire que je voulais simplement tester mes freins à disque pour être certaine qu'ils fonctionnent au bon moment. Des freins à disque, c'est dangereux, ça arrête sec, ça ralentit beaucoup trop... Beaucoup trop longtemps ! Dans mon cas, à peu près un an.

— ★ —

Affiché au mur sur des cartons de grande taille, mon calendrier fait office de tapisserie. Les 12 prochains mois couvrent le mur au complet. Loin des tendances déco, ma chambre à coucher a l'air d'un entrepôt de fournitures de navigation ou d'un grand *walk-in* où s'entasse de l'équipement sportif et au milieu duquel se trouve un petit lit. Tout ici évoque l'aventure autant passée que future. Je suis dans une pièce à conviction pour réussir. Je n'ai d'autre choix. Et c'est d'ici que j'affronte l'amplitude de mon rêve et de son coût.

Ce matin, protestant, je reste au lit. J'observe les cases de mon immense calendrier dans lesquelles sont dessinés de petits bonhommes sourires. Parce qu'il paraît que ça fonctionne, je marche comme à la petite école. Lorsque je passe à travers une bonne journée avec un comportement gagnant, durant laquelle je suis ordonnée et productive, je dessine deux yeux bien ronds, soulignés d'un grand trait concave dans la case appropriée. Gros marqueur épais, ligne franche, sourire exagéré. Si, à l'inverse, le manque de confiance et l'angoisse prédominent, je dessine une ligne rigide et convexe représentant une bouche triste. Jour morne et sans soleil.

Si je me réveille sans faire l'effort de me souvenir de mes problèmes de la veille, je provoque un peu les choses. Comme un acte de foi, je me lève d'un bond et je dessine tout de suite un sourire, comme pour dire à ma journée la direction qu'elle doit prendre. Aujourd'hui me fera sourire, aujourd'hui sera beau, aujourd'hui il y aura du soleil dans mon bureau.

Si, par malheur, je me fais réveiller par le bruit sourd de quelqu'un qui cogne à la porte en bas de l'escalier, j'anticipe le pire : « Ça y est, c'est le huissier qui arrive pour venir chercher mon bateau, c'est un dernier rappel de paiement, un avis de saisie. C'est terminé, les procédures sont engagées, je dois remettre trop d'argent... C'est fini ! »

Je transpire, je panique, je me vois devant des êtres sans scrupule venus chercher la moindre de mes possessions, le moindre de mes biens. Je me sens sur le point de perdre ma dignité. Si je réalise que c'est une livraison quelconque pour une des entreprises logées dans le même immeuble, je reprends mon souffle, et mon cœur, son rythme. Je *décatastrophe* sous la couette, seule et aigrie, immobilisée par le doute quant au temps que durera ce sursis.

La possibilité de recevoir la visite d'un huissier me hante le jour, la nuit. Hermel et moi avons évalué la situation de fond en comble. La faillite n'est pas une solution, sauf, bien sûr, si elle m'est imposée. À l'état de mes finances, tout laisse croire que c'est la seule option à envisager, mais je résiste à l'idée, car, pour moi, ce serait renoncer à ma fierté.

Le manque d'argent ralentit grandement mes préparatifs. Je me sens souvent naïve de croire encore au potentiel de mes recherches. Je me demande si je ne suis pas trop défaitiste pour que ça fonctionne. Peut-être qu'au fond de moi, sincèrement, je n'y crois plus. Peut-être que ça transparaît dans mes envois massifs, ceux de l'entreprise que j'ai engagée pour chercher, ou dans les discussions avec les gens que nous rencontrons.

Quelques entreprises intéressées font surface ; enfin, le projet est digne d'attention. On existe ! Soudainement, j'ai des ailes. Je suis fière d'avoir établi moi-même des contacts. Emballés, on se déplace à New York, Québec et Toronto pour rencontrer d'éventuels partenaires. Malgré tous les kilomètres parcourus et tous nos déplacements, je réalise qu'on est trop souvent pris à la légère.

Du nouveau propriétaire français d'une compagnie d'assurances à la multinationale qui nous demande un plan de communication aux coûts dépassant celui de ma traversée ou à l'organisation québécoise qui cherche un poulain pour se rapprocher du public, on écoute les besoins, on évalue, on planche et on travaille à concevoir un plan de commandite sur mesure pour chacun. Et on patauge littéralement dans le vide.

Intérieurement, je remercie chacun pour ses belles paroles et ses bonnes intentions à nous recevoir. J'ai parfois l'impression d'avoir devant moi des gens malintentionnés qui savent déjà que, non seulement la commandite est impossible, mais qui, de plus, mettent des mois à nous communiquer leur refus. J'aspire à obtenir un courriel, le moindre retour d'appel et à connaître enfin l'heure juste. S'il vous plaît, un simple signe de respect pour me dire que j'existe, au moins. Après avoir investi autant de temps et d'argent pour préparer nos rencontres, je me sens flouée. Je suis déçue du monde des affaires. Je suis bernée par de fausses promesses, de fausses motivations. Idiote et naïve de croire que c'est encore possible.

L'entreprise que j'ai embauchée a bûché et sélectionné un bon nombre d'entreprises potentielles, les a toutes approchées et a conçu pour elles des dizaines de dossiers. D'autres intermédiaires, avec une nouvelle banque de contacts, tentent la pareille. Ils jonglent avec les mêmes intentions, documents, outils et dossiers de présentation. Rien n'y fait. Après avoir tout tenté, nous sommes découragés et démoralisés.

La recherche coûte cher, sans porter ses fruits. En voyant le cirque dans lequel je suis, témoin des efforts démesurés ainsi que de l'argent investi, mon ami Réjean me consent un prêt. Lui nous croit capables d'y parvenir. Professionnel et homme d'affaires, il ne comprend pas pourquoi personne dans ce domaine ne voit le potentiel immense et le rayonnement que recèle mon défi. Il est frustré, lui aussi. J'ai la tape dans le dos qu'il me faut pour continuer. Cet ami me répète qu'il ne veut rien humer de son argent avant le retour de ma traversée. Soulagée, j'ai un répit.

Minuscule, le répit, très petit. Pendant que ce nouveau prêteur m'avance des fonds pour continuer, un ancien prêteur me somme de le rembourser. Inquiet de l'avenue de mon entreprise, de la santé de mon bras et surtout de ma forme physique, il doute et n'y croit plus. Illico, sur-le-champ, il exige un remboursement. Il m'accuse même de manquer de volonté. Je ne veux plus en entendre parler. Je n'ai pas la forme, justement, pas la forme pour me battre. Je choisis mes combats. Devant le risque de perdre la confiance fragile qui m'habite, Hermel et moi remboursons la modique somme au plus vite. C'est le prix à payer pour tourner la page, retrouver ma fierté, me sentir libre et ne plus être soumise à la pression que cet homme exerce sur moi. Je perds des plumes.

J'utilise un tiers de l'argent nouvellement emprunté pour rembourser ce premier créancier et, comme un joueur compulsif, je pousse un autre tiers à la firme de recherche de commandites pour qu'ils poursuivent leurs recherches, dans l'espoir ultime de trouver des partenaires. *All-in.* Je transfère le dernier tiers au propriétaire du bateau. Je suis malade. Et, comme le débit d'un soluté, je paie goutte à goutte.

Au même moment, je prospecte une clientèle susceptible d'acheter mes services de conférencière. Depuis l'épopée de ma première traversée jusqu'aux étapes dans lesquelles je déambule, je parle de travail d'équipe, de leadership, d'environnement, de rêve, de conviction et d'espoir de réussite. Avec l'aide de Benoit, je déniche un contrat qui me permet de vivre durant plusieurs semaines. J'investis une partie de l'argent dans mon site Web et dans la publicité de mes conférences. J'obtiens quelques petits contrats dans des écoles et des milieux publics. Je vends des conférences à rabais et, en d'autres occasions plus formelles, j'arrive à recevoir une somme qui me permet de me nourrir pendant des mois. Pour négocier mes honoraires, je tente le tout pour le tout. Dans certains cas, si le transport et le repas sont compris, je me donne littéralement en spectacle pour le prix d'une assiette, *doggy bag* inclus, s'il vous plaît. Je fais du pouce sur des sommes dérisoires, je collectionne mes sous et j'en fais des rouleaux, je paie l'épicerie en 10 cents et je vis avec de la monnaie durant des semaines.

Un vendredi après-midi, mon téléphone sonne. Isabelle, la dame au bout du fil, veut que je lui raconte mon histoire. Je la trouve belle, mignonne, juste à entendre sa voix. Patiente, généreuse, polie, je raconte. Je me demande qui peut bien m'appeler ainsi et me faire répéter pour la millième fois mon histoire. Elle m'explique : sur la page Facebook de l'entreprise Bio-K+, un certain Bruno a écrit : « Ne la laissez pas traverser l'Atlantique à la rame sans vos produits ! »

J'ai connu Bruno l'année précédente. J'étais allée à l'Institut de réadaptation, pour encourager Marie-Claude, une maman en proie au syndrome d'enfermement. Elle m'avait beaucoup suivie durant ma première traversée et elle aurait aimé me rencontrer. À mon arrivée, elle était souriante, touchante. Elle me donnait la force de continuer. Par comparaison, mon épopée est un caprice, et j'aime penser à sa personne. Elle me ramène constamment dans le présent. Son sourire et ses yeux pétillants sont synonymes d'espoir pour moi. Lors de mon passage là-bas, j'étais loin d'imaginer que ma simple visite à son chevet aurait pu émouvoir qui que ce soit. Le massothérapeute qui la soignait, Bruno, touché par ma délicatesse, s'est promis d'aider ma cause. Il est convaincu qu'à travers ma traversée il contribuera à encourager d'autres personnes dans leurs tempêtes humaines. Vendu au bien-fondé de mes démarches, il est persuadé que mon voyage pourra inspirer d'autres familles, comme celle de Marie-Claude, dans l'avenir.

123

Bruno s'est attelé à la tâche. De son plein gré, sans intervention de ma part, il a décidé de passer à l'action et d'écrire à une multitude d'entreprises québécoises pour leur signaler mon existence. Ici et là, il a écrit pour mentionner mon projet, ma générosité, ma fougue. Il a partagé le lien de mon site Web et de ma page Facebook, mentionnant aux entreprises le fait qu'il ne fallait pas – au grand jamais – me laisser partir sans leurs produits. Des phrases percutantes, des longues, des courtes, des trucs pour piquer la curiosité, attirer l'attention, semer le doute...

C'est ainsi que, souhaitant en connaître plus sur moi, Isabelle me donne rendez-vous à leurs bureaux, lundi, 14 heures. Je me prépare tout le week-end. Lundi arrive et je me présente à l'entreprise. Je rencontre Mme Brien qui me reçoit avec son équipe. Après quelques minutes de conversation, plus consciente de l'ampleur du projet, elle décide de faire intervenir sa coprésidente. Isabèle Chevalier se joint à nous. Sensible, elle est attentive à ma présentation. L'entreprise est ouverte à m'offrir de leurs produits, des probiotiques, pour m'aider durant ma traversée. Je tire la dernière page de mon dossier et j'en sors mon budget. Je me démène pour leur expliquer que, si je reste sur la terre ferme à cause d'un manque de budget, je ne pourrai prouver à personne les bienfaits de leurs produits, soit me permettre de demeurer en bonne santé tout au long de ma traversée.

Je leur étale mon budget, mes besoins, leur explique mes années de recherches. Je ressasse encore une fois le potentiel de visibilité, ma revue média réalisée jusqu'ici, l'expérience accumulée, je leur parle de mon équipe. Je m'évertue à tout leur expliquer. Aiguillée par ma pratique à me vendre, épuisée de vouloir toujours réussir, je grimpe presque sur la table de conférence.

La délicate Isabèle comprend bien ma requête. Elle est sensible à mon rêve, à ma quête. Dans la salle, je sens l'intérêt de l'équipe et j'ai l'impression que toutes les personnes présentes n'attendent que sa bénédiction. Doucement, Isabèle évoque une possibilité, elle veut surtout rester dans le domaine de la santé. Elle demande : « À quel montant d'argent se chiffrent tes besoins en matière de santé ? »

On avance pas à pas. À l'aide de mon marqueur, j'identifie sur mon budget tout ce qui serait possible d'être payé en lien avec la santé.

Même si ce montant approximatif ne représente qu'une fraction de mon budget total, j'ai des sueurs froides.

Elle me demande : « Comment vas-tu faire pour trouver près de 300 000 $ qu'il te manque ? » Je réponds : « De la même façon qu'ici, de la même façon qu'aujourd'hui. Je vais me démener. »

Souriante, elle me dit que j'aurai une confirmation au cours de la semaine.

Une fois à l'extérieur, je réfléchis quelques instants avant de démarrer ma voiture.

Je résiste à me réjouir, je tarde à éclater de joie, mais je ne sais pas pourquoi. Quelque chose m'agace. Je devrais pourtant être excitée et avoir Hermel ou Benoit en liesse à l'autre bout du fil. Bizarrement, j'ai le sentiment de faire du surplace.

Imprimé sur ma rétine, noir sur blanc, comme une image que l'on regarde trop longtemps, je revois le montant discuté quelques minutes plus tôt.

J'allume. Le montant qui me nargue est exactement le même que celui inscrit au bas de l'état de compte que vient de m'envoyer, quelques jours plus tôt, l'entreprise en recherche de commandites. *Cash in. Cash out.*

Je suis dans un énorme remous. Je rame à contre-courant.

Retour à la case départ.

— ✦ —

Jour de la Terre, 22 avril 2012. Lors de la marche en son honneur, en plein cœur de la grande vague étudiante aux allures de crise sociale au Québec, près de 200 000 personnes se préparent à déambuler dans les rues de Montréal. Sont inscrits sur des milliers de pancartes et affiches prêtes à brandir des slogans qui revendiquent, proclament et exposent des réflexions ou qui critiquent le gratin politique. Plusieurs organisations : des syndicats, des groupes de travailleurs ainsi que des centaines d'étudiants vêtus de rouge se préparent et s'agglutinent au centre-ville. Tous les acteurs environnementaux y sont, j'y suis avec la Fondation David Suzuki. Avant le départ de la marche, je tiens un petit kiosque au rez-de-chaussée de la Maison du développement durable, un bâtiment qui héberge différentes ONG. Installés près de nous, des militants font signer une pétition afin que le Canada retrouve sa place et ses responsabilités au sein du protocole de Kyoto. En les voyant déployer leurs efforts pour obtenir des signatures, je leur propose de me charger d'en accumuler durant la journée. Ils acceptent.

À l'atelier de confection de pancartes dans la pièce d'en face, j'inscris sur la mienne : « Pour signer Kyoto sans protocole, accrochez-moi ! »

La pancarte maintenant bien installée dans l'armature de mon sac à dos, mes bras sont libres pour faire signer le protocole symbolique. Mon ami Jérémy m'accompagne avec des crayons et des dizaines de fiches vierges. Avant même que la marche débute, en attendant d'avancer au cœur de la mer humaine, Jérémy et moi ne fournissons plus à la demande. Mon initiative souffre déjà de sa popularité et, à moins de 50 mètres de la porte du bâtiment, je me vois déjà regretter les deux derniers mots écrits sur ma pancarte.

Plus j'avance et plus je me fais accrocher. Jérémy également. Je lui fais promettre de ne surtout pas me perdre dans la foule et de m'accompagner jusqu'au bout. Il ne me lâche pas d'une semelle.

Dans l'immensité de cette affluence, plusieurs personnes remarquent la présence de cartons publicitaires offerts à qui le souhaite dans la pochette en filet de mon sac à dos.

Sur mes petits cartons sont inscrites des informations relatives à ma traversée. À quelques reprises durant la journée, on me questionne pour en apprendre davantage sur mon expédition.

Malgré la fatigue d'une journée à me démener sous la pluie, je profite de la soirée pour étudier mes procédures de survie en mer.

Vingt-deux heures. La sonnerie de mon cellulaire m'indique l'arrivée d'un courriel dans ma boîte de réception. Je me demande qui peut bien, comme moi, travailler un dimanche soir. Curieuse, je regarde.

La question est brève et directe :

« Est-ce que vous répondez vous-même à tous vos courriels ? Daniel. »

À question brève, réponse spontanée :

« Je réponds à tous mes courriels moi-même depuis que maman m'a montré mon doigté. ;) Mylène. »

À ce moment précis, je n'imagine pas que j'attendris mon interlocuteur et qu'une intention bienveillante naît dans son esprit. Une longue enfilade d'échanges débute, à travers lesquels de nombreux points, virgules et parenthèses ponctuent la fin de nos phrases. Avec ouverture et disponibilité, j'apaise les inquiétudes de cet inconnu comme il m'arrive fréquemment de le faire.

127

Après que Daniel ait pris un carton dans mon sac à dos, il avait dû relire plusieurs fois les informations qui y étaient inscrites pour s'assurer de comprendre l'ampleur du projet : « Traversée de l'Atlantique à la rame, du Canada à la France, 2 700 milles nautiques, en solitaire. »

Malgré la promesse d'avenir que recélait l'évènement du 22 avril, mon projet aura été pour lui le seul élan d'espoir de sa journée. Au milieu de ce cortège éclectique, il a soudainement senti que tout était possible. Sous le charme de mon rêve, comme fasciné par la poésie qu'il contient et de ce qu'il évoque de possibilité, Daniel espère. Il est ébloui par cette jeunesse folle et frivole qui veut prouver que le monde existe comme il veut aussi le voir exister.

En consultant les détails quoique insuffisants sur le carton, il avait hâte de visiter mon site Web pour en apprendre davantage, ce qu'il n'a pu faire que très tard dans la soirée. Il se doute très bien que cette traversée nécessitera une longue préparation et un financement important. Sans se questionner au sujet des raisons d'une telle aventure, il reconnaît la valeur de ce genre d'entreprise. Lui-même homme d'affaires, il se demande comment il pourrait m'aider pour voir ce projet se concrétiser.

Une heure plus tard, au terme d'un trente-sixième échange, l'homme bienveillant me souhaite bonne nuit.

Le 23 avril, je me réveille au son d'un courriel matinal. Nouveau, celui-là ne répond pas à la précédente chaîne de la veille, il est beaucoup moins bref que le premier et il recense toutes les interrogations n'ayant pas trouvé de réponse dans la foire aux questions disponible sur mon site Internet. La lecture de mon site Web l'ayant probablement tenu éveillé toute la nuit, Daniel s'en fait pour moi.

Témoin des proportions que les angoisses liées à ma traversée peuvent générer dans la tête de centaines de personnes que je rencontre, j'ai plutôt l'habitude de répondre aux anxieux. Après un certain nombre de questions, sans vouloir me débarrasser d'eux, j'ai la tradition de convier les plus tracassés à ma prochaine conférence publique. À la quantité d'invitations lancées, je me suis souvent amusée à imaginer une conférence toute spéciale pour ceux que mon projet tourmente beaucoup trop. Comme dans une thérapie de groupe, soutenue par des psychologues, je dirigerais la rencontre où tout le monde serait assis en cercle autour de moi. Une fois par mois, tous les stressés que j'empêche de dormir seraient pris en charge et arrêteraient de s'en faire pour moi. J'imagine la mise en scène et je souris chaque fois.

J'invite l'homme bienveillant à ma prochaine conférence qui aura lieu dans moins de trois semaines. Conférence à laquelle il me promet de se présenter.

Après la conférence, alors que je marche à la maison, Daniel me texte quelques questions qu'il ne s'est pas permis de poser devant l'audience.

— Réellement, comment tu vas faire pour payer tout ça si tu ne trouves pas de commanditaire officiel ?

— Aucune idée.

— Tu n'as aucune idée de comment tu vas trouver les sous ?

— Oui, c'est un peu ça. Je travaille à temps plein sur le projet pour trouver des conférences et du financement, mais je n'ai toujours pas trouvé le commanditaire qui va embarquer sur le bateau.

— Combien payait la conférence d'aujourd'hui ?

— Rien, c'était pour un organisme de charité. Ils m'ont payé un verre, mais pas le billet de métro, j'ai marché jusqu'au Vieux-Montréal pour retourner chez moi.

— C'était au coin de Beaubien !

— C'est ça.

— OK, je t'emmène dîner !

Entre messages textes, courriels et coups de fil se développe notre amitié. Daniel me fait comprendre que je peux lui faire signe si j'ai un besoin financier, ce dont je ne sais pas quoi penser. J'ai l'habitude de me faire offrir des choses d'un côté et ensuite de me faire proposer toute sorte de choses particulières, allant jusqu'aux plus intimes, de l'autre.

Je pars quelques semaines pour les Îles-de-la-Madeleine, pour rejoindre mon bateau, travailler et superviser les travaux en cours. Durant les neuf mois où il est resté dans l'archipel, j'ai réalisé la complexité de superviser des travaux à distance. Je me rends donc sur place pour faire une mise à jour. À l'origine, comme mon idée était de partir du Québec pour ma traversée, laisser le bateau et quitter de cet endroit représentait une économie de taille. Maintenant que le projet est reporté d'un an, tous les paramètres sont à revoir. Les économies, la sécurité et les partenariats que je peux établir sont importants et je dois en tenir compte dans l'équation.

Ces quelques jours aux îles me permettent d'avancer et de travailler sur les différentes composantes du bateau avec les ouvriers.

Une majorité des travaux ont avancé rondement durant la saison froide ; par contre, j'ai peur de voir la facture arriver. À constater le temps qu'il faudrait pour achever les travaux nécessaires, j'hésite à laisser le tout évoluer sur cette voie. Les coûts de chantier représentent une dépense faramineuse pour moi.

Étant donné ma faible marge de manœuvre, je me sens prise au piège, dans un cul-de-sac impossible ; je ne sais plus quoi faire. J'ai besoin d'y voir clair et d'évaluer toutes les avenues possibles. Depuis Cap-aux-Meules, j'appelle Hermel.

On réfléchit ensemble. Nous comparons le coût des travaux réalisés jusqu'à maintenant avec ceux convenus au départ. À ce rythme, les dépassements de coûts risquent d'être considérables. Tout nous porte à croire que ce serait trop difficile à soutenir financièrement.

Je suis frustrée devant la décision qui m'apparaît évidente : tout arrêter. On ne peut pas, d'un côté, s'empêcher de manger adéquatement et, de l'autre, ouvrir les valves des comptes en banque. Ça devient aliénant de devoir toujours choisir entre ma santé et celle du projet. Je suis stressée et à bout de nerfs. Je me sens pétrifiée devant les choix à faire, immobile devant les actions à entreprendre. Hermel me demande de respirer et me répète tendrement que je ne suis pas seule.

Tranquillement, je regarde le tout une chose à la fois. Hermel et moi évaluons la situation. Ensemble, nous dressons deux listes de travaux à réaliser. La première, les choses *sine qua non* à faire, et la deuxième, celle de nos idéaux. Hermel réfléchit. Il me reviendra avant la fin de la soirée. J'ai besoin d'une autre tête pour penser. Je choisis de parler de mon dilemme à Daniel. De l'extérieur, avec un regard neuf sur le projet, je suis certaine qu'il saura m'aider à jauger la situation.

Arrêter les travaux ou continuer ? Comment vais-je réussir à tout payer ? J'ai l'impression que je marche encore sur une corde raide et qu'une petite erreur de ma part pourrait me faire basculer dans un précipice sans fond. Ma précarité financière me paralyse, mon manque de marge de manœuvre me rend inadéquate à réfléchir.

Daniel m'écoute. Je lui envoie des photos des travaux en cours et je réponds à toutes ses questions. Il me demande comment je prévois payer les travaux. Je lui parle du budget qu'on a en tête et je lui fais part de mon arrangement de paiement avec le chantier. Des discussions avec Daniel et Hermel ont lieu en alternance.

Fidèle à son habitude, Hermel y va avec doigté pour m'exposer sa solution. Exactement son genre : il a préparé ses arguments et me soumet quelque chose que je ne pourrai pas refuser. Selon lui, je devrais rapporter le bateau sur le continent. Mon ami Christian, son neveu, viendrait nous chercher, le bateau et moi, pour nous emmener chez les Lavoie à Rimouski. Mon bateau y serait remisé et Hermel pourrait se charger lui-même d'achever les travaux.

Au cours de ma réflexion, je parle avec mamie Louise, je lui demande son avis. Elle épouse l'idée de son mari. J'en discute aussi avec Christian et Daniel. Rassurée de connaître leurs opinions, je suis forcée d'admettre que ce serait une bonne idée. Daniel me propose de m'avancer quelques milliers de dollars pour régler la facture des travaux faits jusqu'ici. Quelques heures plus tard, la somme est déposée dans mon compte en banque. La compagnie de transport des îles accepte de rapporter gracieusement mon bateau sur la péninsule gaspésienne où mon cher ami Christian m'attend.

Hermel, l'homme aux yeux pleins d'étoiles.

121
T
121
T

86·97*

86·97×
1·3412=
116·65*   0,00
                -149,16
                720,84
        0·*   520,84
                512,34
— 1800,00$ 512,25
-12,074.00$
    204.00 $ 473,25
— 5400.00 $
                324,09
                222,09
-125,000$

donner entrevue...
finaliser site avec Denis → flyer
Pauline entrevue vers 12h à 13
Famille vers 3h

Lundi 21 déc:

7h45 Rythme Fm Laval
AM : Hopital → porter prix che

Pharmacie / médicaments
Bureau en Gros et Costco
maller chèque gouv
maller chèque et lettre de p
Bibliothèque
épingles à linge
tikets de ½ 1/2
rasteur Lharnais, ceinture,
cordes de Luc
Winners : robe d'été
Appeler Amalgame pour
9h30 - Amalgame
Dr.Lachance (prescriptions)
Récuperer bouteilles et $

Mardi 22 déc :

Westfalia / mia tia, roug
Boat House Dorval
Paul Pichette

Moments
difficiles

5°

LE NERF DE LA GUERRE

Après une semaine de travail avec Hermel à Rimouski, je pars pour la France.

Quelques mois plus tôt, après l'annonce du report de mon projet à l'été 2013, une amie m'a proposé de faire un parcours d'entraînement comme équipière à bord du voilier de son mari. L'idée de faire une traversée de l'Atlantique à la voile m'a réjouie. Le parcours s'échelonnait entre la France et le Canada, détour au Groenland compris. Son mari, Jean, a généreusement accepté de me prendre à bord pour me faire vivre la voile et découvrir l'Atlantique Nord.

D'abord pour apprivoiser le nord de l'océan, ce voyage est aussi une occasion de me déplacer à Lorient afin de préparer le terrain en vue de mon arrivée à la rame. Je vois surtout dans cette traversée une occasion d'asseoir mes outils de communications satellitaires et de tester mes récents apprentissages en météorologie. Je viens justement de terminer mon cours à ce sujet et j'ai hâte de me mettre au défi avec mes nouvelles compétences. Comme je rêve de m'orienter de façon sérieuse dans le monde de la voile, je vois ce projet comme une chance incroyable d'aller chercher une expérience qui pourrait contribuer autant à ma traversée à la rame qu'à des rêves ultérieurs. Cette occasion est inespérée et j'y croque à belles dents.

Bien qu'extraordinaire, mon voyage est difficile. Les relations avec certains membres de l'équipage sont tendues. Le mal de mer m'isole et l'atmosphère qui prévaut sur le bateau m'entraîne à vivre la solitude.

Là où j'espérais trouver un entraînement, j'y ai finalement trouvé bien plus considérable : j'apprends à composer avec le temps. Si un moment est douloureux, il n'est qu'un moment, celui-ci passera. Même si un équipage se déplace vers une destination commune, il peut ne pas avoir les mêmes objectifs. Conciliante, je m'accroche à mon rêve et je grandis.

À la rencontre de l'océan qui m'attend l'an prochain, je suis plus déterminée que jamais à réussir mon défi.

Pendant mes semaines de navigation en hautes latitudes, Hermel travaille sur le bateau. Depuis qu'il a trouvé refuge chez les Lavoie, nous l'appelons affectueusement « notre bébé » avant de lui trouver un nom audacieux et honorable, à la mesure de notre ténacité. Hermel, l'homme aux yeux pleins d'étoiles, travaille et se réinvente.

À mon retour sur la terre ferme, j'atterris illico à Rimouski pour le rejoindre. Chez les Lavoie, je me sens enfin accueillie. Mes mamies sont, fidèles à leur habitude, hospitalières et pleines d'amour. Ici, à nouveau moi-même, je retrouve tranquillement mes esprits et mes repères.

À constater l'avancée des travaux qu'Hermel a effectués durant mon absence, je suis épatée. Lui et moi reprenons nos plans et nos calculs sur le coin de la table durant les repas. Nous poursuivons nos discussions exactement là où nous les avions laissées avant la parenthèse de ce voyage difficile. Hermel et son calepin, moi et mes listes, on refait l'ordre des choses. Pour notre imposante mise à jour, on doit tout lister : les réparations à effectuer, les modifications qu'on souhaite voir se réaliser, celles en attentes ou à évaluer. Nous revoyons aussi le budget : le montant qu'il me manque pour tout payer, les listes d'achats. Nous discutons des irritants, de ce qui nous empêche d'avancer. Tout trouve sa place, tout est énuméré, identifié et inventorié.

La table de cuisine devient notre champ de bataille. Y sont étalés les catalogues nautiques, des listes de commandes de matériel et d'outils, des feuilles arborant les dessins de pièces d'usinages ou les croquis d'installations multiples et toutes sortes de calculs qui représentent à eux seuls des casse-tête insolubles.

Reste un bon nombre de décisions et de mesures à prendre pour que tout puisse converger, au printemps, vers la mise à l'eau officielle du bateau. À neuf mois du départ, le projet est encore dans un état précaire. Même si la mission de tout préparer semble impossible, notre entourage en entier est transporté par l'engagement que nous avons pour y parvenir. Tout est possible, et on ne laisse personne, ni Hermel ni moi, nous dire le contraire. Depuis l'aube jusqu'au coucher, nous bûchons et nous passons un temps fou à envisager des solutions. Hermel est tantôt confiant, tantôt découragé, et d'autres fois c'est à moi de connaître des hauts et des bas. À tour de rôle, nous nous encourageons mutuellement.

Malgré toutes nos incertitudes, nous partageons des moments formidables et nous ne cessons jamais de croire au rêve. Hermel et son clan créent cet univers rassurant où tout est probable et concevable. Autour de la table, chaque problème est accueilli avec sagesse et désir d'apprendre. Ici, je découvre beaucoup, j'apprends la vie.

Après chaque aventure, j'anticipe mes retours au bercail. Synonyme de difficultés, l'automne m'a souvent soumise à des tracas financiers, ce qui me fait rebuter davantage mon retour sur l'île de Montréal.

Comme Hermel est trésorier de mon entreprise, il suit mes finances de près. Depuis qu'il est responsable de procéder aux paiements et aux transferts bancaires de ma compagnie, je respire mieux. Même si je n'arrive pas financièrement, Hermel est créatif et il me propose de nouvelles avenues pour me sortir d'embarras.

Je discute régulièrement de mes craintes financières avec Pierre, mon comptable, et Benoit, mon conseiller. Après un entretien avec ce dernier, j'en viens à l'évidence qu'il m'est maintenant nécessaire de me trouver un emploi. Je devrai donc dénicher un emploi de préposée aux bénéficiaires. À la suite de cette décision, j'ai vivement l'impression de faire du surplace et de tourner en rond dans ma vie.

Devant mes calculs, je désespère. Une journée de travail complète me permettrait de ne payer qu'une heure de salaire à mes collaborateurs aux communications et à la recherche de commandites. C'est complètement ridicule. J'ai le sentiment d'être constamment en échec dans mes budgets.

Entre mes heures de travail à la recherche et au suivi de demandes de commandite, je sollicite de nouvelles entreprises pour qu'elles deviennent des partenaires du projet en m'offrant du matériel gratuit en échange de visibilité, je tente de trouver de nouveaux clients pour mes conférences et j'envoie des curriculum vitæ pour trouver un emploi de préposée aux bénéficiaires. Même si mon besoin d'argent est criant, je ne peux me permettre un retour au travail à temps plein. Cela m'empêcherait de pouvoir offrir des conférences dont une seule représente plus de deux semaines de salaire d'un préposé. Accepter un poste à temps plein voudrait dire capituler et renoncer au projet dans sa globalité. Même si tout semble à l'envers dans ma vie et que j'ai l'impression de courir après ma queue, je ne perds pas espoir. Je résiste à penser que d'abandonner est la solution.

Je transmets mon CV à différents CHSLD à qui je spécifie mes disponibilités : horaire souple et temps partiel. J'envoie ma candidature à des agences de placement qui pourraient très certainement m'offrir un horaire plus flexible. Je pile sur mon orgueil et je postule aussi comme caissière dans les mêmes magasins de sport qui ne répondent jamais à mes multiples appels, à mes nombreux courriels ou à mes demandes de commandite. Après plusieurs semaines de recherches, la crise perdure et je prends rendez-vous au centre local d'emploi pour trouver du soutien.

Assise devant la dame qui ne semble pas très bien saisir la situation dans laquelle je suis, je reçois la solution qu'elle propose comme une tonne de briques au visage : remplir une demande d'aide financière de dernier recours. Pour me rassurer, elle m'affirme qu'en tant que citoyenne j'ai le droit d'obtenir une aide temporaire pour me soutenir. Une somme pourrait m'être versée par le gouvernement pour pallier temporairement ma crise financière. Elle ajoute, comme s'il s'agissait d'une simple formalité, que je peux faire une demande d'aide sociale en remplissant les deux annexes et la fiche de renseignements généraux.

Étouffée par l'émotion, la gorge serrée, je suis incapable de la questionner davantage. Je prends les documents et sors du bureau. À peine à l'extérieur, j'ai déjà Hermel au téléphone. Entendre sa voix me rassure ; à lui parler de ma visite, j'ai l'impression que mon problème est moins gros.

Comment ai-je fait pour en arriver là ? Hermel doute que de procéder à une demande de la sorte soit la bonne chose à faire. Il s'inquiète surtout que mon amour-propre, déjà au plus bas, prenne un coup supplémentaire. Se retrouver à recevoir de l'aide sociale est un cas de force majeure au cours d'une vie et, avec les aspirations que je porte en moi, ce serait un fiasco dans la mienne. Sagement, il me demande de remplir les documents de mon mieux et de les lui faire parvenir pour m'aider à prendre une décision éclairée.

Devant cette issue, j'éprouve des réticences. Si je demande une aide financière au gouvernement, je crains qu'on puisse m'imposer des décisions à l'égard de mon bateau. Mon embarcation, c'est tout ce que j'ai, c'est mon rêve, c'est ma vie. Hermel le sait justement, c'est pourquoi il étudiera particulièrement tous les tenants et aboutissants avant de me donner sa bénédiction d'agir, s'il y a lieu.

Devant la première page du formulaire et des conditions qui s'appliquent à une demande, je refroidis. Je ne veux pas croire que mon rêve puisse m'emmener à recevoir ce type d'aide. Le projet auquel je rêvais était beaucoup plus reluisant, plus rose et joli. Jusqu'ici, j'ai été prête à manger les restes dans les plateaux de mes patients, à m'habiller dans les centres de dons et à marcher de longues distances pour me déplacer sans dépenser le moindre sou, mais, aujourd'hui, j'admets que j'atteins une limite. Je ressens une amertume intense à demander cette forme d'assistance. Je suis incapable de me raisonner et de croire que j'y ai droit. Ma fierté dégringole au même rythme que je remplis les petites cases vertes du formulaire. Non que le document vise cet effet, mais, au moment d'y répondre, je me sens

139

comme une fainéante, exactement comme si je ne voulais pas travailler. J'ai l'impression d'être oisive et de n'avoir aucun métier.

On dirait que ma signature au bas de la déclaration viendrait accepter le tout et, surtout, signifierait que je m'avoue vaincue ; mon projet serait illusoire et utopique, un échec monumental, et ne représenterait aucune valeur. Je tergiverse.

Dans mes réflexions, je réalise que l'assistance à laquelle j'ai droit est probablement le fond du gouffre dans lequel je suis. Cette avenue pourrait toujours demeurer sur la table et constituer ma dernière carte. Elle resterait le plan B du plan B, le dernier filet sous mes pieds, le fond du fond du trou dans lequel je pourrais me trouver si je continue de creuser.

Ne manque que ma signature, à droite de l'endroit pour la date, mais ma douleur est trop grande pour que je l'appose. Je me sens face à un mur, j'ai peur de ce que la suite me réserve.

J'envoie le tout à Hermel. Je refuse d'assumer cette nouvelle réalité. Moi, bénéficiaire de l'aide sociale ? Si la réalité est telle, je ne suis pas prête à y faire face, pas tout de suite.

La peur qui m'habite est non seulement celle de voir cette demande ignorée, comme presque toutes les précédentes, mais surtout de me voir rejetée devant quelque chose d'aussi légitime. Comment réagirai-je au refus de cette énième tentative ? Déjà que je me sens inférieure aux gens qui réussissent, et que je vis en marge de la société, que deviendrai-je si on refuse cette manœuvre, ce dernier recours ? J'ai l'estime en miettes.

Ravagée, je me recroqueville dans mon lit, m'abrie avec ma couette pour retrouver mon rêve. J'observe les dernières photos de mon petit bateau dans mon téléphone. Comme pour me rassurer moi-même, je lui chuchote que nous allons y arriver. Nous y parviendrons ensemble. Hermel, lui et moi.

— ✦ —

Tous les trois attablés devant mes états de compte et l'écran dévoilant mes feuilles de calculs, Hermel, Daniel et moi réfléchissons. C'est la première fois que les deux hommes se rencontrent et je suis certaine que cette occasion saura rassurer Hermel sur les intentions de Daniel envers moi, sa protégée.

Selon Hermel, un minimum de 857 $ doit entrer dans mes coffres tous les mois pour me permettre de survivre jusqu'au départ. Daniel fait ses calculs. Il croit bien pouvoir avancer ce minimum et peut-être même un peu plus. Il maintient que ses marges de crédit lui permettront d'avancer une somme pouvant aller jusqu'à 1 500 $ par mois. Ce montant suffirait à subvenir à mes besoins et surtout à m'aider à continuer d'investir dans mes recherches de partenaires pour pouvoir continuer dans le projet. Si je poursuis mes recherches, Daniel est convaincu que des entreprises seront prêtes à me commanditer. Il est de plus en plus conscient, tout comme nous, que le défi réside dans la préparation. Je dois me rendre, coûte que coûte, à la ligne de départ. Après, ce sera une tout autre histoire.

À l'heure actuelle, mon budget accuse un déficit énorme. À moins d'un tour de force, je dois trouver 271 000 $ avant le mois de juin. Nous sommes en décembre, j'ai donc six mois devant moi.

Je retravaille la liste complète de mes besoins pour en diminuer les coûts au maximum. J'envoie mon budget à Daniel, Benoit et Hermel pour avoir leur avis respectif. Chacun y met son grain de sel et me recommande d'y faire des modifications. En retirant du calcul les choses non essentielles à la traversée, je suis capable de retrancher quelques milliers de dollars du total. Après un premier tour de table, celui-ci diminue à 250 000 $.

Mon ami Frédéric, aventurier émérite, me propose de revoir le tout avec moi. Il me suggère l'exercice de reproduire mon budget en trois versions différentes : un budget idéal, un budget moyen et un budget très, très modeste. Après l'exercice, j'arrive à un résultat qui accuse trois montants différents : 250 000 $, 170 000 $ et 96 000 $. Si on adopte le moyen, nous devons freiner quelques travaux en cours ; pour me loger à Halifax et à Lorient, je dormirai dans mon bateau, je ne pourrai pas me permettre de prendre l'avion pour revenir au pays après ma traversée et je ne rapporterai pas mon bateau au Canada non plus. Le budget minimal, quant à lui, m'oblige à encore plus de sacrifices que le précédent. Durant la traversée, je devrai me résoudre à couper toutes mes communications satellitaires, sauf celles avec Michel, mon routeur ; Hermel, mon technicien ; ainsi qu'avec Christiane et Sylvain, mes deux médecins. Advenant l'application de ce budget extrême, mon site Web ne sera pas mis à jour, je ne ferai pas de communications média ni de relations publiques. Sans compter que je devrai m'approvisionner en nourriture de façon très modeste, je ne pourrai avoir avec moi aucun appareil photo ni caméra durant le voyage ; pas de photos, pas de vidéos, pas de cartes mémoires ni disques durs externes, pas de piles, pas d'ordinateur. Et, ce qui fait le plus mal dans tous ces retranchements, c'est de ne pas pouvoir assurer mon bateau. Advenant une situation au cours de laquelle je devrais l'abandonner pour être rapatriée, je le perdrais tout simplement, et ce projet serait une perte totale.

Pour être capable de diminuer mon budget à ce point, je dois trouver des fournitures de toutes sortes. Afin de poursuivre les travaux sans m'accabler davantage financièrement, je cherche de la peinture, des matériaux, des outils, des fils électriques, quelques instruments de navigation manquants et une éolienne. Pour répondre à mes besoins durant le voyage, je dois trouver le matériel dont j'ai besoin et obtenir des services gratuits. Je redouble d'efforts pour en dénicher. Même si je cherche à en obtenir depuis deux ans déjà, je m'encourage à croire que, comme la date du départ approche, les entreprises seront plus disposées à investir et à participer.

Le petit répit financier que Daniel m'offre me permet de me consacrer pleinement au projet et de mettre de côté mes recherches d'emploi et surtout de mettre une croix sur ma demande d'aide au gouvernement. Doucement, je retrouve ma fierté et ma joie de vivre.

Alors que je fréquente la Chambre de commerce de Montréal, je fais quelques rencontres lors d'évènements de réseautage. Maxime, un jeune entrepreneur dynamique, me parle de sa nouvelle plateforme de financement participatif. Il est convaincu de pouvoir m'aider à bâtir un projet de financement de masse intéressant pour amasser des fonds.

Je montre mon budget à Maxime. Il croit qu'il est possible d'aller chercher une partie de l'argent, mais très certainement pas la totalité.

Avec des amis, on organise une séance de remue-méninges pour travailler sur mon projet de financement de masse. Cette campagne me permettra de recevoir des dons en argent contre des récompenses que j'offrirai aux donateurs. Elle sera accessible sur une plateforme Web dont l'adresse sera diffusée à partir de mon site Web et de mes réseaux sociaux. J'explique le tout à mes invités avant de plancher sur des idées de récompenses. Nous pensons aux cartes postales autographiées, aux appels depuis l'océan, aux noms inscrits sur mon embarcation et, pour les entreprises qui auraient manqué l'occasion de me commanditer, nous croyons bon de leur offrir la possibilité d'investir dans un partenariat. Nous pensons aussi à un petit objet qui m'accompagnerait tout au long du voyage et qui serait remis après la traversée. L'idée des canards de plastique nous enchante. Cet objet nous apparaît le meilleur outil pour véhiculer le projet de financement. Je pourrais quitter Halifax avec une centaine de petits canards de caoutchouc. En échange d'un certain investissement, un supporteur adopterait le sien, il serait ensuite baptisé au nom de son choix, et sa photo serait diffusée sur mes réseaux sociaux avec une mention spéciale de remerciement à son propriétaire. Tout le monde est emballé par l'idée. Cette réunion nous donne des ailes.

Excitée, je soumets nos idées de récompenses et de campagne de financement à mon équipe. Dominique surenchérit et croit qu'il serait même sage de placer cette période de financement en mai et juin pour profiter de la tournée média d'avant le départ, prévue à la même période. Plus ce projet sera près de la date de départ, plus le public sera enclin à y contribuer.

À partir de maintenant, je coordonne mes communications pour que tout soit prêt au printemps. Mon ami Guillaume m'offre généreusement de son temps et crée une jolie vidéo pour faire rayonner notre campagne. Le financement pourra débuter tout de suite après le baptême du bateau et il se poursuivra durant 30 jours, jusqu'au début du mois de juin, quelques jours avant mon départ vers Halifax. Hermel est heureux de constater que mon enthousiasme est de retour et que j'entrevois enfin la lumière au bout du tunnel. D'ici le printemps, il faut tenir le coup.

Après les derniers développements, Daniel se réjouit. Je lui fais des rapports constants sur l'évolution du projet, et il reconnaît de plus en plus l'ardeur que mon équipe et moi appliquons à notre travail.

Je m'assois avec lui pour voir où en sont nos finances. Grâce aux derniers états de compte qu'Hermel nous transmet, on évalue la situation. Daniel est tracassé par les dettes contractées jusqu'ici, il demande d'en savoir davantage sur mes taux d'intérêt. Attablée devant mes notes, mes cartes de crédit en main et mon cellulaire dans l'autre, je téléphone à mes créanciers afin de connaître les taux d'intérêt et les soldes exacts afin de dresser un bilan parfait.

J'accuse des dettes au-delà de 50 000 $ et nous avons un manque à gagner de plus de 90 000 $ pour combler nos besoins et prendre le départ.

Daniel réfléchit. Il aimerait surtout libérer toutes mes cartes de crédit pour m'offrir une plus grande marge de manœuvre dans les semaines à venir. Sa situation lui permet de transférer ma dette à son nom et de m'octroyer un prêt qui consoliderait la plupart de mes dettes et nous autorisera à poursuivre nos préparatifs. Enfin, je peux payer à l'avance les honoraires et certains services sans me mettre à la rue. Je peux aussi engager la personne qui s'occupera des relations publiques en France pour l'arrivée. Mes cartes de crédit sont débarrassées, une à une, du fardeau qu'impose leur taux d'intérêt faramineux.

Précédemment toujours freinés, on peut maintenant bouger, passer à l'action, commander des pièces, du matériel, voir aux besoins du projet et envoyer les paiements finaux pour le bateau.

Enfin, je me sens soulagée, légère. Le répit que nous offre Daniel est incontestablement une grâce tombée du ciel. La marge de manœuvre à laquelle nous goûtons maintenant apporte un vent de fraîcheur ; Daniel nous libère d'un boulet énorme. Benoit et Hermel sont aussi soulagés que moi.

Pour recevoir le prêt de Daniel, qui totalise 65 000 $, je contracte une assurance vie au montant des dettes que nous prévoyons accumuler d'ici le départ : 125 000 $. Comme bénéficiaires, j'inscris les noms de Daniel, de mon ami Réjean et celui de mon père. S'il devait m'arriver quelque chose, tout le monde serait remboursé, incluant les émetteurs de mes cartes de crédit.

Daniel me répète que je mérite ce à quoi j'aspire et que je vaux tout ce que les gens font pour moi. Si les entreprises ne voient pas ma valeur tout de suite, après ma traversée, ce sera différent. Lui reconnaît ma valeur comme Hermel, les bénévoles et mon équipe. Avec les conférences que j'offrirai, Daniel n'a aucun doute que j'arriverai à rembourser l'intégralité des sommes dues dès mon retour.

Comme c'est écrit en grosses lettres dans mon plan de commandite, je suis certaine qu'une entreprise allait acheter, au moins, le nom du bateau. Selon l'argent engagé dans le partenariat, une société n'avait qu'à investir une somme suffisante, d'à peine quelques milliers de dollars, pour avoir le privilège de choisir le nom de mon embarcation. Ainsi, elle aurait pu arborer le sien, celui d'un produit ou d'une marque de commerce. Malgré toutes nos tentatives de vente et les autres avantages proposés lors de nos rencontres, aucune société n'a cru la démarche intéressante. À quelques semaines du départ, alors qu'aucun intérêt ne se manifeste, je me retrouve sans nom pour mon embarcation.

Sur mon parcours, aucun autre nom n'a autant de force et de signification que celui de mon ami Hermel. Depuis mon voyage sur le fleuve deux ans plus tôt, l'homme aux yeux pleins d'étoiles est devenu mon plus grand partenaire et mon plus fidèle compagnon. Son implication a non seulement fait grandir le projet, mais Hermel m'a toujours offert une oreille attentive, un sens de l'humour et une joie de vivre qui m'ont accompagnée jusqu'ici. Avec lui, j'ai appris à être plus sage et positive. J'aimerais que ses valeurs accompagnent mon esquif jusqu'à sa retraite, un jour, des eaux salées.

Alors que je demande la permission à Hermel d'utiliser son nom pour le bateau, il comprend toute la reconnaissance que j'ai envers lui, même s'il a encore de la difficulté à mesurer l'ampleur de toute son implication. Quand je l'annonce à son clan, sa femme, mamie

Louise, fond en larmes. Cette famille est, sans aucun doute, un prolongement de la mienne. Je trouve chez les Lavoie de l'affection, de l'amour et de l'acceptation. J'ai l'impression que le nom de mon bateau viendra sanctifier l'union de nos familles à jamais.

Hermel et moi.

À la suite de l'envoi massif de demandes de commandite à l'automne et au printemps dernier, j'obtiens enfin quelques réponses. Premier résultat positif de cette vague, un courriel d'une entreprise qui fabrique des barres de céréales. Un entretien téléphonique, prévu la journée même avec son directeur, me confirme la volonté de celui-ci de contribuer à mes efforts. Je surfe sur cette nouvelle. Parce que les résultats sont difficiles à obtenir, j'ai l'impression que chaque bonne nouvelle, si petite soit-elle, prend toute la place dans mon quotidien.

Même si je ne réussis pas à contracter de nouvelles commandites financières, des partenaires emboîtent le pas et m'aident à combler mes besoins en équipement, ce qui réduit grandement le montant total à devoir dénicher. J'obtiens des billets d'autobus, des noix, des fruits séchés, des vitamines, du savon, un système de positionnement, des outils et de la peinture pour mon bateau.

Et même si je ne réussis pas à combler tous mes besoins par des gratuités, certains fournisseurs ouvrent un compte client au nom de ma compagnie et m'autorisent à remettre mes paiements à plus tard, beaucoup plus tard, à la fin de l'année. Depuis que nous avons pris ces arrangements, je peux passer des commandes : équipement pour mon bateau, médicaments, vêtements, appareils électroniques, appareils photo et caméras. Encore en échange de visibilité, j'obtiens de bons prix pour la nourriture lyophilisée et l'équipement sportif. Mon appartement entier ressemble maintenant à un entrepôt.

Alors que je suis à tout ficeler depuis Montréal, je peux compter sur l'aide de bénévoles extraordinaires à Rimouski. Des amis d'Hermel le soutiennent dans l'avancée des travaux. À l'automne précédent, le bateau a trouvé refuge dans un endroit de prédilection pour permettre la poursuite des opérations. Depuis, Hermel se rend tous les matins dans l'atelier de prototypage de l'Institut maritime du Québec tout près de chez lui. Je m'y déplace à quelques occasions pour aider l'équipe et collaborer aux opérations.

Hermel, qui travaille déjà à temps plein sur la restauration du bateau avec son ami Martin, reçoit du soutien pour poursuivre son œuvre. Ancien navigateur pour l'aviation canadienne en recherche et sauvetage, mon ami Jacques revoit avec moi les procédures de communication en cas d'urgence. Il est maintenant disponible et veut prêter main-forte à Hermel pour les préparatifs. Jacques s'est aussi engagé à collaborer avec nous jusqu'au départ, à Halifax. Un autre ami, Bruno, technicien spécialisé en éoliennes, désire quant à lui prendre en charge la confection et l'installation du support de mon éolienne. Manuel et très habile, Bruno dessine et conçoit sur mesure un trépied et un mât escamotable et sécuritaire pour soutenir l'éolienne et pour qu'elle puisse être retirée sans danger même dans les pires conditions. Martin, Bruno et Jacques sont des bénévoles acharnés. D'autres amis, Gilles et Bill, viennent aussi seconder l'équipe dans ces dernières semaines de course folle.

Tout le monde travaille d'arrache-pied pour que le bateau soit prêt pour le baptême et la mise à l'eau officielle qui marque le lancement de la campagne de financement. Après l'évènement et le test de la mise à l'eau, une liste exhaustive d'ajustements encore nécessaires est dressée. Il reste à installer plusieurs composantes, telles que les appuie-rames, le capitonnage de la cabine, le GPS, les systèmes de ventilation, le nouveau support pour les panneaux solaires. La réfection du cockpit est à faire et les travaux d'électricité doivent être achevés.

Si plusieurs bénévoles s'affairent à l'atelier, d'autres personnes offrent généreusement leurs services professionnels. Julie, ma graphiste, travaille sur le site Web pendant que mon ami Jean-François, de son côté, conçoit un système de cartographie en ligne qui permettra au public de me suivre pas à pas. Jean-Pierre, le fils d'Hermel, travaille sur les réseaux sociaux, pendant que des amis navigateurs, Benoit et Christian, travaillent à parfaire mon système de communication par téléphone satellite. D'autres bénévoles prennent en charge les capsules éducatives en environnement que nous diffuserons au cours de la traversée. Durant ce temps, en France, Michel surveille la météo de près et étudie le moindre système dépressionnaire sur l'hémisphère nord afin de comprendre les grandes tendances de l'année en cours.

De retour à Montréal, je travaille de pair avec mes médecins au sol. Christiane se charge de compléter ma formation médicale et Sylvain prépare mes ordonnances de bord. Je fais mes dernières emplettes pour terminer mes bagages. Des amis viennent m'aider à emballer ma nourriture et à mettre mes vêtements au sec, sous vide.

Au comble de mes préparatifs, bien que je me sente accablée par le travail et les listes de choses à faire, je mesure la chance que j'ai. La chance d'avoir autour de moi tous ces gens qui me secondent et qui transforment ce rêve en un mouvement collectif d'entraide et de solidarité.

Alors que j'entame la tournée média, le projet de financement participatif bat son plein sur le Web. L'implication financière des gens me stimule à réussir ma fastidieuse préparation. Je sens qu'une communauté m'encourage et espère pour moi. Maintenant, mon projet n'appartient plus seulement à mon équipe, mes partenaires et moi, mais aussi à de nouveaux contributeurs.

Sur Internet, le montant grimpe : 23 000 $, 24 000 $ 25 000 $...

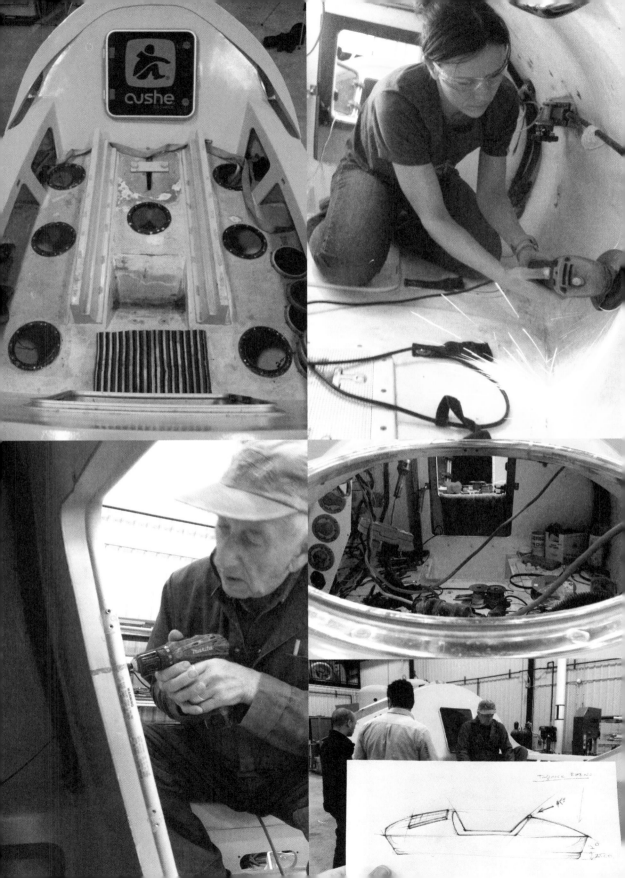

Je suis fébrile, mais en parfait contrôle de mes moyens. Même si mes nuits sont courtes, je vole littéralement vers l'océan, vers ce rêve que nous partageons maintenant.

Les adieux à mon entourage sont parfois lourds. Juste avant de monter dans le camion qui nous emmène, le bateau et moi, vers Halifax, j'embrasse mes deux tendres mamies que j'aime tant. Je me sens si choyée d'avoir développé ce lien avec elles, je les sens exactement comme mes deux grands-mamans. Louise, la femme d'Hermel, est en larmes. Je tente de la rassurer le mieux du monde avec toute ma tendresse. Gertrude, sa sœur, me fait promettre une chose en me tenant par les joues, et en me regardant droit dans les yeux: « Promets-moi que tu reviendras. » Ses mains sont douces comme de la soie, leurs âmes le sont autant.

En route vers la Nouvelle-Écosse, Jacques prend le volant alors que je suis passagère. Je tente de travailler mes communications en même temps que je surveille nerveusement mon *Hermel*, bien accroché derrière, dans le rétroviseur. En voyant le ciel se coucher, je combats la fatigue. L'épuisement des dernières semaines me rattrape et le sommeil m'emporte profondément. Lorsque Jacques me réveille, nous sommes déjà dans l'autre province.

Dès que nous arrivons au yacht-club, l'équipe se rassemble pour faire une évaluation complète de tous les travaux qui restent à réaliser. Même si la tâche semble impossible, personne n'ose m'exprimer la moindre inquiétude par rapport au temps dont nous disposons pour y parvenir. Tout le monde est porté par l'espoir d'assister à mon départ d'ici quelques jours. Cependant, plus le temps passe, plus des imprévus surviennent. Si plusieurs choses ont été envisagées de réaliser seulement à la dernière minute, d'autres se présentent d'elles-mêmes et nous ralentissent dans nos préparatifs. Même si la météo n'est pas assez précise pour nous permettre d'entrevoir une date de départ, nous sentons qu'un compte à rebours est enclenché, et l'équipe technique tourbillonne autour du bateau comme des abeilles autour d'une ruche.

Martin et sa compagne Suzanne, venus à Halifax pour m'accompagner au large le jour du départ, nous prêtent main-forte dans cette dernière ligne droite. Jacques, Hermel, ses enfants Jean-Pierre et Claire, ainsi que mes parents collaborent aux travaux du matin au soir. Comme papa a aussi l'habitude de soutenir Hermel autour du bateau, sa contribution ajoute aux efforts collectifs. Mes amis Guillaume, Marie-Soleil et Paul immortalisent le tout sur images et bandes vidéo. Maintenant que plus d'une douzaine de personnes fourmillent sur le chantier, Jacques hérite du rôle de directeur des opérations. Il mène les travaux en cours, évalue ceux qui restent, négocie avec les gens du yacht-club et me dirige dans mes tâches quotidiennes. Tout le monde travaille jusqu'à la dernière minute pour que tout soit prêt.

Lorsque mon attachée de presse arrive sur place, on me libère plusieurs heures par jour pour que je puisse offrir des entretiens aux différents médias. Même si les interviews radio ou celles pour la presse écrite se déroulent rapidement, leur quantité est effarante. Les enregistrements télévisés qui m'obligent à faire visiter le bateau aux caméramans et journalistes plusieurs fois ralentissent les préparatifs. Tranquillement, une entrevue à la fois, je me libère de cette charge de travail. Le boulot de Dominique est excellent. Elle sait faire rayonner le projet et c'est exactement ce qu'il faut pour qu'une aventure comme celle-ci puisse atteindre les gens et faire rayonner les efforts de toute l'équipe et non seulement les miens. Je pense à mes partenaires qui pourront jouir d'une meilleure visibilité et je suis motivée à me livrer au maximum à chaque échange.

Mes commanditaires, Bio-K+ et Zorah, le dernier arrivé, se déplacent à Halifax pour venir soutenir l'équipe et encourager nos démarches. J'ai fait connaissance avec l'équipe de Zorah lors d'une activité de la Fondation David Suzuki quelques semaines plus tôt. Au moment de les rencontrer, j'étais loin d'imaginer qu'ils prendraient part à ce point au projet. Je les ai surtout approchés pour qu'ils puissent me fournir leurs biocosmétiques que j'adorais déjà. J'ai apprécié la spontanéité d'Élise, la directrice des communications, et de Richard, le vice-président. Ce dernier m'a tout de suite avoué m'avoir suivie à partir de Radio-Canada lors de ma première traversée en 2010. Élise, quant à elle, était accessible et rafraîchissante. J'ai d'abord été très heureuse de savoir que j'allais utiliser leurs produits et j'ai sauté de joie lorsque j'ai appris qu'ils se joignaient aux autres commanditaires. Aujourd'hui, Élise vient avec un gentil caméraman pour tourner une capsule publicitaire avec mon bateau et moi.

Ce soir, Charles, qui représente Bio-K+, rassemble l'équipe entière pour célébrer notre arrivée sur la ligne de départ. Tout le monde y est : mes parents, les Lavoie, l'équipe technique, l'équipe de tournage, Dominique et sa famille. Lors de la soirée, je suis assise entre mes deux papas, mon père Jean et mon père de cœur, mon ami Hermel. Je me sens privilégiée d'être ainsi accompagnée jusqu'à ma ligne de lancement. Dans l'air, une frénésie est palpable, l'enthousiasme est au rendez-vous. Ce rassemblement nous fait un bien fou.

Durant toute la semaine, Michel fait quelques mises à jour sur Skype avec Hermel, Jean-Pierre et moi. Rivés à nos écrans, nous observons les cartes météorologiques et les prévisions. La météo nous tient en haleine de 24 heures en 24 heures. Nous évaluons la situation pour entrevoir une fenêtre de conditions favorables qui pourront me permettre de quitter les côtes canadiennes en toute sécurité.

Michel nous renseigne deux fois par jour. Les nouvelles sont peu reluisantes et il nous confirme que 2013 n'est pas une bonne année. Il semble que les dépressions sont très abondantes dans l'hémisphère nord. Puisque j'éprouve des craintes au sujet de l'île de Sable et du temps requis pour atteindre le courant du Gulf Stream, nous profitons de ce sursis pour échanger à propos du plan de route. Même si je suis impatiente de retrouver l'océan, ce moment d'attente me permet une préparation à toute épreuve. Je transforme cette hâte en énergie pour aller de l'avant.

Le bateau n'étant pas totalement prêt, nous sommes rassurés de ne pas apercevoir immédiatement la fenêtre météo apparaître sur nos écrans et nous tirons avantage de chaque journée. Alors qu'une longue période s'écoule avant de pouvoir espérer mes premiers coups de rame, ma sœur Evelyne et Jean-François décident de venir nous rendre visite avec leurs enfants. Je savoure ainsi chaque moment passé en famille avant que la grande aventure débute. Au moins, si le beau temps n'est pas au rendez-vous, je gagne un peu de temps avec mes proches avant de leur dire au revoir jusqu'à l'automne.

Juillet se pointe sans les conditions favorables que son arrivée laisse normalement entrevoir. Mon équipe, quant à elle, se retire tranquillement.

Une à une, les obligations rappellent chacun, qui retrouve son chez-soi.

Quand j'embrasse mes parents, mes émotions atteignent le summum. Alors qu'ils doivent reprendre la route vers l'ouest, le cœur gros, j'observe la remorque vide emprunter le chemin de la sortie du yacht-club. De toute ma vie, je n'ai jamais espéré à ce point qu'ils soient fiers de moi. Je préfère que ce soit moi qui les voie partir plutôt que l'inverse. Je suis convaincue que mes émotions sont plus faciles à gérer maintenant que les leurs, s'ils m'avaient vue disparaître sur l'horizon.

Les adieux de chacun des membres de l'équipe me déchirent. Je me convaincs qu'il est plus opportun de les voir s'en aller au compte-gouttes que d'avoir à gérer toutes ces émotions au même moment s'ils étaient restés pour assister à mes premiers coups de rame.

Lorsque mon équipe déserte les lieux, je sens un vide prendre place. Martin, Suzanne et Jacques restent avec moi et je chéris leur présence à tout moment. Paul et Dominique reviendront pour le jour du départ. Karine attend aussi mon signal pour monter dans l'avion et venir me rejoindre. Même à distance, je me sens soutenue, entourée.

Je profite de l'espace vacant que mon équipe a laissé derrière elle pour me concentrer sur les derniers détails et fixer toute mon attention sur l'essentiel : me préparer mentalement à la solitude.

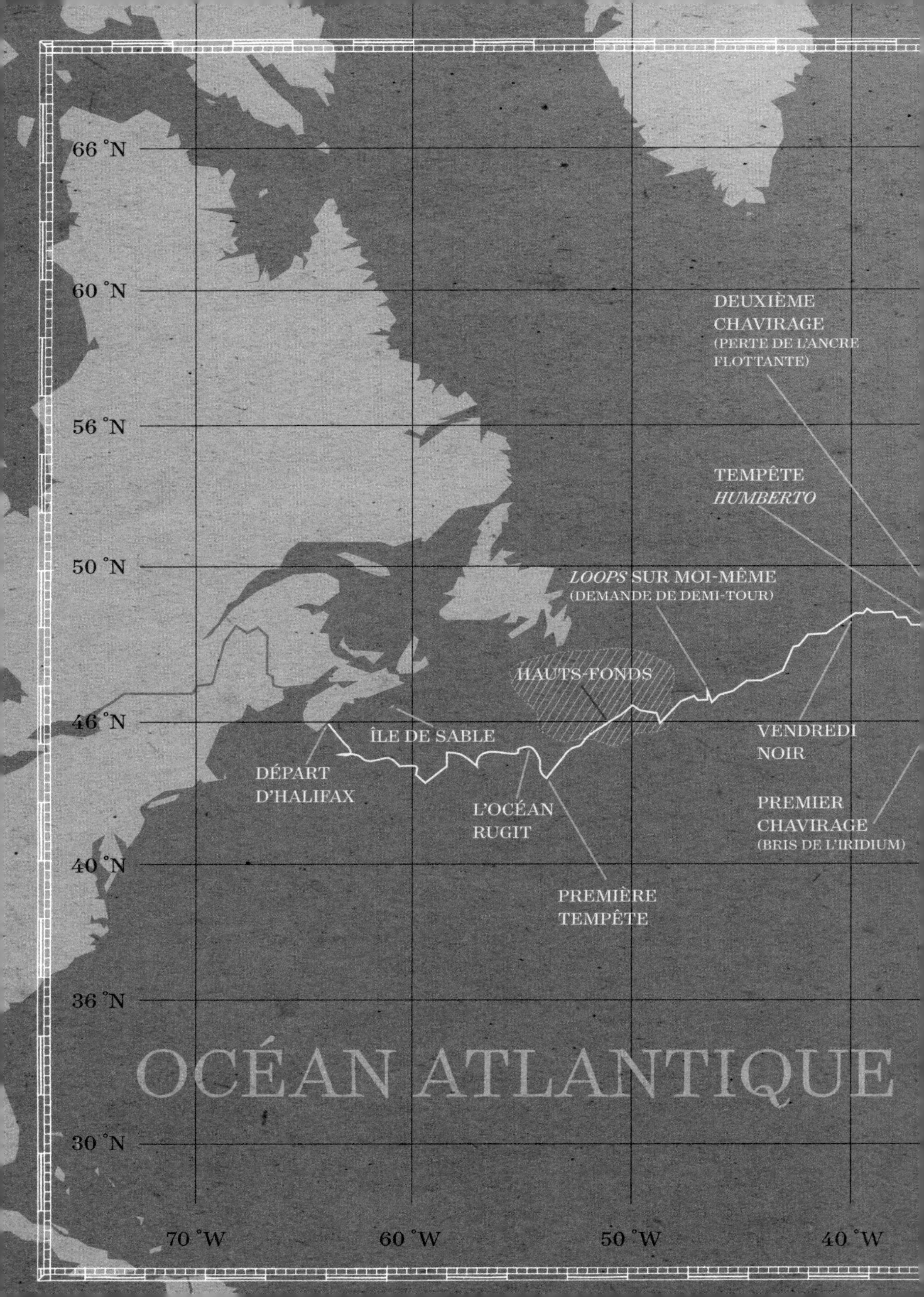

66 °N

60 °N

DEUXIÈME
CHAVIRAGE
(PERTE DE L'ANCRE
FLOTTANTE)

56 °N

TEMPÊTE
HUMBERTO

50 °N

LOOPS SUR MOI-MÊME
(DEMANDE DE DEMI-TOUR)

HAUTS-FONDS

46 °N

ÎLE DE SABLE

VENDREDI
NOIR

DÉPART
D'HALIFAX

L'OCÉAN
RUGIT

PREMIER
CHAVIRAGE
(BRIS DE L'IRIDIUM)

40 °N

PREMIÈRE
TEMPÊTE

36 °N

OCÉAN ATLANTIQUE

30 °N

70 °W   60 °W   50 °W   40 °W

DIXIÈME CHAVIRAGE
(PERTE DE LA FONCTION
DE MON ÉOLIENNE)

RENCONTRE DU
QUEEN MARY 2

CENTRE DU
CYCLONE

MA FÊTE
(24 OCTOBRE)

LIGNE D'ARRIVÉE
OUESSANT - CAP LIZARD

LORIENT

74 NŒUDS
ANNONCÉS

PLONGÉE

SEPTIÈME
CHAVIRAGE
(JE ME COGNE LA TÊTE)

TROISIÈME
CHAVIRAGE

ACCIDENT
DE BUTANE

30 °W   20 °W   10 °W   0 °W

DÉPART — HALIFAX

06/07/2013

10

GRAND DÉPART

Je me réveille d'un coup. Engourdie. Je n'ai dormi que quelques minutes à peine. Depuis l'arrivée de Karine à Halifax, nous dormons toutes les deux dans la caravane de Jacques dans laquelle nous avons improvisé notre quartier général jusqu'à l'avant-veille du départ. Cette dernière nuit, dans le silence de la chambre d'hôtel, Dominique et elle se sont endormies bien avant moi.

Ce matin, c'est comme si mon corps ne voulait pas participer. Lasse, mais encouragée par l'idée d'une dernière douche chaude, je me traîne jusqu'à la salle de bain sous la pomme de douche. Durant de nombreuses minutes, je me délecte de l'odeur du savon bon marché de la chambre d'hôtel. J'essaie d'imprégner ma mémoire de la sensation de l'eau chaude sur ma peau. Je sais que cette douche est ma dernière avant longtemps. Pour me réveiller, je m'offre le supplice de la terminer à l'eau glacée. J'y résiste le plus longtemps possible. Dans la buée qui emplit la pièce, la peau moite, j'enfile difficilement ma tenue de départ en me doutant très bien que je la porterai sûrement durant plusieurs jours. Je me concentre sur chaque petit geste et sur chaque sensation qui l'accompagne. Ce manège occupe tout mon esprit et m'empêche de m'angoisser. Aujourd'hui, je veux profiter de cette journée importante pour mon équipe et pour moi.

Je ramasse mes caméras, mes vêtements, les derniers trucs laissés ici et là. Je prends soin de lire une dernière fois mes courriels avant de laisser mon mot de passe à Dominique qui prendra soin de mon portable jusqu'à mon arrivée sur l'autre continent.

Alors que je quitte la chambre, je regarde le *Post-it* sur lequel sont griffonnés mes derniers «ne pas oublier», ultime pense-bête des cinq dernières années. Le mot inscrit tout en bas de ma liste : beurre. Comme si tout mon bonheur en dépendait, Dominique, qui a toujours le tour de tout régler, nous fait attendre à la réception de l'hôtel pendant qu'elle tente de combler mon modeste caprice. En quelques minutes, je me retrouve avec un sac brun et 15 barquettes de beurre salé, petits pains en sus. Je reçois le sac comme s'il s'agissait d'un précieux présent. Avec cette merveille et tous nos paquets, je sens enfin que tout est parfait.

En faisant route avec Karine vers la marina, j'espère qu'elle n'abordera pas la question d'un faux départ potentiel. Dans les rues d'Halifax, à l'heure où tout est encore fermé, on cherche désespérément des cafés comme s'il s'agissait d'une condition *sine qua non* à mon départ. Je me sens capricieuse. J'ai soudainement l'impression d'être superstitieuse et de vouloir combler la moindre de mes lubies, comme si cela allait influencer l'issue de cette journée. Comme si c'était le jour de mon mariage, on dirait que tout le monde se démène pour faire mes quatre volontés. Personne n'ose me déplaire ni apporter une ombre à cette journée particulière. La majorité des membres de mon équipe ont déjà quitté la capitale, alors peut-être que ceux qui restent cherchent à combler le vide laissé par ces départs récents.

Au club nautique, Jacques m'attend, il est prêt à m'accompagner jusqu'au large avec son kayak. Toujours disposé à rendre service, il coordonne les activités entourant le départ avec Dominique. Martin et Suzanne préparent leur Zodiac afin de m'escorter eux aussi. On sent la frénésie abonder dans les lieux. Comme un *crescendo*, l'enthousiasme se lève simultanément avec le soleil. Le bonheur est dans l'air. On compte maintenant une dizaine de personnes agglutinées sur le quai, où sont amarrés nos bateaux, pour nous soutenir dans les derniers préparatifs. On installe mon matériel de tournage et mes petites caméras sur leurs trépieds. J'attache mes rames, celles que je choisis d'utiliser trouvent un espace temporaire dans le cockpit. On range dans mon bateau les denrées fraîches achetées la veille, sans oublier mon précieux sac de beurre et de pains.

Durant un bref instant, je m'arrête. J'observe tous les généreux volontaires s'affairer autour de mon *Hermel* qui, amarré à sa position habituelle, reluit de son jaune éclatant, tout pimpant. Comme un bouquet de sensations, je hume mon rêve qui se concrétise enfin.

Je réalise la chance que j'ai, la chance d'être ici et d'avoir tous ces gens qui partagent cet idéal avec moi. Ma joie est trop grande pour la mesurer. Elle habite chaque partie de mon corps. Je n'ai plus de poids, plus d'obstacles, plus de tourments. J'essaie de me convaincre que c'est ici et maintenant que tout prend place enfin, après tant de sacrifices et de moments pénibles. Tout est parfait, le soleil, les gens, leurs sourires, l'amabilité des journalistes, des équipes de tournage, des visiteurs. Il manque une partie de mon équipe, mais je sais que les absents sont avec nous en pensée.

J'écoute attentivement Dominique qui me donne ses dernières indications et m'explique les conditions de mon ultime point de presse : bilingue, il ne doit laisser place à aucune question. Je dois me limiter à une seule déclaration. Je dois cerner comment je me sens, quels sont mes états d'âme ce matin et simplement le traduire en partage. Je dois leur dire comment je perçois la journée, comment j'entrevois ma traversée.

Je me sens calme, posée. J'ai confiance en la journée. Je ne sens pas la peur, je ne sens pas le doute, je n'ai pas d'inquiétudes particulières, outre celle de ne pas savoir quoi prononcer devant les journalistes dans quelques minutes. Je préférerais, de loin, pouvoir répondre à leurs questions plutôt que de les imaginer insatisfaits de ma déclaration. Je réfléchis à mes sentiments en dirigeant l'*Hermel* vers le quai de départ. J'y songe encore en montant l'escalier pour rejoindre la horde de journalistes. Je reconnais les visages de ceux qui m'ont rendu visite plusieurs fois ces dernières semaines, je leur souris.

Je m'adresse à eux en anglais et en français pour leur communiquer mes sentiments, difficiles à exprimer, à partager. La seule chose qui me vient en tête, peut-être pour me convaincre de l'effort à déployer aujourd'hui, c'est de leur faire part de ma quiétude devant le défi qui m'attend. Aujourd'hui, pour moi, c'est l'aboutissement de tant d'efforts, tant de préparatifs. C'est le début d'un rêve, mais ce n'est qu'une autre journée de rame, comme toutes celles qui garniront mon été. Ce n'est qu'une journée de rame. La seule différence, c'est qu'elle commence ici, avec eux tous, sur le quai.

J'embrasse un à un les membres de mon équipe, je rigole avec eux quelques moments. Je prends quelques photos. Je me penche une dernière fois pour toucher la terre de mes doigts avant de m'élancer sur la passerelle. Je me dirige vers l'*Hermel* comme portée par la brise, un vent de fraîcheur, une énergie nouvelle. À moi l'océan.

Au son des cornes de brume des bateaux qui me souhaitent bon voyage, je me dégage du quai. Tellement je souris, j'en ai mal aux lèvres, aux joues. Lentement, non sans embarras, je donne mes premiers coups de rame. Je m'efforce de ne pas penser aux millions qui m'attendent devant l'étrave. Mon esquif semble lourd avec tout son bagage. Je me fraye un chemin entre les pontons pour me rendre à la voie de navigation, entre les bouées, d'où j'envoie une dernière fois la main aux gens à la marina. Je m'engage dans le chenal pour rejoindre la trentaine d'embarcations du club d'aviron. Les rameurs d'Halifax m'ouvrent le passage et m'offrent une haie d'honneur des plus émouvantes. Solidaire de leurs coups de rame, je vois leurs visages souriants, j'entends leurs voix m'encourager, ce à quoi s'entremêlent les applaudissements encore perceptibles de la terre, des quais, et les cris qui me souhaitent bon vent, bonne chance.

Je suis aux premières loges de mon rêve. Enfin, je touche à l'instant qui m'envahit de sensations. J'ai la tête pleine de papillons. Je sens que la mer est mienne et que l'avenir m'appartient, droit devant.

Malgré l'immense sollicitude de mon équipe et l'affluence des gens présents pour assister au départ, je me sens bien seule dans mon petit esquif. Déjà, la solitude me pèse, elle croît au rythme de mes coups de rame, lentement vers le large. Je me sens toute petite et fragile.

Mon environnement immédiat semble vide. Je refuse de diriger mon regard à l'intérieur de ma cabine ou vers le pont et je m'efforce de distinguer, à l'extérieur, plein de petits détails, des plus étonnants aux plus insignifiants. J'essaie d'imprégner ma mémoire du plus de choses possible, de la moindre information que j'attrape à l'extérieur de mon bateau, partout autour. Comme si c'était mon dernier regard sur la terre, sur l'humanité. J'inspecte le sourire des rameurs, leurs mouvements. J'observe l'équipe de tournage. J'essaie de tout distinguer du pneumatique gorgé de monde qui transporte Dominique et mon ami Paul. Je vois les mouillages* flotter et les voiliers à l'ancre. Des yeux, je cherche mon ami Jacques et son joli kayak jaune. J'observe l'univers qui m'entoure et je tente de marquer ma mémoire de chaque détail comme pour que tout persiste lorsqu'il n'y aura plus rien.

Quand Jacques vient tout près de ma coque, il me parle. Plus les gens s'éloignent, plus je deviens nerveuse. Jacques le perçoit, alors il me dicte quoi faire et me décrit tout. Sa présence m'apaise. De sa voix calme, il me répète des choses simples : regarder les côtes que je ne verrai bientôt plus, saluer les rameurs qui partent, sourire, donner un coup à bâbord*, manger, prendre mon temps, appliquer ma crème solaire, savourer l'instant présent. Tel un petit ange, il me ramène ici, maintenant et à la plus simple de mes responsabilités. Jacques me dit tout ce qui se passe alentour, dont je n'ai pas conscience : qui rebrousse chemin derrière, qui reste encore quelques instants, quelle heure vient de sonner, quelles sont les prévisions du jour. Il me rassure en me disant que Michel et Hermel sont devant leurs écrans, qu'il vient tout juste de discuter avec Dominique, que tout le monde est à mes côtés mentalement. Il m'encourage, me parle de ma vitesse, de combien d'heures sont déjà faites. Comme un *coach*, il pense à ma technique. Il me somme de faire attention à bien pousser dans mes jambes tout de suite, à ne pas fléchir le dos. Maintenant que l'équipe de tournage s'en est allée, Jacques me sèvre de la présence humaine et m'assure un choc moins abrupt entre le monde et la mer. Il ne reste plus que lui et *Belle Illusion*, le pneumatique de Martin. Pendant que Jacques me félicite pour mon départ remarquable, tranquillement, l'océan se distingue des côtes et l'horizon laisse poindre l'immense défi qui m'attend. Un énorme paquebot, au loin, se dirige vers le port d'Halifax. Je dois déjà assumer les premières belles vagues que le vent me réserve.

Jacques me répète que je suis capable, qu'il compte sur moi. Sa voix devient de moins en moins perceptible et il disparaît trop vite, sans que je puisse le saluer une dernière fois.

Sur *Belle Illusion*, Martin, Suzanne et Karine comblent le vide des alentours et se rapprochent de moi. Ils m'accompagnent à distance, jusqu'au moment où la côte disparaît complètement, signe qu'ils devront bientôt rebrousser chemin. Avant de quitter, ils s'approchent pour me toucher. Je m'étire pour les embrasser et les atteindre encore du bout des doigts. J'ai un nœud dans la gorge en touchant une dernière fois mes amis, je m'imprègne de la sensation de nos étreintes, que les vagues interrompent. De l'eau emplit mes paupières, mes yeux rougissent. Je les remercie encore et encore d'avoir fait la différence autant de fois et d'avoir créé ce jour magique avec moi. J'embrasse ma commanditaire, mon amie Karine, une dernière fois.

Je leur jure une mer de promesses avant qu'ils ne deviennent qu'un point blanc.

Depuis quelques minutes à peine, je suis officiellement seule. Je n'ai pas le temps de savourer mon rêve qu'un premier défi se dresse en moi. Je me sens soudainement envahie par une vague d'inconfort. Je tente d'en faire abstraction et d'ignorer le tout, comme si mon attitude pouvait décourager sa croissance. Je tire un bout de pain de mon sac et le mastique vigoureusement en essayant tant bien que mal de repousser l'inévitable. J'ai à peine le temps de réfléchir à comment faire face au problème que je suis déjà malade.

Exactement comme l'an dernier. Nous étions à peine sortis de la marina de Noirmoutier, en France, que j'avais déjà la tête entre les genoux. Comme si, aussitôt dans l'aventure, au moment où je réalise que c'est commencé, je ne réponds plus de ma santé. C'est le stress, j'en suis sûre. J'essaie de ne pas me servir de ma tête, de laisser mon esprit vagabonder, de ne penser à rien, de tomber dans la lune, de sortir de moi. Entre deux coups de rame, je suis encore malade.

J'essaie de me souvenir du conseil à cet effet : les trois F. La faim, le froid, la fatigue, sans oublier le stress. Il faut m'en garder à l'abri le plus possible. Pour la fatigue, c'est perdu d'avance, je suis déjà épuisée. À mon exténuation des dernières semaines s'ajoute un stress omniprésent, celui d'être dans ce nouveau contexte, ce nouvel écosystème.

Je reste à mon poste de rame en m'accordant de petits moments allongée sur le dos, où je garde les yeux fermés. Après quoi je me rassois pour m'obliger à ramer. Ce petit jeu dure des heures. Contrainte par le doute que mon éloignement des côtes soit suffisant à me protéger d'elles, je ne me sens pas encore en sécurité. J'ai besoin de ramer le plus loin possible pour être en lieu sûr. J'ai peur aussi de m'endormir et de manquer un changement de cap important, ou encore de m'approcher sans le savoir d'un autre navire. Je stresse. Malgré moi, je fais tout pour que le mal de mer s'installe de plus belle. Je me sens idiote d'avoir joué les malignes et d'avoir été trop orgueilleuse pour appliquer mon timbre contre les nausées hier depuis la chambre d'hôtel. J'étais convaincue que j'allais gérer la situation. J'étais aussi craintive de ressentir les effets secondaires que j'avais éprouvés par le passé à leur utilisation : somnolence et problèmes oculaires. Non, je ne voulais pas avoir la vision embrouillée.

Devant ce premier obstacle, je me déçois moi-même. J'ai déjà des regrets, 12 heures après avoir largué les amarres. Après d'innombrables heures de bataille entre mal de mer et ténacité, j'abdique dans la noirceur de la nuit. Un à zéro, mal de mer.

Je communique avec Hermel et Michel. J'appelle aussi Mathieu, mon conseiller en nutrition, en France. Il me recommande de boire du cola et de manger mes bananes. J'en ai un plein régime. Surtout, il faut dormir. Je me love dans le ventre de mon bateau et tout se dissipe, mes paupières tombent de sommeil.

Comme un ange gardien qui veille, mon subconscient me réveille et, au moindre bruit, mes yeux s'écarquillent. Un peu paniquée, je regarde ma position, j'observe l'horizon, je vérifie ma radio c'est le *statu quo*. Mes battements cardiaques diminuent et mon cœur retrouve son régime, tout retrouve son rythme dans le cœur de la nuit.

Je sais que l'équipe de tournage d'*Océania* viendra me visiter dans quelques heures. Je dois prendre du mieux. J'essaie de manger quelque chose. Je m'installe à mon poste, mes pieds dans les appuis, je me donne au maximum. Mon énergie m'abandonne, mon esprit me quitte. Comme si mon corps n'obéissait plus à ma volonté, je ne suis pas capable de ramer. J'essaie de résister. Entre deux moments où je suis malade, je vais mieux. J'arrive à sourire un peu quand je me rappelle où je suis.

Je suis totalement inapte, amorphe. Vidée, le cerveau en miettes, je ne comprends même plus comment s'élimine ou s'écoule le temps. Je prends toute mon énergie pour rentrer dans ma cabine. Je me sens lâche de ne pas pouvoir me secouer assez pour ne pas céder à mon corps qui veut s'éteindre et dormir devant le mal de mer qui l'affecte.

Je choisis, avec le peu de conscience qu'il me reste, de conserver mes forces pour être dans un meilleur état lorsque l'équipe de tournage sera là. J'entre dans la cabine et m'allonge aussitôt, un sac à la main. Encore attachée au cockpit, ma ligne de vie* toujours en place est bloquée dans ma portière fermée. Trop courte, ma ligne est tendue au maximum jusqu'à mon harnais, celui-ci me serre et me supporte légèrement. Je suis comme blottie dans les bras de quelqu'un. Je suis rassurée, car le courant m'emmène au sud, ma position semble belle, mon allure minuscule. Michel me rassure depuis la terre ferme. Malgré mon ralentissement, j'avance avec le courant. Prête à bondir aussitôt que j'entendrai la radio m'annoncer leur approche, j'attends l'équipe d'*Océania* dans cette position.

Le son d'un moteur me réveille. Je me lance dans la portière, comme poussée par une énergie nouvelle, un sourire au visage. Je m'extirpe de mon habitacle et, enfin, je goûte au bonheur d'anticiper une rencontre. Je leur envoie la main non sans effort. J'essaie de paraître le plus en forme possible, mais rien n'y fait, car ils savaient déjà, avant qu'ils ne quittent Halifax ce matin-là, que j'étais malade. Ils me confirment que j'ai vraiment l'air mal en point. Après l'excitation de les avoir entendus s'approcher, peut-être parce que j'ai bougé trop vite, mon mal de cœur me remonte à la gorge. Rien n'est possible, je suis incapable de faire semblant. Mollement, sans vigueur, je m'installe pour l'entrevue et tente de répondre à leurs questions avec toute ma volonté.

Leur empathie me fait me sentir dans les bras de ma mère. Leur présence apporte un baume à mon état. Malgré celui-ci, je savoure auprès d'eux un premier moment de joie depuis le départ de *Belle Illusion*, la veille. Je tente de savourer cette dernière rencontre le mieux du monde. Comme pour ne pas bouleverser l'intimité de mon univers, ils ne restent que quelques minutes. Peut-être trouvent-ils malséant de soutirer quelque chose de moi pendant que je suis dans cet état lamentable. Leurs visages sont déjà loin, trop loin. J'aimerais tant recevoir une dernière grosse caresse, sentir une main sur mon épaule.

Comme si c'était le dernier moment de ma vie de terrienne, j'anticipe leur départ. Je les supplierais de ne pas me laisser seule et de ne pas partir, mais je résiste à l'idée d'offrir un spectacle à leurs froids caméscopes. Je me sens fragile et trop sensible. Je ne veux pas aborder le fait qu'ils vont me quitter dans quelques instants. Je leur demande de rester quelques minutes. Je m'accroche à connaître des détails insignifiants en les questionnant. J'essaie de converser, mais ma voix ne porte plus. Je ne peux plus parler. J'ai les yeux qui brûlent, j'ai la gorge serrée.

Visiblement triste pour moi, l'équipe capte la petite entrevue qui lui faut. Probablement troublée de m'apercevoir aussi faible et fragile, elle n'ose pas me poser plus de questions. On me demande de ramer légèrement pour faire des prises de vues et des plans larges. J'accepte. Mollesse aux avirons; je m'exaspère et je tente de faire de mon mieux. L'effort me soulage de la douleur que je ressens à les apercevoir déjà loin. Les yeux fermés pour me cacher leurs silhouettes, je les entends comme un moustique énorme qui tourne autour de moi. Je distingue le son des moteurs et je me concentre sur leurs voix.

Je capture cet infime moment. J'y ferai appel plus tard lorsque je me sentirai seule. Je n'aurai qu'à retirer ce fichier de ma mémoire pour reproduire un petit moment de société. D'humanité.

Doucement, je les entends revenir vers moi. Avec respect, ils s'approchent lentement tout en gardant une distance raisonnable de manière à ne pas briser ma solitude, ils me disent au revoir. Je m'imagine qu'ils ont le cœur gros de me voir devenir une tache minuscule et disparaître. De mon côté, je ne veux pas voir un petit point blanc ne plus rien devenir. Je m'engouffre dans le ventre de l'*Hermel*, enragée contre moi-même de ne pas avoir été capable de les retenir plus longtemps. Je pleure. Les yeux bouffis, irrités, j'attrape ma caméra pour capter ce moment de désespoir que je ne comprends pas. Après m'être exprimée à la lentille sans faire le focus, témoin de mon esprit embrouillé, je ferme les yeux et me livre aux émotions de ma fatigue.

Autour, tout semble inerte, la mer m'emmène au sud. Je me résigne à ne pas prendre du mieux. Le jour se lève et se couche. Entre les deux, je baigne dans une nausée constante, dans un état de larve, alanguie, moment archi-désagréable. Le sommeil m'avale. Ma volonté n'est rien. J'abdique. Je laisse mon mal gagner la partie. Deux à zéro, mal de mer.

Au milieu de la nuit du 10 juillet, je me réveille avec la sensation de sortir d'un profond coma. Je retrouve mes esprits. Comme le petit animal qui sort de sa tanière à l'arrivée du printemps, je sors de ma léthargie tranquillement. Le timbre que j'ai collé derrière mon oreille a dû faire effet, car je me sens plutôt alerte malgré mon corps courbaturé d'avoir été couché trop longtemps. Je m'assure de ma position géographique, je vérifie si je suis toujours seule à des milles autour de moi, m'en rassure deux fois, et je regarde d'où le vent souffle. Soupir de soulagement. Le vent s'exprime tel que me l'avait promis Michel, il m'a poussée au sud et un peu vers l'est, à l'abri des côtes canadiennes.

Pour la première fois depuis mon départ, mon estomac crie famine, sensation lointaine dans mes souvenirs. Sans accorder d'importance au jour, je tire d'un sac-surprise réservé aux samedis, un grand sachet de fajitas. D'un bond, j'attrape mon pot de beurre d'arachide préféré et, avant de trouver mon couteau, j'y plonge un morceau de pain.

La bouche pleine, je repense à ce dont m'avait convaincue Dominique. Au lendemain de mon départ, elle m'avait fait comprendre qu'il serait imprudent de ramer sans rien avaler, ou du moins garder. Tout ce qui se trouvait dans mon estomac en ressortait presque instantanément, comme quoi l'effort de manger était une véritable torture. J'ai tôt fait d'arrêter d'essayer. J'ai été si frustrée contre mon corps qui ne voulait pas obéir. Je voulais conserver une simple quantité d'énergie dans mon estomac, mais ma machine humaine ne marchait pas. Dominique m'avait fait promettre de ne me remettre à ramer que lorsque j'aurais conservé quelques nutriments. Durant ces jours à *off*, dans mes rares moments de conscience, j'ai appelé mon équipe pour lui donner signe de vie.

Je pense à eux et je cherche mon téléphone satellite. Où sont tous ces textos que je n'ai pas eu la capacité de lire et de déchiffrer la veille ? Je m'impatiente et j'appuie sur tous les petits boutons de l'appareil. L'heure à laquelle je me réveille me permet d'appeler Michel. Dans le combiné, il m'exprime sa joie de retrouver la Mylène qu'il connaît. Homme de sciences, Michel semble de ces gens qui réservent leurs émotions pour les moments importants ; son bonheur aujourd'hui me surprend. L'entendre s'exclamer me rend heureuse et fière. Je suis contente de lui tirer un sourire. De nouveau moi-même, je sens délicatement renaître mon esprit embué ; une énergie nouvelle m'entraîne. J'ai la tête à célébrer. Prête à conquérir le monde, je parle avec Michel de milles nautiques et de distances à parcourir, je lui fais part de mes projections. Pendant qu'il me parle de météo, je lui mastique bruyamment mon cocktail maïs-beurre d'arachide aux oreilles. Selon Michel, la pression atmosphérique est à la hausse, et un léger vent d'ouest s'établira bientôt. Après notre appel, Michel, témoin de ma première ingurgitation, avisera l'équipe que je me sens beaucoup mieux.

Aujourd'hui, je suis lucide, c'est mon rêve que j'ai l'impression de voir finalement commencer. C'est comme un second départ ; enfin, je peux ramer.

Entre mes quarts de rame, j'assois mes habitudes. Je me familiarise rapidement avec l'installation de mon ancre parachute. Après chaque pose, je m'imagine que c'est la dernière et que la météo me laissera tranquille. Dans cet état de vents contraires où mon ancre est bien installée sous le nez de l'*Hermel*, je m'affale au fond de mon habitacle en attendant d'avoir la chance de retrouver mon siège à coulisse et de revoir la mer.

J'en profite souvent pour appeler mon équipe. Depuis mon départ, j'installe avec elle des rituels. Tous les matins, j'appelle Michel. Depuis Lyon, il me dresse un portrait des prochaines heures et des grandes tendances météo qui s'en viennent. Il m'oriente dans la bonne direction. Si je rame, il fixe avec moi des objectifs que je tente d'atteindre, sinon on espère ne pas trop perdre le terrain précieusement gagné. Si les vents me contrarient, j'appelle Hermel pour penser tactique avec lui. Je lui explique comment les vagues frappent mes flancs, de quel côté, par-devant ou par-derrière. On parle de l'amure* et de la réaction de ma coque aux assauts du courant. On étudie les manières de faire et on réfléchit ensemble à toutes les options pour pallier la moindre perte de précieux kilomètres. Je l'appelle après un long quart aux avirons pour mesurer avec lui le sous-total de mes efforts.

Au cours de la journée, j'appelle Dominique ou Julie, et je garde Jean-Pierre pour le soir. Le fils d'Hermel est comme un dessert de mamie. Même si je n'ai plus faim pour un autre appel, je suis dépendante de son sens de l'humour. Chaque fois, je ris. Il me permet de voir tout ce que je ne peux observer par moi-même. Au début de la traversée, on choisit le mardi, Benoit et moi, pour notre réunion hebdomadaire. Responsable de la gestion de crise de la traversée, Benoit se tient au courant tant auprès du reste de l'équipe que directement auprès de moi pour bien comprendre ma réalité et être prêt à intervenir à tout moment. J'appelle régulièrement ma sœur et mes parents, surtout juste avant une entrevue sporadique, pour leur dire de ne pas la manquer parce que, de toute façon, après, le téléphone de maman n'arrêtera pas de sonner.

Dans l'action, je ne m'ennuie jamais. Grâce au soutien de mon équipe et à sa rigueur, à aucun moment je ne me sens seule ou délaissée. J'apprécie que chacun prenne sa place. J'aime leurs douces attentions envers moi, nos habitudes de communication me réconfortent beaucoup.

J'ai rarement hâte à quelque chose, sauf au samedi, moment tant attendu où mon amie Sarah m'appelle depuis son océan. De l'autre côté du globe, Sarah Outen rame aussi vers l'est. Partie du port de Choshi au Japon, 70 jours avant moi, elle aspire toucher le Canada à l'intérieur d'une plage de 180 jours. Si elle réussit l'exploit, elle deviendra la première personne à traverser le Pacifique en entier à la rame. Depuis notre première rencontre en 2009, Sarah m'inspire. Petit bout de femme exemplaire et tenace, elle me rapporte ses défis, et moi, je lui raconte les miens. Séparées de 4 600 milles nautiques, on échange par les satellites auxquels sont reliés nos téléphones. Même si la ligne coupe lors de chaque appel, on se surprend toujours du fantastique de notre situation. Et comme si elles étaient des plus normales, on échange sur nos vies, notre quotidien, on parle de nos erreurs, de nos réussites et de nos joies. Sarah a toujours de bonnes idées et, six mois plus tôt, elle m'a proposé de nous envoyer à chacune un paquet de cadeaux. Sur nos emballages minimalistes et nos enveloppes sont griffonnées les notes : *Première nuit, vingtième jour, À ouvrir si tu t'ennuies de la terre, To open if you cry, Half way, Last day, Buenas noches* ou *Last week at sea.*

Sarah a cette qualité d'écoute active et, avec son expérience, elle me confirme que ce que je vis est tout à fait normal dans ma situation. Elle me fait part des apprentissages réalisés lors de sa traversée de l'océan Indien, elle qui avait été la toute première à franchir, quelques années plus tôt. On rigole de nos mauvaises postures réciproques, dont nous seules pouvons comprendre ou mesurer le ridicule. Ensemble, on s'émerveille de nos environnements respectifs, non sans maudire parfois Dame Nature. Nos quotidiens sont distincts, mais tellement semblables qu'ils deviennent quelque chose de normal et même d'anodin. Quand je lui parle, j'ai l'impression d'être enfin normale et de n'avoir rien d'une héroïne, image souvent lourde à porter. La pression tombe grâce au recul que nos conversations me permettent. Depuis l'autre côté de la planète, on se raconte nos océans, on s'énumère nos rencontres, nos mammifères et nos poissons. On se parle du comportement de nos oiseaux si similaires et pourtant si loin. On se parle de nos allers-retours, de nos surplaces, de nos distances parcourues, et on échange des trucs. On est fascinées par les étoiles et la lune que l'on salue chaque soir en l'imaginant messagère de nos missives. Et à chaque appel, je l'entends dire: « *Hey, did the moon tell you so ?... »*

À chaque océan nos ratés techniques. Sur le mien, Hermel, l'homme aux yeux pleins d'étoiles, veille sur sa protégée. Il me soutient de son mieux depuis Rimouski. Une première embûche se présente dans les tuyaux de mon dessalinisateur*. La machine qui me permet de fabriquer de l'eau potable semble à plat. Hermel me demande de tout vérifier : la pression, les tuyaux, les filtres, la quantité d'énergie emmagasinée dans mes batteries. J'apprends à comprendre l'engin que je croyais déjà bien maîtriser au départ et à reconnaître ses moindres caprices. Mon premier pépin technique avec cette machine me fait réaliser l'importance de faire de l'eau potable à l'avance, bien que le bateau soit alors plus lourd, pour pallier un éventuel manque et ne pas avoir à me rationner un jour de plus.

Mon ancre parachute est immense. Déployée à ma proue*, je la déploie sous l'*Hermel* pour qu'elle puisse se gonfler d'eau et s'en aller à quelque 80 mètres en avant du bateau. Devant les vents contraires, Michel m'avise et j'appareille l'ancre. Depuis sa première installation que je lui cherche un nom comme pour l'humaniser quand vient le temps de me fâcher contre elle.

Un matin que le vent me permet de ramer, je m'affaire à la sortir de l'eau. L'immense parachute est imperceptible à mes yeux. Encore malhabile avec lui, je tire sur sa petite cordelette de rappel qui se trouve attachée à son extrémité pour le faire se refermer et se purger de l'eau qu'il contient. Cette fois-ci, je suis incapable d'activer sa fermeture.

De longues minutes s'écoulent et mes nombreuses tentatives restent sans résultat. Je m'impatiente. Quand j'essaie de comprendre par où passe la cordelette, je m'aperçois qu'elle est maintenant coincée sous la coque, peut-être autour de quelque chose, côté bâbord. Avec ma gaffe*, j'essaie de la dégager, sans y parvenir. La corde endure toutes mes tentatives. Je décide de retirer ma dérive. Située au centre de mon embarcation, la pièce de forme allongée traverse le pont depuis le cockpit, pour fendre l'eau d'une cinquantaine de centimètres sous la coque. Elle empêche l'*Hermel* de dériver sous l'influence du vent de travers et m'aide à garder le cap. Je retire l'objet précieux momentanément pour dégager ce qui pourrait s'être enroulé autour, mais ma manœuvre reste vaine.

Je persiste et j'essaie de retirer l'ancre. Quand le bateau descend entre les vagues, il soulage la pression exercée sur la cordelette de rappel, mais lorsque la vague nous élève, mes jointures deviennent blanches, mes doigts veulent s'arracher sous la pression, et je ressens soudainement des soubresauts de la corde. Je me demande dans quel état peut bien se trouver mon ancre et, mon imagination aidant, je me demande si quelque chose pourrait s'y trouver prisonnier. J'imagine le malheureux poisson enroulé dans la trentaine de fils complexes qui retiennent chaque pan du parachute. J'ai même une image dans la tête.

Avant que mon imagination fasse davantage de siennes, j'appelle Michel. Sur le plan technique, le malheureux n'y peut rien, mais son expérience de routeur de course, elle, peut m'éclairer. Michel se sent impuissant au bout du fil. Comme pour partager ma réflexion avec lui, je lui demande s'il a déjà entendu parler de matières vivantes ou d'organismes pris dans des ancres parachutes, ce à quoi il répond que, même en imagination, il n'a jamais évoqué la scène. J'appelle Hermel, qui se résout à penser qu'il faut encore essayer. Il me propose de faire un treuil avec mes garde-fous ou ce que j'ai de plus solide pour décupler l'énergie que je dois déployer pour sortir l'ancre. Je grogne de ne pas y avoir pensé plus tôt. Et c'est ainsi que, non sans exaspération, je libère mon ancre au bout de plusieurs efforts. Au terme de quelques heures à faire de mon ancre le centre du monde, j'arrive enfin, exténuée, à m'asseoir et à ramer.

Par comparaison avec le reste, ramer demeure le meilleur des supplices.

Depuis mon départ, en route vers le sud de l'île de Sable, mon trait sur l'eau est hachuré en raison d'arrêts fréquents et de recommencements. La faible tendance du vent à souffler dans la même direction et surtout la bonne nous préoccupe, mon équipe et moi. Devant l'obligation de m'arrêter régulièrement, je me désole de cet océan et principalement de la météo qui semble ne jamais vouloir arrêter de nous en faire baver. Et comme pour me narguer, j'entrevois plusieurs fois des plages horaires durant lesquelles je pourrais ramer, mais lors desquelles je dois trop souvent abdiquer, sécurité oblige. La météo ne se calme jamais. Presque toujours face au vent, j'essaie d'avancer, entre les longues périodes où je m'enferme, à l'abri, dans

ma cabine, pour attendre mon tour. Mon découragement est quotidien. Si je pouvais ramer au moins quatre jours de suite, je pourrais enfin sortir de ce fichu plateau continental. La pluie abonde encore et jamais rien ne sèche. Tout reste humide, jusqu'à la moindre fibre de mes bas de laine au fond de mes bottines de pluie.

Michel y va de ses prévisions en tentant de m'encourager, mais demain reste toujours une promesse. C'est comme si Dame Nature faisait de la procrastination et refusait de me souffler du bon vent. Les tendances météo n'affichent rien de potable encore pendant les six prochains jours. Je pourrais ramer, mais dans les contre-courants du plateau continental, contre le vent, je peux perdre de la distance en un rien de temps, et le risque de revenir en arrière me fait résister à m'assoir à mon siège à coulisse.

En discutant avec mon équipe, j'essaie de comprendre. Je demande même à Michel de me confirmer que je ne suis pas folle. Bien malgré lui, il m'annonce plutôt que l'année 2013 ne m'offrira pas la trêve à laquelle l'Atlantique a droit chaque année. Il semble que la haute pression des Açores, qui soulage normalement l'océan, est trop à l'est. La météo est confuse et la saison tarde à s'installer. Elle prend son temps. Juillet va bientôt finir, et je n'ai presque pas progressé.

Après mes 21 premiers jours en mer, je compte les marques dans mon carnet de bord. Témoins de mes journées passées aux avirons, elles n'ont rien d'encourageant. En soustrayant les quatre premiers jours de mal de mer où il m'était impossible de m'asseoir à mon poste de rame, je constate que j'en ai à peine ramé la moitié. Je désespère déjà, après à peine trois semaines passées sur l'océan.

Entre toutes mes installations d'ancre parachute, j'attends. Au moins, quand le rythme des vagues le permet et que je peux anticiper leur fracas sur les flancs de l'*Hermel*, je sors de ma cachette pour vivre un peu avec elles. Je regarde les vagues, elles m'obsèdent. Je les examine frapper ma coque à sens inverse vers l'ouest et je les regarde s'écouler sous mon navire comme je regarderais le sable couler dans un sablier. Le temps passe et je fais du surplace. À l'intérieur de moi, je grogne et je rouspète sans fin.

Je profite de ces jours de congé pour nettoyer ma cabine, vider et copier le contenu de mes cartes mémoire, préparer mes petites caméras, prendre des notes dans mon carnet de bord, écrire des billets pour mon blogue et parler avec mon équipe au sol. Quand tout est fait, je regarde les films que mes amis Jennifer et Mathieu ont précieusement enregistrés pour moi sur un disque dur. Avec mon portable, à l'écran, j'observe ces humains mis en scène. Bien que tout soit faux dans ces vies inventées, j'examine le jeu des comédiens, les décors, les scénarios, les personnages. La seule chose qui m'obsède quelquefois est lorsque j'aperçois des comédiens à une table. Je m'extasie quand je réalise qu'ils mangent de vrais aliments ! Comme une gamine fascinée devant un film pour enfants, moi, j'appuie sur *pause* pour essayer de voir de quoi se délectent mes personnages préférés.

Le temps passe, et je m'occupe à communiquer avec mon équipe. Le soir, je parle à Jean-Pierre et il me fait une revue sommaire de ce qui se trame sur mes réseaux sociaux. Je texte souvent Eric qui prépare en mon honneur une toile évolutive. Artiste, Eric Santerre attend chaque soir le mot du jour. Pour chacun des jours de ma traversée, l'artiste ajoute un élément à sa fresque qui représentera au final tous les jours de ma traversée. Je fais voyager mon ami à travers ses pinceaux. À partir d'un mot, parfois une image ou une idée, il habille tranquillement la toile que lui inspire l'épopée. J'y réfléchis souvent et mon petit mandat de lui dénicher une idée par jour stimule mon quotidien. J'essaie parfois d'imaginer son œuvre, mais rien d'autre que du bleu et de l'eau habille mon esprit, même dans mes plus grandes tentatives.

Quand rien ne va plus, je me rattache à ces mots. Je trouve dans cette petite échappatoire une façon d'occuper mes pensées. Je m'efforce de séparer les jours en dates et en images distinctes. Je tente de lui trouver chaque jour quelque chose d'original, mais, aujourd'hui, mon mot reste simple et fidèle à ma journée qui s'achève, mouillée et humide. Ce soir, je lui texte cinq lettres toutes simples que je retranscris aussi dans mon cahier, tout près du chiffre de la journée : « 22. Pluie. »

HAUTS-FONDS
DE TERRE-NEUVE

ÎLE DE SABLE

11

HABITUDES ET APPRÉHENSIONS

Lors de nos échanges, Michel, Hermel et moi avons convenu de remettre l'ancre parachute en place durant la journée. Michel ne m'a pas spécifié le moment, mais Hermel, de son côté, insiste pour que ce soit fait à midi, heure de Terre-Neuve. En m'expliquant que les degrés des mers primaires et secondaires vont se croiser à l'arrivée de la dépression, Hermel me fait part de son inquiétude quant à la réaction du bateau. Je lui dis que je sentirai le moment adéquat pour passer à l'action. Quelques heures plus tard, lorsque je lui reparle, il est insatisfait d'apprendre que mon ancre n'est toujours pas en place. Parce que j'avais du plaisir à ramer, je voulais que ça perdure un peu.

La cambrure des vagues était parfaite pour le surf. Pourtant, je perçois la différence dans les conditions entre le moment où j'entre dans la cabine pour téléphoner à Hermel et le moment où j'en ressors, 15 minutes plus tard. Quinze minutes seulement et la différence est

177

perceptible à l'œil. Toute la matinée, obnubilée par sa beauté, je n'ai pas vu la mer grossir même si je savais très bien qu'elle évoluerait, jusqu'à devenir aussi imposante que maintenant. Trompée par le plaisir, j'ai choisi de continuer.

Alors que les plus grosses vagues viennent du sud, l'axe dans lequel je positionne le gouvernail de l'*Hermel* est parfait pour avancer vers l'est à une vitesse respectable. Même si je ne peux plus plonger les avirons dans l'eau à cause des vagues trop mal orientées, j'attends un peu avant d'installer mon matériel sous-marin. Gourmande, j'aspire à profiter de la mer et à gagner quelques milles avant d'arrêter ma progression avec mon immense frein.

J'attends. Je me sens tout à coup très vulnérable, comme à la merci de quelque chose de plus grand, telle une petite fourmi observée par un immense mammifère dont le geste, gratuit, pourrait être fatal. La grandeur des vagues m'oblige à le reconnaître : il commence à être un peu tard pour passer aux actes. J'aurais dû tout installer plus tôt. La donnée de hauteur de vagues que Michel m'a fournie me revient en mémoire : trois mètres cinquante. Il est peut-être 13 heures, mais je sens que j'ai un peu exagéré. J'ai usé d'arrogance, je ne suis pas très fière de moi.

La mer change et grossit.

Soudainement, je ne sais plus comment me comporter. Dois-je faire vite et me précipiter ou rester calme et sereine devant les 15 minutes de travail que requiert mon installation ? Je suis bouche bée, je regarde la mer avec des yeux ronds et je retiens mon souffle. Je n'arrive pas à comprendre ce qui me prend. Je suis à moitié pétrifiée, immobile. Autant je réponds à ma peur, autant je sens l'urgence d'agir pour rendre mon vaisseau sécuritaire au maximum et rentrer à l'abri. Mon amie la mer commence une crise et se transforme en adversaire pernicieux que je ne dois plus quitter des yeux.

Une vague qui se fracasse sur l'arrière, tribord amures, vient mouiller mon visage comme pour me réveiller. Je passe à l'action. Dos à la mer qui rage à tribord*, question de faire contrepoids, je m'accroupis au centre du pont, au-dessus de mon puits d'ancre pour en sortir l'accastillage* dont j'ai besoin : poche du parachute, cordelette de rappel, corde primaire, manille*...

Pendant que je m'affaire, curieusement, je ne me sens soudainement plus seule. Comme un ange qui m'avise, comme si quelqu'un d'autre guidait mes gestes, j'aperçois mes mains remettre dans le puits l'ensemble de ce que je suis en train d'en sortir et refermer la porte. Je suis soudainement emplie d'un énorme sentiment de quiétude. Le bruit semble sourd, lointain, et les sons ambiants, suspendus dans le temps.

Je me retourne face à la mer qui arrive sur tribord. Je vois mes mains agripper mon garde-fou et mes jointures pâlir sous la pression que j'y exerce. Devant moi, la noirceur qui se creuse dans la mer se lève en bloc et dépasse rapidement la hauteur de mes yeux pour former un énorme bâtiment d'eau. Hésitant, l'*Hermel* semble glisser vers lui pour le nourrir, obéissant aux mouvements des fluides qui nous emmènent vers ce mur immense. Je comprends que ce mur va bientôt s'affaisser sur nous, en colère, et nous avaler tout rond. Je l'observe attentivement, seul témoin de son crime audacieux.

Le tout se produit au ralenti. Je ne reconnais que le ciel et mon *Hermel*. Je suis en état d'éveil complet, effarée et fascinée à la fois. Je reste agrippée à ma volonté de respirer au bon moment. Comme par réflexe, je prends mon souffle pour emmagasiner le plus d'air possible dans mes poumons. Je laisse tomber mon corps mollement et je dirige toute mon énergie dans mes mains. L'*Hermel* vacille. Je sens mes pieds toucher le garde-fou de bâbord et passer au-dessus. Maintenant, l'immensité de la mer sous mes pieds, je suis suspendue à mes mains, mes orteils cherchent le sol du bateau. Dans mon dos, je devine le nord et, au sud, le pont. J'entends un vacarme surgir de l'*Hermel* ; une cacophonie énorme emplit l'espace. Pendant que la proue pointe vers le ciel, j'aperçois la poupe* caler sous l'épaisse masse d'eau. L'*Hermel* se cambre tel un cheval en colère. La poupe et l'habitacle sont engloutis dans le ventre de la mer. Avant que nous resurgissions de l'eau, je vois les plats-bords*, le pont et mes jambes immergés. Tout ce temps, je me concentre et je garde les yeux ouverts, je ne veux rien manquer.

L'*Hermel* se redresse fièrement, émerge lentement des eaux. L'eau se redistribue partout autour et je reprends mon souffle. La mer est pleine de remous. Les bulles sont géantes et frétillent sous la coque. Bleu-blanc, l'océan crache sous mes pieds. Le spectacle est immense, le son du crépitement de l'eau s'adoucit. Heureuse de constater que nous avons remporté la bataille, je reprends mes esprits. À retardement, je commence à avoir peur. Car durant toute la période où mon esquif a failli chavirer, je ne me suis jamais affolée, je suis restée sereine et confiante en chacun de mes gestes.

De ce que je connais des vagues, je sais que la plus haute de la séquence vient de passer. J'ai donc quelques instants pour agir avant que le prochain mur se forme. Calmement, je retourne à la besogne que je m'empresse de terminer d'urgence. Aussitôt que je glisse mon parachute à bâbord, il disparaît sous l'eau. Ma manœuvre est rapide, efficace. En un temps record, le tour est joué. Le nez de l'*Hermel* se tourne face au vent, mon habitacle reprend sa place derrière, sous le vent, en sécurité. Je sécurise le pont et m'assure que tout est fixe ou attaché.

Au moment où j'ouvre la porte, je réalise que je tremble. Je m'empresse de m'asseoir dans l'antichambre et de refermer la portière de façon étanche derrière moi. Je reprends lentement contact avec la réalité.

J'en viens à l'évidence : je suis forcée d'admettre que j'ai exagéré. Midi. L'homme aux yeux pleins d'étoiles m'avait dit midi. Il sera bientôt 14 heures.

J'ai honte de mon comportement. Je me sens reprochable, écervelée et téméraire. La mer est imprévisible. J'ai été fantasque. Beau cocktail pour une catastrophe que nous avons évitée de justesse. Je suis sous le choc de constater que j'ai été négligente face au danger. Immobile, je regarde la mer par la porte.

L'océan vient de rugir pour me donner un avertissement. Comme un lion, il vient de me brusquer et de feindre de me mordre en me maîtrisant, bien agile, entre ses dents. Noble, mon animal est le roi. Je suis l'extravagante dompteuse qui prétend diriger le spectacle, mais qui n'aura jamais le dernier mot.

Tous les deux dans l'arène, on se regarde, essoufflés.

Le soleil tire sa révérence avec un dernier scintillement franc et soudain. D'un vert émeraude, en une seconde à peine, son dernier faisceau de lumière frappe ma rétine et disparaît ensuite, comme une lumière qu'on éteint. Émue de pouvoir enfin observer le phénomène du rayon vert, je jubile ! C'est comme si je venais de voir une aurore boréale ou la Voie lactée qui pétille d'étoiles filantes.

Depuis la première fois que j'ai entendu parler du rayon vert, je l'espère. Trois ans plus tôt, j'ai regretté d'être restée allongée en somnolant pendant que les gars, après avoir arrêté de ramer, s'énervaient et s'exclamaient sur le pont en le voyant apparaître à l'horizon. J'étais sortie en trombe de la cabine pour prendre connaissance de ce que je manquais, mais c'était déjà terminé. Trois d'entre eux avaient vu je ne sais trop quoi. Je les entends encore s'exclamer en regardant l'horizon complètement vide, et moi, perplexe, leur demander des explications. Leur discours, un peu trop scientifique, n'avait aucun sens à mes oreilles et j'avais mis sur le compte de mon anglais rudimentaire le fait de ne rien comprendre à leurs explications. J'avais même imaginé une sorte d'arc-en-ciel vert ou un éclair dans le ciel. J'ai compris plus tard, une fois bien réveillée.

Depuis ma première traversée et surtout depuis mon départ d'Halifax, j'espère connaître les conditions adéquates pour faire l'expérience de ce phénomène rare et méconnu. En constatant le ciel dégagé que promet la journée pour le soir, j'anticipe de pouvoir le distinguer au coucher du soleil. Je ne connais pas quelle pression barométrique il faut pour l'observer, mais je devine qu'une mer calme est indispensable pour me laisser voir un horizon assez stable.

La mise au point de mon appareil photo est facile à faire. J'opte pour ma lentille 200 millimètres, l'obturateur ouvert au plus petit, le temps d'exposition bien choisi. Le résultat est super. Mon premier rayon vert capté sur le vif.

Je me sens privilégiée d'assister à ce phénomène astronomique. J'ai l'impression d'être le témoin d'un secret bien gardé, que j'ai encore peine à m'expliquer. J'ai des papillons dans l'estomac comme si je venais de découvrir le secret du ciel. Je suis excitée de pouvoir témoigner de sa beauté. J'espère que ma photo va éveiller les plus curieux.

Le rayon vert me rappelle la circulation. Je repense à la rue Saint-Hubert de la ville où j'habite. Je pense à cette scène que je n'aurais jamais vue à partir de cette rue où j'ai, jadis, réfléchi longuement après avoir fait un saut dans le vide. Ne serait-ce que pour voir le soleil dans ses plus belles expressions, cette traversée en vaut la peine. Toutes ces merveilles que j'aperçois chaque jour me donnent raison d'être ici.

Dans l'atmosphère, je regarde les reflets colorés du soleil qui se couche derrière la courbe de la terre à l'ouest. J'observe les couleurs indescriptibles que j'essaie de nommer et qui tapissent le ciel où je distingue déjà deux étoiles, et bientôt trois. Je pense à la Voie lactée que j'observerai cette nuit grâce à un ciel dépourvu de nuages. Je pense aux dauphins qui m'ont encore dit bonjour aujourd'hui, aux baleines à bec qu'on peut confondre avec n'importe quoi, aux bancs de poissons qui planent pour sortir de l'eau afin d'éviter le merlin bleu qui les chasse en sautant derrière eux.

L'environnement qui m'entoure est riche. Il me surprend et m'enveloppe. Je me sens légitimée d'être ici. J'ai le sentiment que tous ces êtres et ces astres m'accueillent dans leur univers.

Je me console de ma lente progression en me disant que, même si je ne traverse pas l'océan en 100 jours comme prévu, je pourrai assister à tous ces phénomènes encore plus longtemps. Ça fait déjà un mois que j'ai quitté le continent et j'ai avancé d'à peine 300 milles. Les vents contraires m'ont fait ramer difficilement. Souvent, les vents du sud m'obligeaient à rester à l'ancre parachute pour ne pas regagner le nord. Mon manque d'expérience m'a sûrement coûté quelques jours aussi, en plus du mal de mer du début de ma traversée. Je suis bien mal partie. Présentement, je profite de quelques jours de soleil. Ça me permet d'avancer, de faire sécher mes vêtements et mon matériel. J'ai compris rapidement que la pluie n'est pas néfaste en soi, mais elle m'empêche de faire sécher mes habits. Tout devient inutilisable, surtout mes vêtements, mes matelas et mon sac de couchage. Ils sont complètement trempés et moisissent rapidement. Si j'ai la chance de profiter du soleil pour les faire sécher, ce sont les vagues qui les arrosent et les gorgent de sel. Ils deviennent alors encore plus difficiles à sécher.

Depuis qu'elle s'impatiente avec la météo toujours mauvaise pour moi, mon équipe cherche à m'aider le mieux possible en étant continuellement à mon service. Devant son impuissance face aux conditions, elle m'offre des conseils même lorsque je n'en ai pas besoin. Chacun y va de ses propositions de toutes sortes, et ce, surtout si j'attends, impatiente, que Dame Nature me laisse ramer. Rapidement, j'ai l'impression de devoir leur donner des explications. À chaque conversation, je reçois de judicieux conseils. Je n'écoute souvent que d'une oreille. Au début, je me sentais comme une femme enceinte que tout le monde conseille sans arrêt. Tu devrais faire ça comme ça ; tu devrais faire de l'eau à tel ou tel moment ; tu devrais faire des communications le matin ; tu devrais manger ceci ; tu devrais dormir à tel ou tel moment ; pour les réseaux sociaux, tu devrais faire comme ci, comme ça...

Je me sens étourdie devant leurs propositions qui témoignent de leur complète ignorance des conditions réelles dans lesquelles je me trouve. Mettre en pratique certaines de leurs idées relèverait du miracle. Avec l'intention la plus gentille du monde, ils vont jusqu'à me demander si j'ai enfin fait comme ils m'ont proposé ! Nul besoin d'ajouter que les conseils des uns contredisent souvent ceux des autres.

En partageant ma situation avec Sarah, je me rends compte que, finalement, ma réalité est un copier-coller de la sienne. C'est le lot d'équipes lointaines qui tentent désespérément de satisfaire l'objectif du projet. Nos équipes cherchent, malgré toute la distance qui nous sépare, à faire le maximum pour nous aider. Aussitôt qu'une ouverture se crée, ils saisissent l'occasion pour me rappeler leurs bonnes intentions, et moi, pour me souvenir qu'ils font de leur mieux.

J'apprends à exprimer mes besoins et ma réalité. Surtout, j'apprends à affirmer ce que je veux. Je suis la seule à connaître mes besoins réels.

Je constate avec fierté la cohésion qui s'installe entre les membres de mon équipe. Toutes les semaines, ils se rassemblent pour parler

de leurs défis, de leurs joies et de leurs défaites. Depuis, ils m'écoutent, sont plus réceptifs et me comprennent beaucoup mieux.

J'avais commencé à stresser à propos de l'île de Sable au moment où Jean-Pierre, Jacques et moi avions pris notre premier verre ensemble au yacht-club de la marina d'Halifax, bien avant mon départ. Devant la jolie carte encadrée, qui accusait sûrement le triple de mon âge et qui avait sans doute servi aux marins d'autrefois, j'avais sursauté. Jean-Pierre venait de m'apprendre ce qui s'était discuté comme stratégie possible entre Hermel, mon routeur et lui, à mon insu, ce matin-là. Si le vent devait continuer de souffler du sud sans m'offrir de trêve, Michel avait réfléchi à un autre plan de route, qui passait à quelque 100 milles nautiques au sud de l'île de Sable, et peut-être même au nord. Un frisson m'avait alors parcouru l'échine. Je m'étais sentie toute molle, comme absorbée par la peur du fantôme que représente l'île de Sable pour moi. Assise en face de la carte d'époque, j'avais eu peur, peur d'imaginer que tout pourrait se terminer sur ses hauts-fonds et ses plages.

Mes amis avaient remarqué mon tourment. Je les avais emmenés rapidement sur la moindre tribune Web pouvant évoquer toutes les difficultés à naviguer près de l'île ou d'un haut-fond pareil, en leur montrant la quantité de navires qui avaient fini en épaves partout autour.

Finalement, je passe au sud de l'île en imaginant non pas ses épaves, mais plutôt ses centaines de chevaux sauvages. J'aime regarder par-dessus mon épaule, vers ma droite, et les imaginer sur leurs courtes pattes en train de brouter l'herbe. Si je peux apprécier la présence de l'île, bien qu'invisible à mes yeux, c'est qu'elle se trouve à plus de 200 milles nautiques au nord de ma position et que les projections de Michel, même les plus pessimistes, ne laissent aucune place à la possibilité qu'une tempête puisse me pousser vers elle.

J'ai peur de l'île, certes, mais c'est une autre peur qui traverse mon corps quand Michel évoque un passage sur les hauts-fonds de Terre-Neuve.

Pour ceux-là, c'est complètement différent. Il s'agit ici de passer par cette zone. Je conçois très bien que les membres de mon équipe, dans le confort de leur foyer, puissent me trouver capricieuse de ne pas vouloir y mettre les pieds, mais ils n'ont qu'à regarder sur Internet pour comprendre toutes les difficultés auxquelles doivent faire face les marins lorsqu'ils naviguent sur des hauts-fonds, surtout ceux-là. Brouillard intense, contre-courants, mouvements des fluides imprédictibles et sournois, tempêtes courantes et complexes, mers croisées sans patron régulier et dans lesquelles je ne pourrai donner des coups de rame à une cadence constante. L'histoire le prouve, des milliers de pêcheurs et de navigateurs ont vu ces fonds. Déjà, dans le dictionnaire, il est indiqué dans sa définition que le haut-fond est dangereux pour la navigation. Point.

Étant donné que notre objectif est que j'atteigne les méandres supérieurs du courant chaud du Gulf Stream le plus rapidement possible en sortant des eaux de la Nouvelle-Écosse, je m'imagine capable de m'en tirer. J'espère que les courants pourront m'aider à me diriger au sud pour éviter les hauts-fonds. Je suis parfois bien obstinée lorsque je tente d'éviter quelque chose. Même si je rejoins des régions un peu chaudes et rapides ici et là, c'est de courte durée. Le moment où la température de l'eau augmente à 29 degrés Celsius ne dure que quelques jours, parfois que quelques heures. J'y atteins de belles vitesses et je crois que j'y suis pour de bon. Malheureusement, le vent du sud me sort de ma zone et donc du courant dans lequel j'étais. Je suis fâchée de voir mon thermomètre afficher moins de 23 degrés Celsius par la suite. Maintenant, les 18 degrés prévus et dont Jean-Pierre me parle n'ont rien d'invitant. Ma déception de n'avoir pu rester sur le courant chaud, promesse de meilleures conditions, est grande, mais celle de passer sur les hauts-fonds est immense.

Je ne veux pas y aller. J'ai peur. Je ne veux pas écouter Michel même s'il me dit que c'est le seul chemin possible à partir de ma position actuelle et qu'il me parle sans cesse de Charles, un des rameurs qu'il a routés sur le même océan, qui y est passé sans aucun problème.

Mon routeur a beau me répéter que ce passage ne durera que quelques jours, je n'en suis pas convaincue, je doute. En exprimant mes craintes à Hermel et à Jean-Pierre, je les influence avec mes appréhensions. Sans le savoir, je sépare mon équipe.

Au lieu de me faire rassurer sur le passage des hauts-fonds, je réalise que je crée une faille et, doucement, une incompréhension s'installe au sein de mon équipe. J'écris un courriel à Michel, Jean-Pierre et Hermel pour leur demander de s'aligner dans une même direction afin de m'aider. Je leur propose de créer un rendez-vous météo pour que tout le monde puisse me donner les mêmes directives. Mon équipe doit s'en tenir au même discours. Tous décident de s'organiser pour mieux me soutenir.

À chacun son boulot. Michel me donne la route selon les prévisions météo à long terme. Il élabore ainsi les stratégies les plus efficaces selon son expertise. Hermel nous appuie à la technique et au déploiement des tactiques à partir des données précises de la météo. Jean-Pierre s'occupe de gérer les échanges et d'établir nos communications, en plus de servir de soupape au reste de l'équipe.

Je n'ai d'autre choix que de leur faire confiance et j'aspire désormais à passer rapidement sur les hauts-fonds pour en sortir le plus vite possible. L'équipe est maintenant convaincue que les hauts-fonds sont la meilleure option et j'avance vers eux, non sans crainte, mais avec un soutien des plus adéquats.

Sur les hauts-fonds, l'eau est froide et foncée. Elle change d'aspect dès que je fais mon entrée dans la zone ombragée de ma carte nautique. J'aperçois maintenant mon échosondeur* reprendre du service. Il m'indique 800, 700, 650 pieds. Je frissonne en imaginant les épaves qui jonchent ces fonds peu profonds. Ça me donne froid dans le dos et je me refuse d'y penser davantage.

Heureusement, le vent souffle sur la mer avec une régularité nouvelle et m'offre des vagues d'une cambrure parfaite pour surfer sur elles. Les vagues sont rigoureuses et presque identiques les unes aux autres. Elles me donnent la chance de préparer mes coups de rame et d'être efficace au bon moment. De plus, elles sont assez rapprochées les unes des autres, mon bateau ne s'embourbe jamais dans les creux pour me ralentir ou m'essouffler jusqu'à ce qu'il retrouve

un axe idéal et recommence à surfer. Le vent souffle à ma valeur préférée : 13 nœuds. Les conditions que les hauts-fonds me donnent sont inespérées. J'ai rarement eu droit à un pareil cocktail depuis mon départ d'Halifax. Je suis aux anges. Il m'est même difficile d'arrêter pour me reposer tellement je profite de ces conditions exceptionnelles.

Sur les hauts-fonds, je réalise que j'ai laissé mes projections mentales prendre le dessus sur moi. Esclave de mes appréhensions profondes, j'étais prête à tout faire pour éviter ce que je craignais le plus. Campée sur mon unique interprétation de la chose, sans connaître les tenants et les aboutissants de ces hauts-fonds mystérieux, j'avais courbé l'échine et grogné devant ce qu'ils représentaient pour moi.

Mon équipe vient de faire la preuve qu'elle est pour moi essentielle. J'ai besoin d'être bien encadrée et parfois même d'être recadrée.

L'esprit d'équipe de ma troupe me plaît. Ils font désormais front commun, comme les parents d'une fratrie. Mais avant, dans ma cabine, je me suis apitoyée sur mon sort, les bras croisés, assise sur ma couchette, je les ai même boudés sans qu'ils le sachent. J'ai eu en prime l'impression d'être une enfant désobéissante qui ne voulait pas obéir à ce qui, pourtant, est bon pour elle.

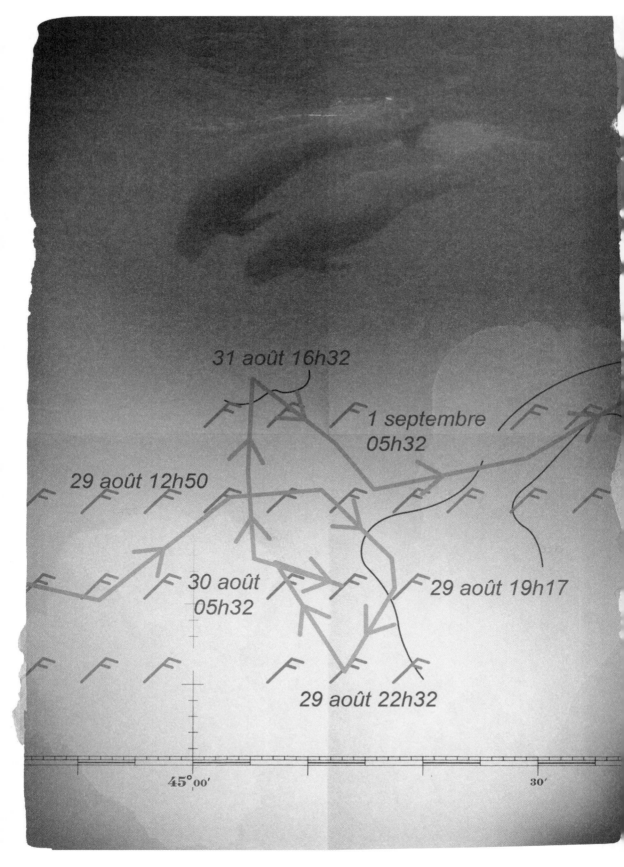

12

RIEN NE VA PLUS

Un chant plaintif frappe mes tympans. En sortant d'un songe, l'esprit embrumé, je me demande si c'est le chant des baleines. On dirait la berceuse d'une sirène. Le son d'un souffle résonne à l'extérieur. Je sors de mon demi-sommeil pour comprendre que c'est bien ici, tout juste de l'autre côté de la coque. J'ai même la certitude que c'est tout près. L'excitation m'emporte. Les baleines sont de retour ! Encore endormie, je m'extrais maladroitement de mon sac de couchage. Rapidement, je m'agite vers ma ligne de vie et, d'un bond, je me dirige vers le pont. En route vers l'extérieur, j'aperçois une nageoire noire sortir de l'eau à tribord. Je m'attache rapidement en revenant sur mes pas afin d'attraper le caisson étanche qui contient mon appareil photo.

Un souffle tranchant de baleine me fait sursauter tellement elle est près de moi. Je sens presque sa chaleur sur mon visage, j'attrape son odeur au passage.

Doucement, elle s'avance et plonge sous l'eau avant de revenir vers moi de l'autre côté. Deux puis trois autres nageoires dorsales sortent de l'eau plus loin. Tout à coup, je vois un baleineau tout mignon et sa maman. Malhabile, il essaie de sortir la tête de l'eau, peut-être pour mieux m'observer, il s'enfonce dans l'eau par la suite avec beaucoup moins de grâce que les autres membres de sa famille. Il a les yeux ronds pleins de mystère. Impressionné peut-être de m'apercevoir, moi, petit mammifère étrange à la peau claire.

Alors que les baleines s'éloignent, je frappe sur la coque pour faire résonner mon bateau. Je crie d'excitation pour les encourager à revenir vers moi. Les neuf baleines plongent devant mon étrave, font demi-tour et réapparaissent par-derrière pour s'approcher encore. Leur manège dure longtemps. Je m'exclame devant leur spectacle lorsqu'elles sortent la tête de l'eau. On dirait qu'elles me regardent d'un œil avant de glisser et retourner dans la mer.

Mon excitation s'estompe au contact de leur calme imposant. Leur visite m'émeut, une paix nous enveloppe.

J'entends toujours leurs gémissements résonner sous la surface de l'eau. Hier, ces mêmes globicéphales m'ont visitée à trois reprises, mais les vagues rondes de la veille, fortes et bruyantes, m'ont empêchée d'entendre leurs plaintes. J'ai l'impression d'assister à une rencontre incroyable. Touchée par leur beauté, leur élégance et leur douceur, absorbée par leur grâce, je les observe longtemps.

Accroupie, je leur parle à voix haute comme on parle à un chat. Pour ne rien voler de notre rencontre, je ne fais rien de mon appareil photo.

À plusieurs mètres devant, elles disparaissent dans l'épais brouillard qui cache la mer du soleil.

Je n'entends maintenant plus que leurs souffles vifs et francs voyager dans l'épaisse couche d'humidité. Je me sens apaisée.

Dès leur départ, je m'attriste en regardant ma position. Je m'aperçois que je suis toujours dans le même pétrin que la veille. Avec un vent et des vagues contraires, mes efforts ne donnent aucun résultat. Je retrouve presque ma position du matin précédent. Un autre grand cercle dessine mon tracé. Au moins, je me sens moins seule dans ce territoire que fréquentent les baleines. Je les ai revues plusieurs

fois, puisque cela fait déjà cinq jours que je suis au même endroit. Depuis le début de la semaine, mon tracé a fait sept fois des tours sur lui-même. Après avoir avancé moins de 30 milles nautiques en sept jours, ce que je devrais faire normalement en une journée, je désespère.

Aujourd'hui, je vais essayer encore de toutes mes forces d'aller vers l'est. Michel m'a confirmé que je suis dans une zone complexe à cause du courant du Labrador qui descend, le Gulf Stream qui fait semblant de remonter, les remous immenses qui bordent son pourtour, les vents contraires qui me poussent, et l'été qui s'évapore lentement. Je suis certaine que ma sortie des hauts-fonds a quelque chose aussi à y voir. Nous sommes vendredi. Demain, il y aura une réunion météo. Ça pourra faire la lumière sur toutes les possibilités devant. Maintenant, j'appelle Michel pour avoir des prévisions à la fine pointe et m'encourager un peu.

Michel n'a rien de concluant pour moi, la météo me fera encore subir de mauvaises influences. Nul doute, je devrai remettre l'ancre en place, sur ma position exactement, car des bourrasques vont sévir et me repousser vers le nord avant le milieu de l'après-midi. Nous sommes le 30 août. Je suis tannée d'attendre les bonnes conditions, tannée d'attendre mon tour. Je m'assure une fois de plus auprès de Michel que je peux au moins ramer maintenant. Malgré les quelques heures de courants contraires, je peux m'installer et tenter d'avancer un peu.

Contrariée, je m'active à installer mes rames et à m'asseoir à mon poste pour gagner des milles à l'est. Je donne toute mon énergie durant quelques heures, au bout desquelles je réalise que j'ai avancé d'à peine deux milles dans la bonne direction et un peu trop vers le nord. Les vagues de tribord m'épuisent, me secouent constamment, et remplissent le pont d'eau, sous mon siège et partout autour. Je me fâche et persiste, sans résultat. Ma vitesse sur le fond, minuscule, varie de 0,7 à 0,9 nœud, même pas un, tandis que ma vitesse de glisse sur l'eau, témoin de la force que j'exerce sur mes avirons, indique quant à elle plus de deux points supplémentaires et cumule 3,2 nœuds. Tous mes efforts se résument à faire du surplace. À ce rythme, dans 10 heures, j'aurai avancé d'à peine 10 milles nautiques. Si je regarde la quantité de milles parcourus aujourd'hui et la rare progression prévue pour les jours d'aviron à venir, je ne vois pas comment je pourrai m'en sortir. En pensant aux conditions peu favorables de 2013, je me décourage d'autant plus.

Je suis frustrée de savoir qu'encore une fois, dans moins de trois heures, le fruit de mon ouvrage va être anéanti. Vers midi, ça devient tout à fait illusoire d'avancer et de dépenser mon énergie sans obtenir de résultat. Déjà, la mer m'emporte au nord. Je rage contre mon gouvernail pour avoir une meilleure position. Rien ne fonctionne. Je perds tout ce que j'ai de bonne humeur dans mes derniers coups de rame. J'essaie de penser aux baleines, je regarde les vagues, j'essaie de penser aux étoiles.

Je ferme les yeux et j'essaie de voyager ailleurs avec ma musique qui joue maintenant à tue-tête. Le brouillard se dissipe et, même si je vois enfin le soleil, mon humeur reste au plus bas. Je pleure appuyée contre mes avirons. Je me sens injustement soumise à un océan qui ne tient pas ses promesses. Je suis jalouse des autres, de mes prédécesseurs, de ceux qui ont pu bénéficier de la météo beaucoup plus clémente des années antérieures. Alors que d'autres se sont rendus en Europe en moins de temps que n'a duré mon voyage jusqu'ici, je passe le plus clair de mon temps à ramer à contre-courant, à faire face aux vents et à attendre. Déjà 12 dépressions ont bouleversé ma position. Je me sens seule dans ma peine, reniée par les dieux de l'océan.

Quoi faire si la météo ne m'offre rien de mieux d'ici quatre semaines, cinq, au pire durant tout le reste de la traversée ? Quoi faire si elle continue de s'acharner et si l'automne s'installe encore plus fort ?

J'arrête de ramer ; mes larmes m'empêchent de voir clair pour déposer les pelles entre les vagues toujours plus sauvages envers moi. J'essuie mes larmes ; hantée par ma détresse, j'abdique. Je donne raison à l'océan. J'arrête de me battre. Je rentre en trombe dans l'habitacle et me laisse tomber, abattue, sur ma couchette.

Les sanglots prennent toute la place, ils habitent mon corps tout entier. Mon cœur étouffe. Je suis bouleversée par la réalité toute crue : je suis en train d'échouer. Pire. Je suis en train de ruiner ma vie. C'est comme si je m'écroulais en moi sous la violence des mots qui habitent mon esprit, de ceux de mon *ego*. Soudainement, leur donner raison me soulage. Abandonnée par mon courage, j'ai l'impression de revenir à un vieux modèle de moi-même, celui d'une fille veule et défaitiste.

J'ai été complètement stupide de me lancer dans cette galère sans issue. Je suis noire de colère contre moi-même. En colère contre mes erreurs, mes faux pas. Je regrette d'avoir choisi cette année pour partir. Le succès tient des détails et 2013 est loin d'être une année généreuse en météorologie. Les conditions auront eu raison de moi. Je ne peux plus endurer la pression de continuer et d'aller tout droit vers la catastrophe, vers l'échec. Si au moins la météo me permettait de ramer, si au moins le courant n'était pas contre moi, si au moins je pouvais avancer... Je souffre d'une douleur intense, brûlante, devant ce qui me semble être l'échec de ma vie. L'erreur de ma vie.

Durant mes heures de larmes, je réfléchis, je me questionne. Je dresse le portrait de mon côté sombre, de celle qui abandonne. Au cours de mon drame, en toute solitude, je broie du noir. Je ne réponds pas aux sons répétitifs de mon Iridium* qui indique un texto de mon équipe au sol, une pensée bienveillante à mon égard, un encouragement ou encore une banalité. Je n'ai plus la curiosité de vérifier ma position ou mon allure aux instruments. Rien ne bouleverse l'aura sacrée de mon affliction profonde.

Mélancolique, je me balade d'un scénario à l'autre devant ce qui m'apparaît être un inévitable échec.

Dans le cas où je serais forcée d'abandonner plus loin, dans quelques semaines, je réfléchis à l'étendue de ma perte et à toutes ses conséquences. Perdre mon nom, perdre la raison, devenir folle d'avoir autant travaillé pour quelque chose qui ne fonctionne pas. L'idée de perdre mon embarcation me pétrifie. Je suis parfaitement consciente que si j'abandonne la traversée et qu'un navire doit me rapatrier, on n'aura d'autre choix que de laisser l'*Hermel* derrière et ne rescaper que ma personne.

J'imagine le tableau, mon esquif orphelin de capitaine, et moi, toute nue sans lui. Je regarde l'intérieur de ma cabine et j'essaie de l'envisager dégarnie de vie, inhabitée, vulnérable. Je tente de m'imaginer dissociée de mon bateau. Séparés, nous ne sommes plus les mêmes. Mon bateau est devenu, ces dernières années, une priorité dans ma vie et, depuis mon départ, l'extension de moi-même.

Et je scénarise encore. La pire chose envisageable serait de faire face à un problème de santé. Advenant ce cas, mon assurance pourrait refuser ma réclamation étant donné l'abandon de mon petit navire. Sa perte ne serait pas certaine et officielle. Le bateau existerait toujours, mais on ne saurait pas où… Si mon bateau prend feu, s'il s'abîme dans une tempête et s'il prend l'eau, si la foudre le frappe sans que mon paratonnerre ne tienne ses promesses ou qu'un énorme mammifère le coupe en deux, comme dans l'imagination fertile de ma mère, mon assurance couvrirait ma perte puisque l'abandon du bateau aurait été inévitable. Le cas échéant, je serais dédommagée pour ma perte. Et avec la somme reçue, je pourrais rembourser mes prêteurs, me dégager du fardeau de mes dettes et ensuite tout recommencer. Réclamez 500 $, retournez à la case départ.

Je paierais un lourd tribut à l'Atlantique et je contribuerais malheureusement à sa réputation de dangereux. Ma soif d'aventures et d'absolu me coûterait cher si je devais être contrainte de renoncer plus loin. Menacée par les immenses tempêtes qu'apporte l'automne sur l'océan, j'ai peur de continuer. Je mesure à peine le coût de la perte de mon *Hermel*. J'entrevois le sacrifice de l'abandonner ici. Soudainement, je me sens dépourvue et sans aucune ressource.

J'anticipe le pire. Si je perds mon bateau, ma vie sera une ruine monumentale. Avec plus de 100 000 $ de dettes, somme qui représente bien moins que le montant total injecté dans le bateau, je me retrouverais dans une misère certaine, beaucoup plus noire que celle que j'ai connue ces cinq dernières années. Comment pourrais-je rembourser mes gentils créanciers ? Daniel, Réjean et mon père : tous d'honorables contributeurs et de simples particuliers.

Je me demande comment mes prédécesseurs ont réussi leurs traversées et surtout comment ils ont réussi à obtenir des commanditaires. Devant l'évidence, je réalise à quel point j'ai raté mon défi et surtout ruiné ma vie. Normalement, les sportifs partent en mer, en santé financière, sans la pression de devoir réussir et de tout payer eux-mêmes. Je suis maintenant devant la réalité d'avoir bien foiré. Je suis convaincue que la réussite est impossible. Je vais tout perdre et rentrer penaude au pays.

Je suis frappée par une vision, une vision d'horreur. Je vois déjà les grands titres : « La téméraire est rescapée sur l'océan. Son défi était impossible. La défaite était signée d'avance. » J'entends déjà les gens qui appellent dans les tribunes téléphoniques pour commenter ma défaite, chialer contre moi, m'offrir les plus vilains des discours. Mes commanditaires malheureux, gênés de surcroît, devant les scènes qui se répètent : « Ah, c'est vous qui avez encouragé la fille, là, celle qui n'a pas réussi son caprice à la rame sur l'océan et qu'on a été obligé d'aller secourir ? » Et quelques mois plus tard, dans les journaux de pacotille : « La fille de l'océan se cherche un emploi. » Je vois les citations écrites en rouge : « Pourquoi je ne peux pas faire faillite. »

Je m'imagine en entrevue d'embauche, expliquant ce grand trou dans mon curriculum vitæ pour avoir essayé durant des années de faire quelque chose de chimérique et d'illusoire, et que, non, je n'ai pas de diplôme. Pire, j'imagine les membres de mon équipe rayer mon nom de leurs propres curriculum vitæ.

À côté de mon nom, pour ceux qui s'en souviendront, il y aura toujours une tache. Je traînerai ce boulet toute ma vie. Un jour, je trouverai un job faiblement rémunéré et je prendrai la quasi-totalité de mon salaire pour rembourser jusqu'au dernier sou les dettes et les intérêts de ce voyage utopique. Enfin, un jour peut-être, un amoureux voudra de moi, la fille qui ne représente rien d'autre que la défaite, les dettes et l'écho d'une vieille lubie.

J'éprouve du dépit, de la colère, je n'ai qu'une image noire du futur. Je suis aigrie, amère. De mon avenir, je n'entrevois rien d'autre que la pauvreté absolue. On me rappellera toujours que j'ai perdu cinq ans de ma vie et une somme importante. Honteuse, je pourrai toujours disparaître et aller vivre au Costa Rica ou en Indonésie. Travailler dans un *resort*, devenir *barmaid* et envoyer l'argent de là-bas. Même en me sauvant, je ferai toujours face à la honte, cette honte que conserveront également les membres de ma famille. J'imagine ma mère dire : « Je le lui avais dit, mais, vous savez, c'était une grande fille. »

En pleurant, je m'excuse à maman, à papa et à ma sœur Evelyne. Je donne raison à tous les détracteurs de mon projet depuis le début et qui ont malmené mon nom jusqu'à me traiter de folle à enfermer.

Je suis au cinquante-cinquième jour en mer et à peine au quart du parcours. Il faut en venir à l'évidence, si les spécialistes de la rame océanique suggèrent fortement d'effectuer la traversée de l'Atlantique Nord de juin à septembre, ou au maximum de mai à octobre, c'est qu'avant et après c'est un peu fou. Nous sommes le 29 août ; selon nos prévisions, je devais arriver de l'autre côté dans deux semaines. J'ai dû attendre jusqu'au 6 juillet pour pouvoir partir, ce qui a modifié ma traversée en réduisant de trois semaines mon été et en empiétant sur l'automne. Il m'est impossible de franchir les 2 000 milles nautiques qui me séparent encore de l'Europe en moins d'un mois. Je suis à 300 milles nautiques de Terre-Neuve, je n'ai franchi que 650 milles nautiques depuis mon départ. Les piètres 12 milles par jour en moyenne me font douter de ce qui reste devant. C'est exécrable. Complètement déplorable.

Il y a certainement quelque chose qui ne fonctionne pas dans mon attirail. Comment faire si je ne peux pas avancer avec à peine 15 nœuds de vent de travers ? À ce rythme, j'arriverai en France en hiver. Je décide de retourner observer ma carte nautique numérique pour me convaincre de l'étendue des dégâts. Incapable de voir clair à travers mes larmoiements, je regarde la profondeur de l'eau et je m'aperçois qu'elle n'a que 675 pieds ! Je suis toujours en eaux peu profondes, encore sur le plateau continental. Autrement dit, je ne suis toujours pas partie ?

Je ne veux plus continuer.

Dans ma tête s'enchaînent les mauvaises pensées, les unes derrière les autres. Le nuage noir qui a la mainmise sur moi ne me quitte plus. Entre mes attaques de larmes répétitives, je me laisse habiter par la douleur. Je revois tous les sacrifices, tous les choix, toutes les décisions des dernières années prises pour la santé du projet, pour que la suite ait lieu, pour que le rêve puisse se concrétiser, pour que la vie puisse exister avec ce projet. Je revisite les cinq dernières années. Non sans serrement au cœur, je revois aussi le dévouement des autres, le cœur à l'ouvrage de mon équipe. J'ai de la peine pour eux.

J'ai vraiment l'impression que la partie est terminée.

J'ai le sentiment d'être devant un ultimatum : continuer et potentiellement périr, en proie à l'océan toujours plus violent de l'automne, ou m'éviter des misères, rebrousser chemin, sauver mon âme et, surtout, sauver mon bateau. Je suis secouée devant cette possibilité. Sauver les meubles est encore possible. J'observe ma mappe de plus belle. Je calcule la distance qui me sépare de Terre-Neuve un peu au nord, mais surtout à l'ouest. Avec mes appareils, je calcule 245 milles. Le vent qui souffle contre moi depuis des semaines devrait enfin pouvoir m'aider à rentrer au bercail. J'ai peut-être un mois de navigation avant de retrouver le continent américain. Pour les derniers milles, s'ils sont complexes, on pourra toujours trouver un navire pour venir me remorquer. À Saint-Jean, Terre-Neuve, je pourrais remiser mon bateau, lui dénicher un endroit pour l'hiver, retourner ramer dès juin prochain et reprendre l'océan dans de meilleures conditions.

Aux balbutiements du projet, j'ai beaucoup réfléchi à un départ terre-neuvien. Saint-Jean a même été mon premier choix lors de l'élaboration du projet. J'ai écarté l'idée à cause du côté onéreux de cette option : le coût des vols et celui, exorbitant, du transport de mon bateau par voie maritime. Malgré mes démarches, il a été impossible d'établir un partenariat avec les compagnies aériennes approchées et je n'ai pas voulu imposer à mon équipe au sol un coût supplémentaire pour leur déplacement sur les lieux. J'ai même rêvé de partir du Québec, mon site Web en a même fait mention longtemps.

En 2011, j'ai fait l'exercice de voyager avec mon bateau et Hermel entre Gaspé et Percé avant de m'attaquer au golfe du Saint-Laurent. Ce parcours s'est soldé par un échec monumental. Après avoir rencontré un pépin technique, nous avons été abordés cavalièrement par un bateau de visite aux baleines. L'homme aux yeux pleins d'étoiles et moi avons eu la peur de notre vie. Nous avons même failli y laisser notre peau. Remorqués à plus de 10 nœuds derrière un énorme bateau, nous avons risqué de chavirer à plusieurs reprises. C'était du jamais-vu. J'ai même envisagé de porter plainte puisqu'on avait aussi brisé notre bateau. Devant l'insuccès de notre test, je ne me suis pas sentie bienvenue et en sécurité dans les eaux près de Pointe Saint-Pierre et encore moins près du rocher Percé. Plus tard, j'ai entrepris de partir des Îles-de-la-Madeleine, mais j'ai été rebutée par le nombre de jours supplémentaires à parcourir pour rejoindre l'océan et surtout par les coûts inabordables que cela représentait.

Au cours de ma préparation est venu un temps où il a fallu couper partout.

Un départ en sol américain a aussi été une option puisque je savais très bien que partir de New York ou de Cape Cod m'aurait permis de rejoindre le Gulf Stream beaucoup plus rapidement. Par contre, j'ai été rebutée par l'idée de devoir passer les frontières américaines. Moi qui est déjà très stressée de passer la douane, juste y penser me donnait des sueurs froides. En plus de toute la nourriture que je n'aurais pu emporter, le bateau à vider, à faire fouiller, me faire saisir potentiellement du matériel, devoir montrer patte blanche et toutes les factures. J'avais des vertiges juste à y penser. C'était trop d'impondérables, les conséquences de ce choix étaient impossibles à mesurer. Cette option ouvrait la porte à trop d'imprévus et, dans un tel projet, l'improvisation n'a pas sa place.

Non, à bien y songer, Halifax était la meilleure des options. Même en remettant tout en question, je refuse de penser que mon lieu de départ a été une erreur dans l'équation.

Je réfléchis maintenant à un nouveau départ de Saint-Jean l'an prochain. Je suis soudainement soulagée devant cette possibilité. La pression tombe. Enfin, je me sens mieux et je prends un peu sur moi-même. Je réfléchis encore de longs moments avant d'appeler Michel et de lui faire part de mon idée.

D'entrée de jeu, Michel me rassure. Il me répète les mêmes affirmations, soit les plus belles : que l'océan devrait se calmer, que la trêve de l'été a été tardive, que tout devrait rentrer dans l'ordre et que rien, pour l'instant, ne laisse supposer que le reste de la traversée sera pire.

De ma voix la plus formelle, je prends les quelques restes de courage au fond de ma personne. Je lui demande de calculer une nouvelle route pour moi. « Terre-Neuve, est-ce que c'est possible ? »

J'y vais de tous mes arguments : 245 petits milles nautiques, direction nord-ouest, il vente de l'est depuis le départ, ce sera donc aidant pour une fois ! L'important est de conserver le bateau intact pour mieux nous préparer et repartir en 2014. L'an prochain sera meilleur pour moi, j'en suis certaine. L'idée n'est pas de tout abandonner, juste 2013. Je rentre et nous allons profiter d'une meilleure météo l'an prochain. Je serai plus légère et efficace. Je vais modifier mon gouvernail avec lequel j'ai des problèmes, je vais repartir avec une meilleure tête par rapport à mon projet. Ce serait beaucoup plus profitable de partir de Saint-Jean, j'aurai déjà une bonne partie du parcours de faite. Après tout, on peut mesurer cela comme un entraînement en haute mer, non ?

J'énumère les côtés positifs d'un report de la traversée. J'ai l'impression que mon argumentaire le convainc qu'à tout le moins ma réflexion est fondée. Michel m'écoute. Il prend bonne note de mon idée.

Il me demande quelques heures pour calculer une route qui me permettra de rentrer. Je n'ai jamais entendu Michel aussi silencieux. Visiblement mal à l'aise, il me prévient déjà que ce sera tout aussi difficile de rebrousser chemin, des tempêtes sont déjà bien établies au nord, avec le courant du Labrador qui descend, c'est aussi très complexe et un peu plus froid dans les hautes latitudes.

Je lui fais promettre de tout calculer. Il me fait promettre de me reposer. Je lui demande de passer le message au reste de l'équipe que je m'en vais me coucher.

Après cette longue crise, j'ai un tout petit regain d'énergie. J'entrevois la possibilité de rentrer à la maison. Je me vois déjà préparer mes messages clés pour mes partenaires, mes commanditaires, les médias, ma famille. Je ressens même de la fierté dans ma décision. Enfin, une trêve d'idées noires. Étrange. Je me console en pensant à cette avenue. D'un bond, je sors installer l'ancre parachute, mais j'aurais le goût de ne pas le faire pour que le vent me ramène vers la côte. J'installe tout de même mon équipement sous l'eau, je rentre dans mon habitacle, résolue, soulagée par ma décision.

Je pense à toutes ces choses que je pourrai organiser encore mieux pour l'an prochain. Je pense à mon équipe, maintenant rodée à l'excès. Elle sera encore plus préparée. Je verse quelques larmes de soulagement et je m'endors sans manger. Je me réveille avant l'aube. Je regarde ma position, mon tracé témoigne encore d'un retour en arrière. Une nouvelle boucle forme un joli dessin, un cercle presque parfait. J'imagine le commun des mortels regarder ma cartographie sur le Web et s'imaginer à son tour me voir ramer en cercle autour d'un point. Même le plus érudit des marins adepte de voile n'y comprendrait rien. Un bateau à rames océanique est tellement distinct d'un bateau à voile et se navigue d'une façon si particulière que le meilleur des *skippers** doit être des plus perplexes devant son écran d'ordinateur. Je souris en pensant à ceux que je connais, qui doivent se consulter et ne rien comprendre à mon sujet. Mon appétit revient. Hier, à travers mes larmes et le mal de tête qu'elles ont provoqué, mon appétit a disparu. Je n'ai rien avalé de la journée. Je pige des jujubes dans mon sac réservé aux samedis.

Je mange en prenant mes courriels. Quelques-uns proviennent des membres de mon équipe immédiate et font état de ma déconvenue. Ils ne veulent pas que je laisse tomber. Ils m'encouragent et n'ont que de bons mots pour moi. La lecture de leurs messages me tire encore quelques larmes. Les lourdes émotions de la veille refont surface.

Je me sens en meilleure forme après avoir mangé. À la lecture de leurs courriels, je mesure mieux ma proposition d'abandon. Bien que je ne sois pas encore sortie des méandres partout autour, j'ai davantage confiance en la possibilité de trouver mon chemin vers l'Europe. Tout à coup, j'ai l'impression que mon idée de retour est périmée, mauvaise, inappropriée. Maintenant, je suis plutôt hantée par le sentiment d'avoir trahi mon rêve, d'avoir baissé les bras. Je suis vivement mal à l'aise avec ma question lancée la veille à Michel. Ce matin, je reconsidère le reste du parcours et tout m'a l'air beaucoup plus évident.

Je repense à mon ami Frédéric qui m'a offert un précieux conseil que j'ai écrit en gros sur un papier adhésif et collé au plafond de ma cabine pour ne jamais le perdre des yeux. « Ne jamais me décourager si je n'ai pas répondu à mes besoins essentiels. Boire, manger, dormir, m'abriter, me réchauffer et me sentir en sécurité. »

J'appelle Michel. Il me répond que, de toute façon, un retour à Terre-Neuve est improbable. Avec le courant du Labrador qui descend, remonter vers le nord relève de l'improvisation. Et près des côtes, cela deviendrait encore plus dangereux. Selon lui, les conditions ont évolué favorablement pour moi et, dans les prochains jours, je pourrai avancer vers l'est.

Michel me fait surtout comprendre que j'ai tout ce qu'il me faut pour réussir ; j'ai un bateau qui va bien, j'ai suffisamment de nourriture et je suis en santé.

Je n'ai pas le choix. Je dois continuer. Je me sens lâche d'avoir voulu laisser tomber.

Deux jours plus tôt, quand j'ai eu mon entrevue hebdomadaire avec Jean-Philippe Arcand, journaliste à *La Presse*, il avait l'air inquiet pour moi. Il semblait mal à l'aise de me demander à quel point je croyais encore à mes chances de réussite. Depuis mon départ, je lui parle tous les mercredis et j'ai toujours hâte à nos entretiens. Jean-Philippe est sympathique et il me donne l'impression de parler à un ami. Cette semaine, j'ai été sensible à son malaise. Je l'ai rassuré un peu en lui expliquant que, oui, j'étais presque au même endroit que la semaine dernière, mais qu'il ne fallait pas s'en faire. Les conditions vont changer. Après notre entretien, j'ai réalisé aussi que, non, je ne pourrais pas contrôler les médias dans l'éventualité d'un échec.

Je ne contrôlerais jamais non plus l'opinion publique si mon projet devait avorter d'une quelconque manière, et encore moins ce que les mauvaises langues réserveraient pour moi. Je sais depuis longtemps que de toute façon les mauvaises langues ne voient en mon projet que des chimères.

Je ne pourrais contrôler non plus les mauvais rêves de ma mère, ni ceux de papa et de ma sœur, encore moins les requins des cauchemars de mes neveux.

Je n'ai aucun contrôle sur mes partenaires ou mes commanditaires, mes collègues et les membres de mon équipe au sol, ni sur les contributeurs au projet. Je ne contrôle pas leurs opinions, leurs doutes, ni leurs incertitudes, ni même leurs remords ou regrets. Impossible d'avoir une mainmise sur les aléas de Dame Nature, ses bourrasques, ses dépressions, ses valeurs de vents et ses hauteurs de vagues. Et encore moins de contrôle sur leurs conséquences sur moi et sur l'intégrité de mon *Hermel*. Selon ce que j'expérimente depuis le début de mon parcours, le meilleur que je puisse faire reste de préparer mon bateau de mon mieux en entrevoyant toujours le danger de façon la plus honnête possible.

La mer, comme le feu, est d'une force destructrice des plus fortes. Il n'en tient qu'à moi d'être précautionneuse, d'anticiper et de profiter au maximum de la générosité de l'océan quand elle souffle pour moi. La seule chose qui me reste, au beau milieu de cet environnement hostile, c'est de continuer de croire en mon rêve, de le protéger et d'assouvir ma soif de le voir se concrétiser.

Je n'ai d'ascendant que sur mon attitude, mon comportement. Peu importe la férocité des tempêtes ou l'acharnement des éléments, tout réside dans l'attitude que je choisis d'adopter. Ainsi, je mesure ma résilience et la grandeur du vainqueur en moi.

À partir de maintenant, je suis l'inébranlable Mylène, féroce et indomptable contre les éléments.

Le son de mon Iridium me réveille. Il m'indique l'arrivée d'un nouveau message texte. Hermel me demande de faire repartir ma balise de positionnement qui cesse constamment de fonctionner. Je la redémarre immédiatement. Sans l'éteindre ni la rallumer, mon équipe n'obtient plus mes nouvelles positions. Je dois admettre que je ne me sens pas en sécurité avec cet outil. S'il advenait que je tombe dans les pommes ou que j'aie un ennui de santé quelconque qui m'empêche de la faire repartir inlassablement, personne n'aurait ma position et on pourrait perdre ma trace. J'aurais dû avoir une balise de meilleure qualité, mais comme les temps ont été trop durs durant ma préparation et que je n'ai pas eu la possibilité d'en acheter une, je dois maintenant vivre avec les conséquences de ma décision.

Hermel m'aide alors à bâtir un nouveau bloc d'alimentation pour lui fournir suffisamment d'énergie et l'empêcher de ne fonctionner que par intermittence.

Enfin, les tourbillons sont derrière moi. J'avance, la température de l'eau me laisse même croire que j'approche du Gulf Stream. Elle monte à 24 degrés Celsius. Les vents seront bientôt de l'est et ensuite du sud-est. J'ai quelques heures pour ramer. Musique dans les oreilles, rayons de soleil, café-chocolat chaud.

Michel me confirme qu'un courant chaud se trouve à l'est, à moins de 20 milles nautiques. Je jubile ! Je vais enfin retrouver ce merveilleux courant que j'avais rencontré avant les hauts-fonds de Terre-Neuve. Comme s'il s'agissait d'une terre promise, je fonce droit vers elle, épuisée toutefois par mon passage difficile. Ma bonne attitude est de service. Je me sens bien, déterminée à rejoindre l'autre continent. Même si les vagues se présentent de travers, je n'abdique pas. Je continue et je m'efforce de faire face aux éléments.

Depuis quelques heures, il devient un peu trop imprudent de continuer à la rame. Je risque de me blesser à vouloir trop pousser. Les vagues se présentent presque de face et je reçois d'innombrables coups par-derrière. Cela devient malavisé de continuer, à la limite imprudent. La mer ne me donne d'autre choix que de m'arrêter. J'installe l'ancre flottante*. Après quoi, je suis surprise de constater qu'étrangement elle m'emporte un peu vers l'est. J'avance à 0,9 nœud et presque à 1 contre le vent. C'est complètement improbable. J'attends trois heures pour comprendre un peu mieux le comportement de la mer.

J'attends. Le lendemain, en 24 heures, j'accumule 18 milles nautiques. Wow ! Depuis tout ce temps où je recule, la mer me fait un gentil clin d'œil. Elle reconnaît mes efforts et m'emporte à l'est malgré le vent. Je laisse l'ancre installée un peu plus longtemps. Dans une accalmie, plusieurs heures plus tard, je choisis de l'enlever bien qu'elle semble m'aider à avancer. À ma position, 46 degrés 15 minutes nord et 42 degrés 50 minutes ouest, je la retire. Je rame enfin et, contre toute attente, malgré que je fasse route à l'est, je monte au nord. Maintenant que le vent force du sud, je réinstalle mon attirail sous marin. Malheur ! J'aurais dû rester à l'ancre, car je constate que la température de l'eau descend rapidement et, de 24 degrés, je passe à 22 degrés en un temps record.

Je doute d'avoir fait une erreur, car je semble avoir perdu mon courant. Bien que mon prochain point de passage* se trouve à l'est et même un peu trop au sud, Michel choisit de le modifier pour en choisir un légèrement plus au nord. La mer nous oblige à abdiquer et à changer de tactique. Michel observe les tendances des prochains jours et nous confirme que de monter au nord en reste une respectable. À partir de mardi, je frise même le 47e parallèle.

Cette route a tôt fait d'inquiéter certaines personnes du public, et mon équipe me fait part de quelques messages reçus. Monsieur Untel croit que je vais manquer de bouffe, madame Untel pense qu'il serait temps d'abandonner, un autre croit qu'il faudrait faire route vers l'Irlande, un autre vers la Norvège. Je trouve malheureux que mon équipe doive maintenant gérer une partie du public qui vient se mêler de nos affaires. Je me raisonne en me disant que leurs intentions sont sincères et que mon équipe est là pour les rassurer. Depuis leurs confortables demeures, c'est facile de prétendre connaître l'océan et de juger de la suite des choses. Sans connaître l'expérience de mon routeur, ni la mienne, surtout sans comprendre les conditions qui prévalent et encore moins les réactions de mon bateau, c'est aisé de rendre un verdict sur l'issue de la traversée et d'y aller de ses prédictions les plus sévères.

Au moment où je tente d'envoyer des indications à mon amie Julie et à Jean-Pierre, destinées aux publications de mes réseaux sociaux, je reçois un courriel dont l'objet particulier m'interpelle. Il y est écrit en lettres capitales : *JE SONNE L'ALARME*.

L'alarme de quoi ? Mais de qui peut bien venir ce courriel ? Un ami bénévole qui avait mes coordonnées courriel m'explique dans une missive alarmante que je suis dans une situation catastrophique. Je devrais tout de suite organiser un rapatriement, arrêter un cargo, un bateau, n'importe lequel, et revenir sur la terre ferme. En somme, si je monte au nord du 50e parallèle : je suis finie. Ce me sera impossible de redescendre et d'espérer rentrer en France.

Au courriel qui a d'abord peu d'influence sur moi, je réponds que tout va bien et que mon routeur prend toutes les mesures nécessaires afin que je puisse redescendre au sud, plus à l'est. De toute façon, selon mon équipe, je suis la course orthodromique, c'est-à-dire la route la plus droite entre deux points. La réponse qui suit a l'effet d'une bombe. La personne renchérit de plus belle et y va de ses arguments.

Je sens que ces messages sont néfastes pour moi. J'avais pourtant avisé tous ceux qui avaient accès à mon petit univers de ne jamais être négatifs et de ne jamais fournir d'angoisses à mon petit esquif. Sarah me l'avait bien dit. On se pense bien forte au départ, mais après 50, 55, 60 jours de solitude et d'efforts, si une pensée négative s'immisce, elle peut avoir des effets nuisibles sur notre humeur voire des conséquences dévastatrices sur notre état général. Toute seule dans les bras de l'océan, sans aucune balise pour contenir nos esprits, il est impératif de rester positif. Il va de soi de ne pas intervenir de la sorte directement avec moi.

En moi s'installent le doute et la peur. Mon routeur a beau me convaincre que tout rentrera dans l'ordre, et Hermel en rajoute, mais les dommages sont faits. L'insidieux courriel fait son œuvre et trompe mon esprit, malin.

Dans mes moments de solitude, je pars en trombe. Une foule de questions me montent à la tête. Maintenant, je doute sérieusement de me diriger trop au nord, je me questionne sur la latitude à ne pas dépasser, je me demande ce qu'il peut y avoir de si alarmant dans ces hauts parallèles, si vraiment ma sécurité est en jeu. Bientôt, des centaines de questions m'assaillent. J'ai même peine à me concentrer sur autre chose. Toutes ces interrogations m'inquiètent, mon esprit fabule et, bien que je tente d'y résister et de contrôler mes idées noires, j'en viens à douter de tout.

Je me sens fragile. J'ai peur d'avancer. Je deviens instable.

Je me sens soudain impuissante. Même si je voudrais descendre, je sais que c'est impossible puisque le vent refuse*. Je constate que je suis dans une impasse ridicule.

J'imagine la suite tragique et froide, sans aucun soutien adéquat dans les eaux boréales. Selon le courriel, il y aurait beaucoup moins de bateaux dans ces hauteurs incertaines pour venir me secourir si je ne pouvais plus revenir en arrière ou si j'en éprouvais le besoin.

Une alarme sonne en moi. Je suis dorénavant préoccupée, soucieuse. Seule dans mon esquif, l'anxiété me gagne et je m'emballe. J'ai maintenant l'impression que je n'ai plus de contrôle sur elle, ni sur moi. J'essaie de revenir au présent, je m'efforce de me contenir et de choisir mon attitude, la meilleure.

J'essaie de penser à autre chose. J'ai confiance en Michel. Ma route est belle. Je suis en sécurité, mais... je monte trop au nord.

Mon bateau va bien, je suis en santé, j'ai la chance d'avoir une équipe formidable qui veille sur moi. Michel me guide, mais... je monte trop au nord.

Je pense au présent, ici, maintenant, je n'ai pas de problème, tout va bien. Ce n'est qu'une prétention de connaître ce qu'il me faut faire. Mais... je monte trop au nord.

Michel a une expérience exceptionnelle, je sais qu'il me guide à partir de systèmes à la fine pointe de la technologie. Toute mon équipe veille et prévoit les coups longtemps d'avance. Je fais bonne route... au nord.

Ma route est incertaine. Mon équipe le sait et peut-être a-t-elle sonné l'alarme elle aussi avant que je reçoive ce courriel sans que le sache ?

J'appelle Michel, Hermel, Jean-Pierre... Je leur envoie un courriel. Hermel est fâché de sentir que des gens s'ingèrent jusque dans ma moindre position sur l'océan. Déjà que mon équipe compose avec bon nombre de gens anxieux sur la terre.

Tous les membres de mon équipe font converger mes appels vers Benoit. Pour me rassurer, la cellule de crise se réveille. Je parle avec lui. Benoit est ce type de personne qui peut tout désamorcer. Quelle que soit l'envergure du problème, il a cette capacité de tout modérer et une façon de poser sa voix, avec pour résultat qu'on ne peut faire autrement que d'écouter et de peser chacun de ses mots.

Son calme tempère mes craintes, neutralise mes frousses. Il me rassure et me ramène à l'essentiel. Il me mentionne qu'il assistera à la réunion de demain et qu'il interviendra par la suite auprès de tous ceux qui s'inquiètent. Il leur fera surtout comprendre que personne ne doit m'indisposer avec ses malaises et ses affolements. La décision initiale de ne rien laisser entrer de négatif dans mon habitacle refera surface dans les avis de Benoit. Il faut établir une forteresse autour de moi.

Benoit me répète ce que je sais déjà, mais l'entendre de sa bouche m'apaise.

Michel a tout ce qu'il faut pour me router, Hermel connaît et analyse les réactions de mon bateau à partir de nos échanges, ce à quoi personne d'autre n'a accès.

Le bateau est particulier, le sport est particulier, ma coque répond d'une façon unique à la pression des éléments, nous seuls avons les données qui nous permettent de juger le tout. De l'extérieur, c'est une idée bien préconçue de croire que l'on peut faire ou agir d'une manière ou d'une autre afin d'espérer atteindre un quelconque résultat.

À partir d'ici, je dirige tous nos échanges vers mon équipe au sol qui, dès lors, les intercepte.

Il est maintenant proscrit de m'écrire directement, sans passer par Benoit. Seulement quelques personnes bien avisées peuvent me contacter de façon directe. Nous avons déjà à gérer les conditions en mer, s'il faut que je me mette à gérer les tempêtes dans la tête des anxieux sur la terre ferme, je n'y arriverai jamais.

J'assiste enfin à la réunion que Jean-Pierre, notre modérateur, organise tous les samedis. Je suis rassurée de pouvoir y participer, car, la veille, j'ai été jusqu'à imaginer que mon équipe organisait mon rapatriement sans m'en parler. Je vais même jusqu'à leur poser la question directement durant la rencontre. Mon équipe me rassure, et toutes mes questions trouvent des réponses.

Une ligne de conduite rigide est adoptée. Elle protégera autant Hermel que moi. L'équipe prépare une formule pour expliquer aux inquiets que nous les remercions de leurs intentions à mon sujet, mais que nous savons ce que nous faisons, que leur intervention n'est pas aidante, que le temps passé à leur répondre est du temps qu'ils ne peuvent consacrer à bon escient.

Malheureusement, de mon côté aussi je dois adopter certains changements. Je constate que je suis maintenant plus fragile à l'influence des inquiets et épuisée de les rassurer. Après ce jour fatidique que nous baptiserons le vendredi noir, je fais le choix de mettre des gens de côté et de me cloîtrer davantage. Je diminue mon nombre d'appels. J'attends maintenant d'être dans une forme exemplaire pour effectuer ceux prévus aux propriétaires de canards et, dès l'instant où je me vois contrariée par qui que ce soit de l'extérieur et que je dois le rassurer, je refuse de continuer.

Les tempêtes ne sont pas seulement là où on les imagine, à travers les mers infinies agitées par la houle et les vents difficiles. Les perturbations ne sont pas qu'atmosphériques et peuvent aussi venir de la terre ferme. Dans un milieu aussi hostile que l'océan, il faut être aux aguets et rester fort envers et contre tout, contre tous.

Les tempêtes humaines sont sournoises, elles peuvent prendre naissance dans la tête d'un ami, d'un membre de l'équipe élargie et arriver dans mon habitacle.

C'est plus facile de faire face aux aléas de l'océan qu'aux idées noires de la terre. L'océan n'aura jamais de mauvaises intentions, il n'a pas d'*ego*. L'humain, oui. Et, il cherche à avoir raison, il revient parfois à la charge et s'acharne à avoir le dernier mot.

Dominique me rappelle que je dois me faire une carapace. Mon sport en est un de concentration. Je dois bien me focaliser sur mon objectif devant. Aujourd'hui, je me suis égarée légèrement au nord, au nord de ma meilleure attitude.

TEMPÊTE
HUMBERTO

VELCRO

13

SUR LE PARCOURS D'HUMBERTO

Velcro, un pétrel tempête, dort presque toujours dans mon cockpit. J'entends l'oiseau piauler à quelques pieds de la porte, il roucoule sans cesse. Je tente de continuer à dormir. Comme je sais que je vais ramer presque toute la journée dans l'énorme courant de travers où je suis, il faut que je récupère.

La première fois que Velcro a élu domicile dans mon cockpit, c'était il y a déjà longtemps. J'étais encore tout près des hauts-fonds. Je me souviens que j'ai failli marcher dessus. J'étais tellement contente de toucher un être vivant ! Je l'ai pris délicatement entre mes mains avant de le laisser s'envoler et retrouver le ciel. Depuis sa première visite, je l'ai baptisé ainsi puisqu'il revient toujours à moi. Un jour, je me suis prise à mon propre jeu quand je l'ai fait s'envoler, alors qu'il était encore mouillé. Trop lourd, il a planté à pic, dans l'eau. Un matin,

j'ai même trouvé deux oiseaux identiques dans mon seau rouge. J'ai été déconcertée de découvrir des oiseaux morts dans mon cockpit. J'ai accusé mon éolienne. Depuis, je l'appelle « *the killer* ». Elle a beau me donner de l'électricité, je ne vais pas cautionner tout ce qu'elle fait. Tous les jours, les pétrels tempêtes tournent autour de moi. Aussitôt que je fais jouer de la musique classique, c'est la folie. Ils sont tous là à faire de grands cercles autour de l'*Hermel*.

Les oiseaux me surprendront toujours. Il y a aussi cet oiseau blanc, avec les pattes cachées sous son plumage immaculé. On dirait un avion de ligne avec un train d'atterrissage rétractable. Il me survole constamment et, d'en dessous, il a l'air d'une grosse molaire avec des ailes. Depuis qu'il est entré en scène, après environ 60 jours, il se cogne toujours contre mes antennes. Et, de l'intérieur de ma cabine, j'entends souvent le son d'un ressort lorsqu'il se fracasse dessus. Je cherche à savoir de quelle antenne il s'agissait en simulant un oiseau qui s'y heurterait. Je sais maintenant laquelle : c'est celle qui est toute mince. Il peut bien ne pas la voir, c'est la petite antenne qui me permet de recevoir les données des autres navires. Un jour, alors que j'étais installée à mon poste de rame, j'aperçois un de mes trois oiseaux blancs se diriger rapidement vers mon antenne et en mordre l'extrémité, comme pour en arracher la petite capsule sur le bout. Pendant l'attaque, j'entends exactement le même son que celui que j'entends depuis des semaines de l'intérieur de ma cabine. Je viens de comprendre. « Inutile de jouer les innocents, je vous ai vus ! » À partir de ce moment, je leur donne tous le même nom, Dentine, autant pour leur forme que pour leurs morsures répétitives. Depuis le temps qu'on se côtoie, je ne les impressionne plus. Ils me survolent toujours plus et attaquent sournoisement ma pauvre antenne. Quand je ne suis pas sur le pont pour calmer leurs ardeurs, je les entends piauler et la picosser chacun leur tour. On dirait qu'ils s'encouragent mutuellement.

Depuis quelques jours, je me déplace vers l'est et un peu vers le sud. Je redescends enfin au sud du 48e parallèle. De quoi faire taire les plus inquiets devant leurs écrans. Depuis les hautes latitudes, ces trois dernières semaines, mon attitude la plus belle a repris du service. Je m'en tiens à mon équipe, à ma famille et à mes entrevues avec les médias. J'ai même peur de passer mes appels aux parents de canards. J'ai trop peur de ne pas savoir sur quelle question je vais tomber. Est-ce qu'on va me parler de la saison des ouragans et des dommages qu'ils font sur terre ? Avec la saison qui commence, je dois rester concentrée sur mes objectifs. J'attends que tout aille bien, que tout aille mieux.

Aujourd'hui, 78e jour, l'océan est de plus en plus grave en ces dernières heures d'été. Imprédictible, il est devenu ce personnage irascible que me promettait l'arrivée de l'automne. On peut présumer ses réactions et tenter de comprendre son comportement, mais il faut s'attendre à tout. Je ne dois jamais tenir pour acquis ses bontés et ses lancées généreuses de bon vent.

J'étais prête à recevoir la nouvelle depuis longtemps. Aujourd'hui, Michel me confirme le grand coup de vent. On savait qu'*Humberto* pouvait croiser ma route, mais personne ne connaissait encore où il allait frapper exactement. Pour l'instant, ma trajectoire est épargnée, mais ce qui s'en vient sur moi a la force d'une tempête et s'acoquine à l'ouragan. Michel me prévient des prochaines heures difficiles et de l'allure de l'ouragan.

C'est la première fois qu'il prononce le mot lui-même. Les autres fois, c'était moi qui le lui faisais dire pour m'assurer du classement du mauvais temps et pour déconstruire mes projections mentales afin de savoir si la saison des ouragans était arrivée.

Dans mes préparatifs, je fais le point avec Hermel et Jean-Pierre. Les deux la voyaient venir depuis longtemps, mais ils attendaient que l'information me parvienne de Michel lui-même.

Je leur cache difficilement mon excitation. J'ai peur d'entrevoir la suite, certes, mais j'ai aussi l'impression de me préparer à vivre un nouveau pan de mon aventure, une nouvelle ère, celle des tempêtes automnales.

Depuis 78 jours que je suis ici et mes journées de rame et de vents contraires se ressemblent. Elles sont devenues le commun de mon existence. J'ai besoin d'un peu de relief, et ce petit interlude à ma vie maintenant normale m'offrira tout un spectacle et des sensations fortes. Comme si l'attitude que j'avais choisie d'adopter me suivait jusqu'ici, dans l'annonce de ma pire tempête.

On annonce des vents de près de 45 nœuds sur ma position pour le 22 septembre. Ceux-ci souffleront depuis le nord-ouest et le nord-nord-ouest, à 327 degrés. Enfin, voilà un net avantage, mais les vagues ont prévu se gonfler à plus de sept mètres dans le plus fort du gros temps. C'est un scénario pour chavirer.

Mon équipe révise avec moi les prochaines étapes. Armée de mon calepin, je prends des notes. On repasse rigoureusement chaque point de la liste de choses à faire en cas de tempête. On décrypte les prévisions des prochaines heures et on choisit d'en tirer avantage au maximum. À l'aide des informations qu'ils me donnent, on discute de l'heure à laquelle je devrai enlever l'éolienne et du moment où, plus tard, je devrai tout attacher, y compris moi-même, dans ma couchette, mon casque sur la tête.

La réinstallation du traînard* arrière devrait avoir lieu avant midi. À tribord, selon Hermel, et avec des cônes au bout, selon moi. Un long cordage flottant d'environ 30 mètres laissé à la traîne derrière le bateau offre une résistance à son contact avec l'eau. Parfois, une bouée, une ancre flottante ou une ancre munie de plusieurs petits cônes de tissu installés à son extrémité permet une plus grande résistance encore, et une meilleure adhérence à l'eau. Dépendamment de la longueur des vagues, de leur direction et de la puissance du vent, on choisit différents modes d'installation que j'ai eu le loisir de tester régulièrement au cours des deux derniers mois. Le long traînard pourra aussi ralentir ma progression qui risque de devenir dangereuse si elle est trop importante. En dévalant les vagues, il me faut, *a priori*, rester en contact avec l'eau et permettre une certaine résistance au bateau pour l'empêcher de sancir* ou de culbuter.

Les vagues attendues du nord pourraient me faire avancer, mais surtout me nuire. Mon traînard deviendra aussi un immense gouvernail pour mon bateau. Je resterai donc plus ou moins perpendiculaire aux vagues, plus précisément à 45 degrés. Elles se gorgeront derrière mon dos, j'avancerai très peu vers l'est, mais tranquillement vers le sud. Après l'installation de mon stratagème, j'irai enlever l'éolienne.

J'installe alors mon ancre munie de plusieurs cônes à l'extrémité de ma ligne orange à bâbord. Je fais un nœud résistant et, tranquillement,

je laisse filer mon appareillage* sous l'eau. Je dépose d'abord les cônes qui reculent et qui déjà se gorgent d'eau, puis ma longue corde orange glisse derrière pour disparaître dans les vagues qui grossissent derrière.

Même si je résiste à l'envie d'avancer, ma vitesse semble belle : deux nœuds six. Je me console en me disant que j'ai déjà travaillé très fort contre des vagues pour bien moins qu'une donnée pareille. C'est que les vagues sont immenses ; elles doivent déjà atteindre quatre mètres. Éloignées l'une de l'autre, elles sont moins menaçantes, mais, à cette hauteur, elles m'intimident toujours un peu.

Je m'affaire à enlever l'éolienne. Les outils dans la poche avant de ma salopette, les mains libres, je retire le mât du bruno* et le pose sur son socle. Maintenant sous mon aisselle, mon mât restera immobile pendant la manœuvre. J'ai maintenant l'éolienne et la mer devant, l'avant de l'*Hermel* dans mon dos. Minutieusement, j'use de mes petites clés anglaises de différentes tailles, que je redépose précautionneusement dans ma poche avant entre chaque utilisation. Chaque vis ainsi ôtée retrouve le même endroit. J'enlève les pales une à une et je les range ensuite dans un filet sur le pont à bâbord.

Entre chacun de mes gestes, lentement dirigés et bien mesurés, je regarde le vent qui frise la surface de l'eau, j'observe la mer et j'essaie d'anticiper ses rudesses. La mer est grosse et se transforme assez rapidement. Entre chaque coup d'œil sur elle, au fil de ma besogne, je la vois se métamorphoser sous mes yeux. On dirait qu'elle me fait signe d'aller plus vite et de rentrer. Je sens que je dois être rapide, la mer se choque presque sous mes yeux. Entre ses assauts, je m'agrippe en faisant attention de ne pas faire tomber l'éolienne. J'utilise ma seconde ligne de vie pour elle. Attachée par la queue, je ne pourrais pas la perdre advenant une vilaine vague qui emplirait le pont ou qui nous malmènerait. J'utilise mon adhésif gris indispensable pour boucher le haut du mât que rapidement je relève au ciel et que je coince dans la sauterelle* pour l'immobiliser dans le bruno. Je me dépêche et me concentre sur chacun de mes gestes. J'ouvre ma portière et y glisse au plus vite mon éolienne et ses pales, je libère ma ligne de vie de sa queue. Je me glisse dans la portière et me déshabille à la vitesse de l'éclair.

Après notre réunion météo, j'ai pris soin de préparer un endroit pour ranger l'éolienne et pour l'empêcher de bouger : elle sera sous mon lit. Tout près de ma batterie de réserve, elle trouve une place, propre et toute sèche.

Je dois maintenant remettre mon ciré humide et regagner le pont afin de m'assurer de parer l'*Hermel* à la tempête. En revenant vers l'issue centrale, ligne de vie attachée, les deux mains sur les poignées, j'essaie de suivre mon instinct afin d'ouvrir la porte au bon moment. En suivant attentivement le rythme des vagues qui frappent ma coque, je choisis le meilleur moment pour sortir selon ce que je distingue depuis l'intérieur du sas*. J'ouvre la porte rapidement et je me faufile à l'extérieur.

Étrangement, je ne reconnais pas l'endroit, comme si je venais d'atterrir dans une autre contrée. En à peine 10 minutes, la mer a changé. Les vagues sont toujours bien alignées les unes derrière les autres, mais elles se chevauchent maintenant et dessinent des lignes blanches et irrégulières à l'aspect menaçant. Diaprée, l'eau devient gris clair et vert sombre avant de redevenir bleu marine foncé, presque noir. Un aspect marbré apparaît entre la base et la crête de la houle immense qui déferle maintenant en une cacophonie de perpétuels rugissements.

Le bateau a bonne mine, il tient la route. La mer avance, et les vagues arrivent à bâbord arrière. Je m'affaire à réunir toutes mes garcettes* pour finir d'attacher mes rames solidement sur le pont. Je range le moindre truc qui embarrasse le cockpit. Je prends quelques secondes pour abaisser mon antenne radio et la lie aux rames et au garde-fou avec une autre garcette. Je resserre l'attache du siège à coulisse, j'enferme son coussin dans la cabine avant. Maintenant que rien n'est à la traîne, je pénètre un peu dans l'habitacle avant pour voir si tout est maintenu au sol et bien attaché. Je me sens intimidée par la mer que je regarde toujours du coin de l'œil.

Je dégage mon radeau de survie et je vérifie que sa poignée est toujours disponible. Je fais l'exercice de fermer mes yeux et de retenir mon souffle, en imaginant ma tête complètement submergée, secouée dans les pires secousses. De ma main gauche, j'ouvre la portière en me retenant de la main droite, et j'atteins la poignée du radeau que je détache pour feindre de le libérer ensuite. Je fais les gestes suivants dans ma tête ; j'imagine pousser le radeau à l'extérieur, agripper mon sac de survie et l'enfiler sur mes épaules. J'imagine mon radeau de survie se gonfler pour que je puisse y monter. Je répète plusieurs fois mon petit manège pour m'assurer de bien connaître chacune des étapes au cas où je devrais quitter mon *Hermel*. Pendant que je m'entraîne à mes mesures d'urgence, la mer gronde derrière moi. Pour ne lui laisser aucune chance et surtout pour avoir foi dans mes gestes, je refais ma manœuvre complète une dernière fois. Je commence à devenir nerveuse et maladroite.

Je me relève et fais face à la mer. Je suis prête pour la tempête. En observant le ciel, je me sens minuscule devant les immenses formations nuageuses qui se lèvent à l'ouest. J'ai l'impression que mon esquif et moi sommes bien ridicules et sans défense avec nos petits équipements dérisoires. Devant la colère de l'océan, au milieu de cet univers hostile, je comprends mon insignifiance. Infiniment petite, impuissante. Rien ici ne ressemble à ce que je connaissais de la mer jusqu'à maintenant.

Jeune cavalière sur mon vieux cheval, je parle à ma monture. Je raconte à mon *Hermel* que je crois en lui et que je sais qu'il ne nous arrivera rien de mal. Tout sera parfait, nous allons passer à travers cette première tempête haut la main. Je dois lâcher prise, je choisis de faire confiance à mon bateau et de lui laisser faire ses preuves. Solide, il a été conçu et dessiné pour traverser la mer et pour pouvoir accueillir une pression énorme sur sa coque. En lui parlant, je me convaincs moi-même que tout ira bien.

Maintenant que l'heure a sonné, il est temps de me cloîtrer à l'intérieur.

Je regagne le ventre de l'*Hermel* avec prudence, non sans jamais quitter la mer des yeux. À l'intérieur, je me dépêche de tout ranger. N'importe quel objet retrouve à sa place, en sécurité. Rien n'est laissé libre, tout est dans un réceptacle ou un sac et ensuite dans un panier. Je prends quelques sacs de nourriture, un livre, de l'eau, et je range mon téléphone satellite près de mon oreiller. Je retrouve ma bannette* et mon casque, et je me love dans mon sac de couchage humide. Après quoi je referme les sangles aux fermetures rigides, une sur mes genoux, la deuxième sur mes hanches et la troisième à ma poitrine.

Tout cela dans un vacarme infernal et dans des gestes maladroits causés par les soubresauts menaçants qui agitent mon petit habitacle.

À partir de maintenant, il ne me reste qu'à attendre. J'établis les règles : interdiction formelle de me poser des questions à savoir si j'ai pris les bonnes décisions. Toute forme d'anticipation négative est proscrite. On laisse dehors les « et si, et si... ».

Les seules choses que je m'autorise à faire sont des répétitions mentales et des révisions de procédure. Aux questions « quoi faire si un feu se déclare, si le bateau prend l'eau, si la foudre tombe tout près ou sur moi ? », je réponds par les mesures d'urgence que je répète mentalement. C'est une question d'attitude.

Je ne peux plus rien changer, je dois me résigner à être là à attendre que la mer se calme et qu'elle me laisse passer. J'accepte maintenant de ne plus rien contrôler. Les jeux sont faits, j'ai joué toutes mes cartes, et c'étaient les meilleures que j'avais entre les mains. Ne reste qu'à attendre la fin de la partie.

J'appelle mon équipe et lui donne un compte rendu de la situation. Hermel et Jean-Pierre me disent qu'ils sont fiers. Michel surveille la météo, Dominique et Julie me changent les idées. Je m'enferme ensuite dans la solitude des lieux. J'entends gronder la mer à l'extérieur et je l'imagine gonflée à bloc, résistante et solide, prête à bondir sur nous. Je pense à tous les marins dans la même situation que moi. J'ai l'impression d'être moins seule. Nous sommes unis par l'eau, et je suis certaine que quelqu'un, quelque part, a beaucoup plus peur que moi.

Durant des heures, j'attends et je somnole dans la nuit. Bien attachée à mon lit, j'entends le bateau travailler, le traînard frapper la coque et le gouvernail rouspéter sous la pression. Les sons ambiants deviennent rassurants. Je sens le bateau se coucher sur tribord à quelques reprises et la coque grincer sous le poids d'importantes masses d'eau qui frappent son flanc. Je perçois la moindre vague qui emplit le pont. Je m'abandonne dans les bras de mon esquif et je fais un avec sa coquille. En fermant les yeux, je distingue chaque son et j'interprète chaque sensation nouvelle.

Je replonge dans un demi-sommeil.

Ce matin même, Michel a offert une entrevue pour faire le point sur ma situation. Contre toute attente, ce n'est pas *Humberto* lui-même qui me frappe, mais une quelconque dépression transformée en tempête, qui va essuyer la queue de l'ouragan. *Humberto* se dissipe et perd en force ; une autre dépression l'essouffle et s'abat sur moi.

Ça fait bientôt 18 heures que je suis attachée. Je dévore mon livre *C'était au temps des mammouths laineux* ; au moins, il me fait décrocher de l'endroit où je me trouve. Serge Bouchard a le don de tout faire oublier autour. J'imagine même sa voix apaisante et grave dans mes oreilles pour étouffer celle de l'océan. Étrangement, j'arrive à un chapitre où il grogne en parlant de ces sportifs extrêmes qui cherchent encore à réaliser des prouesses inédites. Probablement d'autres comme moi.

Il est à peine 5 heures. Le soleil se cache probablement encore derrière la courbe de la terre, c'est à peine un peu clair à l'extérieur. Aujourd'hui, on m'annonce des rafales à 45 nœuds et une vague rigide du nord, à 6,5 mètres, allongée toutes les 10 secondes. À l'aube, une accalmie se dessine. Effectivement, je sens les impacts beaucoup moins importants sur la coque du bateau. Ça pourrait me permettre de me dégourdir un peu parce que je m'ankylose sous les attaches de ma bannette. J'entrouvre la petite trappe de ventilation de mon plafonnier, je respire mieux, enfin. Par le hublot arrière, j'observe le gris foncé du ciel, je devine l'absence des oiseaux. Je me demande où ils vont dans de pareilles conditions.

Je remets en place mon brûleur dans son cardan. Il est devant moi, bien accroché au tableau extérieur, en bas de la portière. Pour m'éviter des brûlures, je prends soin de faire bouillir de l'eau en refermant ma jolie portière coupe-feu entre le réchaud et moi. L'homme aux yeux pleins d'étoiles a tellement travaillé sur cette portière. Je me rappelle les heures de travail qu'il y a consacrées. J'y pense chaque fois que je regarde par ce hublot. Rapidement, je glisse un sachet de chocolat chaud double crème dans mon thermos et y ajoute de l'eau chaude. Je range le tout, question de ne pas exagérer trop longtemps. Dans ces conditions, je ne mange presque jamais, mais je grignote et je bois.

Je me taille une place dans mon sas de façon à être près de ma portière et à pouvoir regarder à l'extérieur par la fenêtre. Je suis confortable, enfin. C'est le seul endroit du bateau où il est possible d'avoir les pieds plus bas que les genoux, et les genoux plus bas que les bras. En terminant un chapitre, je sirote mon chocolat. Je devrais en avoir encore pour quelques minutes avant d'appeler Michel et lui donner un compte rendu de ma nuit. Durant la nuit, les vagues ont été telles que j'ai souvent senti à bâbord un impact qui s'apparentait à celui d'un accident d'auto. Je suis certaine que j'aurai des bleus d'avoir été molestée trop longtemps.

Dans un fracas immense, bizarrement, je sens un caoutchouc sur ma joue et je réalise que c'est la semelle de mes bottes. Ensuite, les boutons de mon GPS sur ma nuque, dans mon cou... J'essaie de voir quelque chose, je ne comprends plus rien. Je vois le plafond trop près de mon nez, ma tête est lourde et ne semble plus au-dessus de mes épaules. Mes pieds s'entremêlent dans le filet qui fait office de dépense au mur de bâbord et j'ai peine à m'en dégager. Il fait noir et je ne reconnais plus l'intérieur de mon sas. Tout à coup, j'aperçois mon panneau électrique à tribord, confirmation que je suis à l'envers.

Premier réflexe : trouver un endroit plus sécuritaire et sortir de mon sas. Au moment où je passe le col de ma porte qui sépare ma chambrette du sas, je ressens une brûlure intense sur les côtes de mon flanc gauche, et une secousse me projette sur le panneau électrique et ensuite sur ma couchette. Je sens que j'ai du mal à respirer.

Mon lit est humide et baigne dans l'eau salée. Je constate les dégâts rapidement. Je pense tout de suite à l'électricité, je vérifie les composantes, si tout est sec et en bon état. Je pense tout de suite à mon livre et à ma tasse thermos que je récupère facilement. Mon cœur bat soudainement à tout rompre, comme à retardement.

Nul besoin de chercher d'où provient l'eau, je sais très bien que c'est la conséquence d'avoir voulu aérer ma cabine avec mon petit ventilateur situé sur mon plafonnier. Une bonne quantité ruisselle maintenant entre mes coussins, en dessous de mon matelas, dans les sacoches de rangement de chaque côté de ma chambre.

Rapidement, je retrouve mon iPhone qui était sur son chargeur. Il a été catapulté sur le mur et, malheureusement, de l'eau est entrée par la trappe qui laisse passer le fil pour le recharger. Je suis certaine qu'il ne fonctionnera plus. Je crois qu'il n'y a rien à faire.

J'ai tout de suite le réflexe de contacter Hermel. Je sais qu'il ne dort que d'une oreille. Comme j'ai tout prévu pour que la carène* voie le ciel et fasse une culbute complète, je ne suis pas aussi inquiète pour mon bateau que sous le choc d'avoir chaviré une première fois. On dirait que j'ai besoin de rassurer quelqu'un. Ça ne peut être qu'Hermel. Je lui explique comment le tout s'est produit et ce qu'il me reste à faire comme procédures. De sa petite voix endormie, il me dit qu'il est fier de son bateau et de sa capitaine. De sa curiosité insatiable, il me pose une multitude de questions. On raccroche, le sourire aux lèvres. Je fais un bref tour de mon embarcation avec ma lampe. J'inspecte le pont extérieur à la recherche d'indices pour savoir si un bris quelconque a eu lieu. Je ne vois que de l'eau sur le pont, mon haut-parleur côté tribord a l'air complètement défoncé, la pelle d'une rame semble pendre à la mer, comme prête à tomber. Commence ensuite mon ménage.

Quel bordel! Il y a de l'eau partout. Je prends mon seau rouge, je l'emplis et le vide rapidement sur le pont. Chaque fois que j'ouvre la portière extérieure, je ferme la porte coupe-feu derrière moi et je m'attache bien à l'intérieur, au cas où je chavirerais au même moment.

Mon petit manège dure quelques longs moments avant que je puisse dresser un premier bilan des dégâts.

La pelle d'une rame est brisée, mes côtes sont endolories à gauche et, comme je n'ai plus la donnée de vent, mon anémomètre doit être abîmé à l'extérieur. À part mon iPhone qui a pris l'eau et mon livre préféré qui a avalé une bonne partie de mon chocolat chaud, je devrais m'en sortir.

Une fois l'intérieur bien sec, j'appelle Michel, question de lui faire un bilan complet de la situation. C'est impossible pour moi d'ouvrir la porte et de sortir sur le pont pour vérifier que mon traînard est toujours en place et surtout pour voir si l'ancre tient toujours au bout. C'est beaucoup trop dangereux. Michel avisera le reste de l'équipe selon le plan de match établi. Au matin, après avoir parlé à ma sœur Evelyne, j'appellerai mes parents moi-même pour éviter que papa s'étouffe avec son café en apprenant la chose au bulletin de nouvelles du matin.

L'océan se gonfle à nouveau. Je le sens frémir à bâbord et je suis de plus en plus frappée par ses contrecoups. Il n'y a rien à faire, sauf lire. Il m'arrive souvent de devoir lire deux fois la même ligne, mais ça va. J'ai habitué mes yeux à se promener entre les lignes et les paragraphes selon la cadence à laquelle la mer se jette sur nous. C'est toujours à la fin du son lourd qu'arrive le grand coup, tout de suite après que j'ai entendu la mer frétiller sous la carène et partout autour. Le tempo change rarement, le rythme reste sensiblement le même. Il fait même office de réconfort.

Dans mes réflexions de fin de soirée, je repense à mon deuxième chavirage. Je l'ai senti venir, celui-là, mais trop tard pour rejoindre ma couchette et m'attacher. Je revenais des toilettes et j'étais tellement heureuse d'avoir terminé. Je l'ai échappé belle. Plus calme que le premier, il m'a quand même plaquée sur le mur et ensuite au plafond. Juste après, j'ai retrouvé un de mes deux Iridium abîmé. Même s'il était bien rangé dans une sacoche, il en est sorti et a percuté le muret opposé.

Heureusement, mon casque a encore fait son travail durant ce second chavirage.

Je pense à maman qui me l'a offert. Je l'appelle, il est encore plus tôt à Montréal-Nord. Quand je l'ai au bout du combiné, c'est exactement comme je l'avais imaginé. Elle me demande si j'avais mon casque et s'il m'a protégé la tête. La voilà toute fière que le casque qu'elle m'a offert ait servi à quelque chose. Maman prend souvent les évènements comme ça, du bon côté. Elle prend à la légère les choses qu'elle ne peut contrôler et elle se focalise sur ce qui va bien. Sa réaction me surprend tout de même. Au départ, elle était tellement énervée de savoir que je pourrais chavirer en mer et maintenant elle parle déjà d'autre chose. C'est peut-être sa façon de ne pas nourrir inutilement son imagination : en savoir le moins possible en évitant les détails.

Elle est si charmante, ma maman. En lui parlant ce soir, je m'ennuie d'elle.

Maintenant, elle m'avise le plus sérieusement du monde de ne pas le lui demander... Lui demander quoi ? « Ne me demande pas un *lift*, là, je ne viens pas te chercher », qu'elle me répond de son célèbre ton pince-sans-rire.

En parlant avec elle, je suis rassurée de savoir que, dans la maison de mon enfance, rien n'a changé. Maman est fidèle à elle-même et j'entends même papa derrière elle lui marmonner des trucs à me répéter. La maison semble bercer dans la même énergie que d'habitude. Je lui demande quel temps il fait chez elle. Maman me parle de ses amis et de ses activités ; papa, de son dernier voyage de pêche, de son bateau à vendre et de sa santé. Il me répète qu'il a encore entendu parler de moi aux nouvelles et qu'il me trouve tenace, très tenace. Il me raconte qu'un membre du gym qu'il fréquente l'a arrêté dans le stationnement pour le féliciter, sans doute à cause de l'autocollant à mon effigie, qu'il arbore fièrement dans la vitre arrière de son véhicule. Je souris.

Je les retiens au téléphone jusqu'à les épuiser de tous nos sujets de conversation. Je les embrasse très fort et ils me souhaitent bonne nuit.

Je m'endors ce soir-là un peu plus solide que la veille, en imaginant papa dans le salon, et maman à ses affaires. Je m'accroche aux choses que mes parents m'ont racontées comme si c'est tout ce qu'il y avait d'important. Pour eux, c'est devenu normal que je sois encore à plusieurs milles nautiques, partie. Depuis quatre ans que je pars chaque année, chaque fois ils gagnent en confiance. Ils ont le sentiment que je fais bien mon boulot, que je mène ma vie. Ils l'acceptent et m'encouragent maintenant sur cette voie.

Je pense à mes parents, à comment j'ai grandi, aux lieux de ma jeunesse avec eux. Je me remémore ces souvenirs impérissables, ceux des lieux que l'on a fréquentés et qui n'existent peut-être plus. Dans la tempête et dans la vie, je sais que rien n'est immuable, il n'y a que le changement qui demeure. Rien n'est statique et tout se métamorphose, mais, dans la maison de mon enfance, c'est comme si le temps s'était arrêté.

Queen Mary 2
Captain

...E THE PROVISIONS CUNARD 26ᵗʰ Sept 2013
...UIPMENT ARE USEFUL.

ALL HOPE YOU HAVE
40 SAFE ONWARD PASSAGE

Best Wishes

Bon Voyage
From All onboard
Queen Mary 2

MYLENE PAQUETTE
ATLANTIC OCEAN
Position Lᵧ 46° 45' N
Lo 34° 49' W

QUEEN MARY 2
CUNARD

Queen Mary 2
OFFICIAL No. 901558
IMO No. 9241061
GRT: 148528
NRT: 96720
CALL SIGN: ZCEF6
REGISTRY: Hamilton, Bermuda.

CAPTAIN QUEEN MARY 2

14

LA GRANDE DAME
DE L'OCÉAN

Chaque fois que j'ouvre les yeux pour sortir du sommeil, je cherche à connaître ma position. Si j'ai dormi trop longtemps, je m'élance d'urgence vers l'écran de mon appareil pour voir si j'ai dérivé et surtout dans quelle direction. Très rarement, j'ai des surprises. Avec les prévisions de Michel et les tactiques que l'on déploie pour que je puisse trouver le sommeil, j'ai confiance en mes nuits. Depuis peu, j'arrive à limiter mon retour vers l'ouest et j'avance vers l'Europe. Il y a longtemps que je n'ai pas mis l'ancre parachute que je déployais souvent quand le vent refusait*.

Après m'être assurée de ma position et après avoir jeté un œil au baromètre, j'agrippe mon Iridium pour lire les derniers messages textes reçus. Ce matin, c'est la même chose que d'habitude : les premiers messages sont ceux de Michel, ils sont une suite de mots clairs expliquant la journée à venir, les tendances, les valeurs de vents, mes prochains points de passage et les changements par rapport à la veille. Les messages suivants, ceux d'Hermel, sont une suite de chiffres et de lettres capitales ou minuscules, intercalés de barres obliques et de points-virgules. Une vraie poésie de messages encodés, réservée aux initiés. Bien que les deux passionnés me répètent les mêmes informations, le second vient renforcer le message du premier.

La missive truffée de codes devient limpide à mes yeux aussitôt qu'elle est transcrite dans mon petit carnet à l'épreuve de l'eau. En 164 caractères, j'obtiens les conditions précises des 24 prochaines heures, par tranche de trois. Les deux premiers chiffres qui précèdent le U indiquent l'heure universelle, on distingue ensuite le degré de provenance du vent, sa force et ses rafales, s'il y a lieu. Les nombres qui suivent m'indiquent la provenance des vagues et leur hauteur. L'histoire finit par un grand S pour m'indiquer le nombre de secondes entre les vagues. Si la hauteur des vagues ne me fait plus peur depuis longtemps, la distance entre elles, oui. Si je n'ai pas de la chance, toutes les six heures, je prends en note la donnée du courant contraire qui me fera reculer. J'ai les prévisions du jour à partir de 6 h UTC, heure à laquelle j'ouvre normalement les yeux.

J'assimile les informations avant d'appeler Michel. Si je comprends bien, il y aura une petite accalmie jeudi seulement pour me permettre de peut-être ramer juste avant la prochaine tempête prévue vendredi.

Michel corrobore le tout au téléphone. Plus de chavirage possible avant vendredi. Je prévois la soirée de mercredi et la matinée de jeudi pour réparer les bris et ramer ensuite.

J'agrippe mon iPad, où arrivent les messages transmis par mon système de positionnement. Ce dernier me permet de répondre aux messages rapidement et ainsi de clavarder généreusement avec mon équipe ou mes amis durant les tempêtes. Étrangement, je ne trouve plus l'application liée à mon système. Je cherche la petite icône bleue. Rien sur l'écran d'accueil. Je fouille chacune de mes pages d'application, sans aucun résultat. Je retourne dans mes paramètres et cherche le logo de l'application à travers les icônes ; rien non plus. C'est comme si l'application n'avait jamais existé. Je fais une recherche avec le nom de l'application, rien ; celui du programme non plus. Je fouille ensuite par mots clés ; encore une fois, rien. J'éteins, je rallume, je recommence le manège. Tout a disparu. Je n'en reviens tout simplement pas. L'application s'est effacée d'elle-même, comme ça ! Elle s'est autodétruite.

Frustrée, je m'exaspère, je cherche à comprendre.

Quand le soleil se lève sur Detroit, je téléphone à Jean-Pierre. Il est inquiet. Il fera des recherches sur différents forums pour savoir si je peux faire une mise à jour de mon système d'une manière quelconque, mais sans connexion Internet, bien sûr. Sinon il verra si on peut me transférer l'application par courriel pour me permettre de la télécharger à nouveau. Cela risque toutefois d'être un tour de force, car les deux systèmes ne sont pas compatibles. L'informaticien qu'il est devrait pouvoir trouver quelque chose à faire avec ça.

Avant de raccrocher, Jean-Pierre me dit qu'il avisera l'équipe que ma dernière option pour communiquer est mon ultime téléphone satellite, le tout neuf, celui hors de prix.

Après lui avoir parlé, je commence à avoir peur. De tout ce que j'avais imaginé rencontrer comme problème, perdre mes communications était ce que je redoutais le plus. Dans tous les scénarios envisagés, je n'ai jamais imaginé qu'une application pourrait disparaître d'elle-même. Jamais.

Des quatre appareils qui me permettent de communiquer, il ne m'en reste qu'un seul. J'appelle maintenant Hermel pour lui indiquer que réparer mon Iridium brisé est au sommet de la liste de nos priorités, sécurité oblige. Je me sens soudainement bien dépendante de mon dernier outil de communication. Cette information doit demeurer à l'interne, il ne faut surtout pas que ma mère ni mon père soient au courant. Pas tout de suite en tout cas.

J'anticipe maintenant d'être coupée de toute communication. Je frissonne en pensant que je pourrais ne plus avoir mes données météo et ne plus savoir quelles tempêtes viendront s'abattre sur moi. Sans savoir où je me situe dans les dépressions, comment pourrais-je déployer une tactique pour me placer au sud des anticyclones et profiter des vagues pour avancer dans la bonne direction ?

Je suis saisie d'une angoisse nouvelle. Ma pire crainte, celle d'être coupée du monde, me laisse envisager le pire. Plus aucune possibilité de parler à mes médecins Sylvain ou Christiane, si je devais être malade ou blessée. Question météo : plus de tactiques, plus d'avis de vent violent, plus de données sur les vagues et les courants, ni de prochains points de passage. Et pour le bateau maintenant : plus de soutien technique pour effectuer différentes réparations, advenant un problème que je ne pourrais pas résoudre seule. Plus de communications avec Dominique.

Si mon dernier téléphone satellite se brise, je suis fichue. Je réalise que je suis à un poil de perdre ce qui m'est le plus cher pour réussir : mon équipe. Si je perds mon dernier téléphone satellite, je serai vraiment seule.

En tenant très fort entre mes mains mon unique lien avec la terre, je constate à quel point il m'est précieux. Comme une ligne de vie qui me relie à la terre, c'est ma seule connexion à l'équipe.

Mon équipe serait dorénavant seule pour décider, sans ma confirmation, si le déploiement des mesures d'urgence est de mise ou non. S'ils croient le moindrement à l'arrivée d'une tempête vers laquelle je me dirigerais, que ma sécurité est menacée, je pourrais apercevoir des aéronefs ou des paquebots venir me chercher !

J'essaie de me raisonner. « OK, ce ne sont que des spéculations, Mylène, ressaisis-toi. »

Tout va bien. Pour le moment, dans l'instant présent, ici et maintenant, il n'y a rien de grave, qu'un téléphone à réparer. C'est tout.

Je peux toujours avoir l'équipe au bout du fil avec celui qu'il me reste. Hermel va trouver une solution, il s'agit peut-être même d'un bris bien commun à ces appareils. Je sais qu'il ne faut pas improviser une réparation et risquer de briser quelque chose en l'ouvrant dans les conditions actuelles. Il faut que j'attende sagement le résultat des recherches d'Hermel et ensuite, quand la météo le permettra, j'irai chercher mes petits tournevis et mon fer à souder. Ça ne me donne rien d'envisager le pire tout de suite.

Je me calme avant d'appeler Rimouski. Avec le plus de précisions possible, j'explique à Hermel dans quel état se trouve mon téléphone. Je propose d'envoyer une photo le plus vite possible. Si ça peut finir par se calmer, avec un peu de chance, je pourrai ouvrir le téléphone et faire des photos de l'intérieur.

Enfin, ce matin, à la lumière du jour, c'est l'heure des constats. Je dois sortir sur le pont et vérifier l'état de mon matériel, inspecter mon navire et faire le bilan des bris. Même si Michel me dit qu'il n'y a aucune chance de capoter dans ces conditions, j'appréhende ma rencontre avec la mer qui m'a tant malmenée ces derniers jours.

J'enfile ma salopette pleine de sel et mon ciré humide. Je dois même en extraire une importante quantité d'eau qui y est probablement entrée lors du second chavirage. La deuxième fois où le *Hermel* a culbuté, ça a été au tour de mon sas de se remplir d'eau de mer. Juste avant, j'ai ouvert la seconde trappe de ventilation pour m'assurer, encore une fois, de pouvoir respirer un peu. Au moins 10 litres d'eau ont empli mon sas, que j'ai dû tout vider par la suite. Maintenant, mes bottes sont pleines d'eau sale. Tant pis, cette fois-ci, comme pour me rappeler l'époque des hauts-fonds et des petits courants chauds, je sors pieds nus. J'enfile mon harnais et j'y coince le mousqueton* de ma ligne de vie après l'avoir attachée sur le pont.

Je bondis à l'extérieur avec la ferme intention de ne pas me laisser intimider par la mer. Au moment où mes pieds touchent la passerelle, je ne peux m'empêcher d'imaginer l'*Hermel* immergé, à l'envers de surcroît. Simplement d'y penser me donne le vertige, et mes oreilles bourdonnent quand j'imagine la quantité d'eau qui a empli le cockpit. Pauvre petit bateau, sa carène a vu le ciel, et le pont, le dessous de l'océan.

Je vois rapidement que tout a été malmené. Avec la quantité d'eau qui s'est jetée sur la passerelle avec insistance, la peinture s'écaille sous la plante de mes pieds. Mon bateau me semble un piteux personnage, fatigué, vieilli et usé. Je me sens coupable de lui imposer autant de sévices. Je lui parle doucement, comme un cavalier parlerait à son vieux cheval anxieux. Je lui promets de nous emmener à bon port, au bon endroit. Je lui promets de ne pas nous séparer et de rester ensemble, je lui fais miroiter une retraite bien méritée.

J'entends le bruit de vagues énormes dans le dos d'*Hermel*. Je résiste à leur faire face. J'écoute le son qu'elles produisent en se fracassant sur la poupe et c'est bien assez. Même si elles sont immenses, elles sont longues et bien espacées. Nulle possibilité de chavirer dans ces conditions. Avec une misère noire à marcher à cause des conditions, mais surtout à cause des quatre derniers jours où je suis restée attachée, je regarde la mer sans trop oser lever les yeux sur elle. Tranquillement, je l'apprivoise du regard, comme pour ne pas m'effaroucher moi-même. Elle est jolie. La mer a des airs fatigués. Je la reconnais à peine. Grise et marbrée, elle a l'air affaibli de son dernier combat. Lorsque je suis à la cime des vagues les plus grandes apparaît devant moi un monde infini de vagues toutes bien alignées, sages et civilisées, droites et identiques. La mer se laboure et semble vouloir en finir avec cette énorme chicane avec le vent.

À démystifier ses allures et à me laisser toucher par sa personnalité, je prétends mieux la connaître. Je l'apprivoise tranquillement.

Depuis que le temps s'est calmé, je peux vérifier l'ancre installée au bout de mon traînard. J'ai un mauvais pressentiment en pensant à mon installation. Je l'extrais lentement de l'eau pour m'apercevoir rapidement de ma facilité à la tirer vers le bateau. Sa perte m'apparaît vite évidente. Je retire complètement mon traînard de l'eau pour constater que, malgré le nœud toujours bien fait à son extrémité, il est vide de tout cône et d'ancre flottante. Triste, je trouverai un autre artifice à mettre à son bout. J'ai différentes formes d'ancres flottantes. Il me suffit de tester la bonne, celle qui ne résiste pas trop ou, au contraire, pas assez.

Rapidement, je réalise qu'une de mes rames de carbone est fissurée sur la longueur. Mon anémomètre est juste déconnecté. Je suis soulagée de savoir que j'aurai encore mes données de vent. Je vérifie chacune des antennes. Elles me semblent toutes être en bon état. Quant à lui, mon haut-parleur de bâbord a disparu. De toute façon, c'était celui qui grésillait constamment à travers ma musique. Quand je pense à la musique, je m'ennuie de ramer au soleil avec les oiseaux au son du classique.

C'est encore difficile de rester à l'extérieur dans ces énormes vagues. Je rentre, je dresse la liste des choses à réparer et des outils nécessaires. Je passe la journée à l'abri en vérifiant toujours que la mer pourra enfin se calmer et me permettre de passer à l'action.

Le son aigu du téléphone satellite retentit et me fait sursauter.

Je réponds. C'est le CROSS*. J'entends de très loin l'officier se nommer et me demander si tout va bien.

Mon cœur flanche ! Je demande tout de suite à mon interlocuteur si ma balise de détresse* a été déclenchée. Il ne me répond pas, mais me répète de lui confirmer que je n'ai pas besoin d'assistance. Avec ma plus belle imitation de l'accent français pour camoufler mes expressions québécoises et m'assurer qu'il me comprend à 100 %, j'utilise que des mots positifs qui ne peuvent pas porter à confusion.

« Je suis bien, heu-reu-se, satis-fai-te, je bai-gne dans le bon-heur. Mer-ci à vous ! Tout va bien ! »

Un son lourd se fait entendre et vient gêner notre conversation, comme si mon interlocuteur était à bord d'un avion. Je le somme de me confirmer qu'ils ne sont pas déjà à ma recherche. Il me repose encore les mêmes questions. Non, mais, je rêve ! C'est moi qui suis inquiète, pas lui. Il m'explique qu'une demande d'assistance aurait été enregistrée.

« Ce n'est pas moi, vous vous trompez. Merci, caporal ! Merci, au revoir ! Tout va bien ! Pas besoin. »

Je raccroche après avoir discuté de nombreuses minutes avec lui. Mon cœur bat la chamade à l'idée que j'ai évité une visite impromptue au-dessus de ma tête ou encore celle d'un immense bateau à moteur.

Ça sonne ! C'est sûrement encore eux qui veulent vérifier ma position.

Je réponds. J'entends l'accent italien de Gaïa, mon attachée de presse en Europe. Énervée, en pleine catastrophe, elle me demande ce qui se passe. D'abord, je n'ai presque pas de nouvelles de mon équipe aujourd'hui et, là, ce sont les Européens qui m'appellent et qui s'inquiètent. Ça va ! La tempête, c'était hier et lundi.

235

Je rassure Gaïa, tout va bien. Elle m'explique à son tour qu'elle a reçu un appel du CROSS qui lui demandait dans quelles conditions j'étais et si j'avais besoin d'une assistance ou d'un rapatriement. Elle m'apprend qu'une demande d'assistance aurait été enregistrée en mon nom. À ce que je sache, aucune mesure d'urgence n'a été déclarée.

Je n'y comprends rien. C'est le monde à l'envers. Le mauvais temps est passé, terminé.

Je raccroche au plus vite pour aller vérifier que mes balises de détresse sont en bon état à l'extérieur. Elles ont peut-être été déclenchées pendant la tempête ou encore, les ai-je heurtées malencontreusement sur le pont. Le cas échéant, il me faut stopper leur émission de signaux d'urgence.

J'enfile de nouveau mes habits humides et je me lance sur la passerelle. Je m'affaire dans l'espace où est rangée ma balise extérieure, je la décroche de son socle pour m'assurer qu'elle est toujours intacte. Je teste son bon fonctionnement. Je me faufile ensuite vers la cabine avant pour poursuivre mes vérifications.

Je téléphone à Jean-Pierre, à qui j'explique les appels reçus précédemment. Je l'entends soupirer et me répondre.

— Le chat est sorti du sac.

— Quoi ?

— Le *Queen Mary 2* a été contacté !

Depuis ma conversation avec Jean-Pierre, j'attends des nouvelles de mon équipe. J'étais encore à l'extérieur quand le téléphone a sonné. C'est toujours la même chose, il ne sonne que deux coups. Je me glisse rapidement dans mon habitacle, ma ligne de vie dans les jambes, entortillée dans mon accoutrement, les pieds mouillés. Je n'ai pas le temps de répondre. Je retire mon harnais, mes habits humides et je suspends ma salopette. Je m'essuie le mieux du monde avec le peu que j'ai qui soit sec et à portée de main.

Je prends garde de ne pas mouiller mon unique téléphone, précieux instrument, liaison ultime avec la terre ferme et le monde civilisé.

Dans le répertoire de mon Iridium, j'appuie sur le nom de Dominique, dont je viens de manquer l'appel. Elle répond tout de suite, un sourire dans la voix. Au moment où je tente de lui expliquer ce qui se passe avec la Garde côtière, elle entreprend de me donner des explications. Excitée comme je l'ai rarement entendue, elle me demande si je suis bien assise.

— Le *Queen Mary 2* s'en vient te rejoindre. Le paquebot a accepté de venir te porter un nouveau téléphone satellite.

D'abord, je ne saute pas de joie. Tourmentée, je partage avec Dominique mon inquiétude à perdre la mention « sans assistance » qui est associée à mon défi. Si je reçois de l'aide, je serai dorénavant hors circuit. Ma traversée étant surveillée de près par l'ORS, il nous faut respecter les règlements.

Elle me connaît bien et a lu dans mes pensées. Elle a tout préparé. Dominique, fidèle à elle-même, créative, a saisi depuis longtemps toute l'importance que j'accorde à mon homologation. Aussitôt que l'équipe a été confrontée au problème d'avoir un seul moyen de communication avec moi, elle s'est sentie mal à l'aise et a tôt fait d'imaginer une solution. Avec l'idée en tête de résoudre le problème et de le voir autrement, les membres se sont imaginé pouvoir m'envoyer un nouvel Iridium. Quand ils ont vu le bateau s'approcher des méridiens où je me trouve, tout s'est passé très vite. Alors que la distance qui nous séparait ne cessait de diminuer, Hermel a cru bon d'agir. Il a fouillé le site de la Cunard, compagnie maritime qui administre le navire, pour découvrir le numéro de téléphone qui sert normalement à contacter un passager à bord. Il a transmis la position et le numéro de contact à Jean-Pierre et à Dominique pour leur demander s'il y avait quelque chose à faire par la suite. En recevant de la part d'Hermel les coordonnées du paquebot ce matin-là, mon équipe a foncé sur cette possibilité, invraisemblable aux yeux de plusieurs, de m'envoyer un nouveau téléphone par bateau.

Bien avant mes chavirages, le *Queen Mary 2* a quitté le port de New York pour rejoindre Southampton, dans son pays d'origine. On a échangé sur ce fait, Hermel, Jean-Pierre et moi, et nous avons même rêvassé à l'idée de l'apercevoir en plein océan.

Depuis que le grand paquebot a quitté la ville de Québec, ma troupe suit sa progression. Ma sœur Evelyne m'a même parlé de son passage dans la capitale quelques jours plus tôt. Après un arrêt à New York, il a repris la mer.

Durant la journée, Dominique a contacté l'Ocean Rowing Society (ORS) pour lui exposer la situation. Tatiana, à la société, s'est penchée sur la question et n'a pris que quelques heures pour autoriser l'abordage. En reconnaissant l'importance des communications et la saison tardive pour mon voyage, l'ORS a autorisé le ravitaillement d'un nouveau téléphone d'appoint tout en acceptant que je puisse conserver la mention « sans assistance ». Elle est même disponible pour aider l'équipe dans ses démarches et ses communications. Je ne perdrai pas mon homologation « sans assistance », puisque aucune course ni tentative de record n'est en cause. Je n'ai rien à craindre.

Dominique a donc entrepris de contacter le paquebot afin de s'adresser à nul autre qu'au capitaine. J'ose à peine imaginer la réponse du concierge à l'autre bout du fil. Son appel a atterri au poste de la timonerie pour parler à un officier en service. Elle leur a expliqué les grandes lignes de sa demande en prenant soin de laisser ses coordonnées et celles de mon site Internet, où l'on peut connaître ma position en temps réel. Le capitaine a communiqué avec la Cunard sur-le-champ pour obtenir l'autorisation de bifurquer de sa route.

Quelques instants plus tard, un employé du siège social de la compagnie maritime a contacté Dominique pour mieux comprendre la situation. Elle s'est battue pour leur expliquer que je n'étais pas en détresse. C'est sans doute la raison de l'appel reçu de la Garde côtière française qui voulait s'en assurer par elle-même. Dominique a insisté sur le fait que j'étais seule en mer, pour encore plusieurs semaines, et qu'il ne me restait qu'un téléphone satellite. Comme j'ai aussi perdu mon ancre durant la tempête, elle espérait pouvoir m'en dénicher une nouvelle.

La direction de la flotte a acquiescé à mon ravitaillement après avoir fait la lumière sur la situation. Une heure ou deux auraient suffi afin d'avoir la confirmation du passage de la grande dame de l'océan sur ma position.

Alors que je tente de comprendre la séquence de ses explications, Dominique me traduit le dernier message de l'officier responsable d'organiser la rencontre prévue dans quelques heures. En somme, le courriel stipule que l'équipage du *Queen Mary 2* aimerait que je sois prête à 11 heures UTC, car le bateau ne pourra pas s'arrêter complètement. Il va encercler ma position pour calmer la mer en diminuant le régime de ses moteurs, pour atteindre une vitesse de 10 nœuds. Il devrait ensuite descendre le compartiment étanche contenant le nécessaire au bout d'une corde jusqu'à laquelle je devrai ramer afin de le récupérer. Il va aussi s'assurer que j'ai tout en ma possession avant de quitter les lieux. Le courriel se termine en me demandant une liste précise de ce que j'aimerais recevoir en ravitaillement.

Je n'en crois pas mes oreilles ! Mes pensées se bousculent dans ma tête. Je me sens sous l'emprise d'une énorme boule de joie qui me monte à la gorge. C'est comme si on m'annonçait que je venais de gagner un énorme prix. Des gens, sensibles à ma quête, sans autre intention que celle de me soutenir et de veiller à la poursuite de mon rêve, sont en route pour me rendre visite au beau milieu des mers, en plein centre de l'océan.

Je suis surexcitée ! Je ris et je m'emballe. J'ai de la difficulté à me contenir et à tenir en place. Dominique me rappelle l'heure qu'il est et l'heure à laquelle le bateau sera sur ma position. J'ai à peine 9 ou 10 heures pour me préparer. Elle me dit aussi que je dois donner la dimension exacte de l'ancre que j'ai perdue durant la tempête pour que l'équipage puisse m'en confectionner une de fortune. Je dois donc préparer la liste de mes désirs et lui revenir le plus rapidement possible. Elle me donne le devoir de la rappeler dans l'heure qui suit.

Seule dans mon esquif, j'ai peine à mesurer la chance que j'ai. Je tente de dresser une liste, d'évaluer mes besoins, mais je fais du surplace. J'appelle Jean-Pierre. Nous sommes maintenant deux têtes à réfléchir. De quoi aurais-je absolument besoin ? Jean-Pierre me fait penser au thé, au café et au chocolat chaud. Je pense aux petits fruits, à la salade, aux légumes et aux bananes. Tout ce que je pourrais manger de frais. Du pain, du vin, des pâtisseries... Jean-Pierre pense à une couverture. Selon lui, j'aurai froid bientôt. Jean-Pierre me pose des questions. Il me demande ce que j'ai perdu en mer et ce que j'aimerais avoir à nouveau. J'y pense : une truelle pour gratter le dessous du bateau. La mienne devait être mal attachée, car elle a disparu du pont. On fait le tour de mes besoins primaires. Je pense au savon. Je suis sur le point d'en manquer et j'ai horreur de remplacer celui qui manque par mon savon à vaisselle. Jean-Pierre éclate de rire en me demandant si je sens le citron. Après de longues minutes à faire le tour, il envoie une première liste à Hermel pour qu'il puisse vérifier et corroborer le tout.

Après notre appel, je me lance dans mes préparatifs. Je sais que j'ai beaucoup de travail à faire pour préparer le bateau à ramer pour rejoindre la grande dame de l'océan, le *Queen Mary 2*.

Je retourne sur le pont faire une liste des choses à faire avant l'arrivée de la belle. Par chance, la mer s'est encore calmée un peu. Pour conserver ma position face à la mer qui vire lentement au nord-est, je réinstalle le parachute sous le nez de l'*Hermel*. Ainsi, je pourrai travailler dans de meilleures conditions.

Dans ma tête, je vois déjà le tableau. J'imagine le grand paquebot arriver sur ma position, j'espère des gens sur le pont qui m'envoient la main. J'entends les cornes de brume me chanter bonjour encore et encore. Je me sens comme si j'allais recevoir la plus importante des visites. La visite d'une reine. Je dois me ramener à l'ordre souvent et accélérer ma besogne.

J'ouvre ma portière avant pour vérifier l'état de l'intérieur de la cabine de rangement. Je dois y mettre de l'ordre et matosser* tout le matériel pour équilibrer le bateau. Pour l'instant, on dirait que l'*Hermel* penche à bâbord. Je m'efforce de comprendre d'où vient le problème qui pourrait m'empêcher de ramer puisqu'il sera difficile de bien planter les rames dans l'eau.

J'ai une rame à réparer et des dames de nage* à changer. Je dois réinstaller l'éolienne, charger mes batteries, ensuite mes caméras, et vider mes cartes mémoire. Je découvre qu'une écoute du gouvernail a cédé durant la tempête. Si je ne la répare pas, je ne pourrai plus diriger le bateau.

En ouvrant les écoutilles* sur le pont, je comprends pourquoi le bateau s'immerge à bâbord. Deux des compartiments étanches sont emplis d'eau. L'eau doit entrer par les petites fissures qui se sont formées sur le pourtour des portes étanches. Ces deux compartiments n'ont maintenant d'étanche que le nom.

Je me prépare toute la nuit, durant laquelle je me permets le luxe de dépasser ma ration quotidienne de café et de chocolat chaud. Comme si j'étais sous l'emprise d'une surdose de sucre et de caféine, je me sens exaltée, surexcitée. Comme ivre de bonheur, je suis enthousiaste comme jamais. J'ai l'impression que j'ai cinq ans et que nous sommes la veille de Noël.

Je retourne à l'intérieur pour m'assurer que ma liste de souhaits est prête. Jean-Pierre a encore pensé à une chose ou deux. Hermel lui fait ajouter du ruban adhésif et du ruban électrique. Ma liste bientôt prête, je l'envoie à Dominique. J'ai pris soin de demander une bouteille de vin.

Je ne ferme pas l'œil de la nuit; l'excitation est trop grande et le café fait son effet. Je ne veux pas m'endormir, ne serait-ce que 10 minutes. Je suis prise de peur en m'imaginant aller au lit, m'endormir et me faire réveiller au son d'une foudroyante corne de brume* juste à côté. Je m'occupe pour ne jamais fermer les yeux. J'en profite pour tenter des réparations sans grande importance pour me tenir éveillée.

La nuit tombe sur l'heure de l'est, et le soleil se pointe bientôt sur la France. Je ferai le point avec Michel qui m'indiquera la distance et la vitesse à laquelle avance mon grand visiteur.

Avant le lever du jour, je compte les heures qui me séparent de la rencontre et je combats le sommeil qui veut m'emporter. Je m'assois sur mon siège à coulisse. Toujours attachée, je m'appuie sur la cabine avant et je regarde à l'est le soleil se lever à bâbord.

Je mesure le vide, l'immensité de l'océan, la beauté des lieux. Je mesure l'improbable rencontre entre moi, frêle esquif, et elle, la grande dame de l'océan. Tous les matins, c'est pareil, la mer a toujours

241

l'air vulnérable lorsqu'elle se réveille. Quand le soleil se cache, on dirait qu'elle dort plus longtemps. Les oiseaux semblent inexistants, les poissons aussi, et l'océan se repose des tumultes de la nuit. J'aime observer les lieux aussi déserts. J'essaie de m'imprégner de l'énergie qui règne. J'ai l'impression que je suis seule ici. C'est invraisemblable de savoir que je vais bientôt apercevoir un énorme paquebot près de moi.

Michel me confirme par message texte que le *Queen Mary* est à peine à 30 milles nautiques et que je devrais le voir apparaître bientôt, à 300 degrés. Dans l'attente insoutenable, j'appelle Jean-Pierre que je réveille au petit matin.

Durant notre conversation, j'entends résonner à la radio VHF* *Here is Queen Mary 2, Queen Mary 2, Queen Mary 2*. Nerveuse, je saisis l'appareil et échange quelques mots avec l'officier.

Enfin, je vois poindre à l'horizon un tout petit point blanc qui s'avance lentement vers moi. J'échange encore quelques mots avec Jean-Pierre qui me confirme tout enregistrer de notre conversation, car je ne veux rien perdre de cette rencontre fabuleuse. J'explique à Jean-Pierre de rester au bout du fil et je le mets bientôt sur main libre pour mieux m'adresser au bateau.

La silhouette se dessine et grossit jusqu'à ce que je puisse en distinguer les lignes. Je m'extasie devant le spectacle. L'immense paquebot avance avec assurance et devient de plus en plus présent. Je suis fascinée, troublée, exaltée. Je crois au mirage et j'ai peine à comprendre ce qui se déroule sous mes yeux.

L'officier me parle encore à la radio et m'explique avec diligence comment se produira la rencontre. J'attends ses indications pour enlever mon ancre parachute. Plus la grande dame de l'océan s'approche, plus j'anticipe la rencontre. Mon excitation croît à mesure que la distance se réduit entre nous.

Mon rôle est maintenant de retirer le parachute sous l'eau. Rapidement, je m'exécute. Je tire sur la ligne de toutes mes forces et je fourre le tout dans son puits. Maintenant libre, mon bateau est prêt à aborder la rencontre. Je sens la frénésie s'emparer de Jean-Pierre et de moi. Je lui raconte sans cesse ce qui se passe sous mes yeux. Dans mes jumelles, je distingue les lignes de la reine des mers, je vois apparaître des couleurs, l'orangé des radeaux de sauvetage, le poste de commandement, des petits hublots sur son flanc. Je décris mes découvertes à voix haute. Je m'exclame sans cesse qu'il est droit devant. Ce n'est pas un mirage. Le paquebot est bien là. Avec l'immense silhouette devant moi, je perds le nord. Je me concentre pour écouter les commandements à la radio VHF qui me répètent que, bientôt, on larguera les contenants. Je distingue maintenant trois petites silhouettes d'hommes habillés de noir sur le pont avant. Je crie à tout rompre que je vois des humains : « Je vois des humains droit devant ! »

J'entends Jean-Pierre rire aux éclats. Je lui explique que la reine avance et qu'il y a bientôt des centaines de couleurs sur les ponts inférieurs et jusqu'au toit. Je crois apercevoir des mouvements et distinguer des flashs miroitants. Depuis mon univers monochrome, la panoplie de couleurs me rappelle la terre et les fleurs.

Je peux maintenant apercevoir des centaines de passagers tout entassés sur les passerelles supérieures ; j'en vois aussi par les hublots. Je ne suis plus seule. Je sens la présence de milliers de gens. J'entends des murmures me parvenir par le vent, je distingue maintenant le son des moteurs et des cris d'encouragement.

Le paquebot est là, à peine à 200 mètres de moi. Je vois des bras me saluer, des flashs d'appareils photo, des milliers de silhouettes, je sens une cacophonie de vibrations frapper mes tympans. J'ai peine à distinguer et à comprendre chaque son qui m'arrive. Je crie, j'envoie la main, je prends ma pancarte sur laquelle j'ai écrit *Thank You Queen Mary 2* et je la brandis dans les airs. Je capture le moment avec mon appareil photo. Et comme pour m'empêcher de devenir hystérique, j'explique ce qui se passe à Jean-Pierre dans les moindres détails.

Je vois une portière s'ouvrir sur le flanc bâbord du grand bateau. Je remarque maintenant une longue ligne apparaître, au bout de laquelle pendent des contenants jaunes. Je vois plus haut que des hommes les descendent lentement dans l'eau. Je reconnais le son des propulseurs d'étrave* de la reine qui s'approche, et bientôt l'officier me permettra d'avancer vers le paquebot. Je prends place à mon poste de rame pour m'approcher de l'énorme bâtiment.

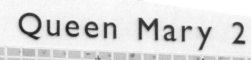

Maintenant, des milliers de voix s'élèvent dans le ciel, m'encourageant à rejoindre mes paquets. Je dirige l'*Hermel* dans la direction de la petite bouée orange qui flotte et qui part très rapidement vers la poupe du bateau. Je manœuvre pour arriver entre les ballots jaunes et la bouée. Au moment où je manque les ballots en voulant les attraper, la foule s'exprime, déçue. Elle m'encourage à essayer encore. Je mets toute mon énergie dans ma rame de tribord pour tourner mon bateau et je pousse encore plus fort pour rejoindre les ballots devant.

La foule s'exclame de plus belle. Je lâche mes rames et j'agrippe de mes mains mon premier ballot. J'empoigne de toutes mes forces le paquet qui me surprend par son poids trop lourd ! J'extirpe chacun de l'eau en entendant la foule excitée derrière moi. Au moment où je tente de prendre le dernier, il se détache et retombe dans l'eau. Et voilà la foule qui s'énerve pour moi. Je me lance par-dessus mon garde-fou pour le rejoindre le plus rapidement possible. Mon bateau vacille sous le poids maintenant trop lourd à bâbord. Aussitôt le ballot agrippé, je l'emporte dans mon cockpit, où je le lance violemment. Après quoi je lève les bras au ciel en signe de victoire. Des cris jaillissent de la reine des mers pour répondre à mon geste, ainsi que des sifflements et du tapage, des gens scandent mon nom. Je suis transportée par une vague énorme de célébration. Je crie, je pleure et je ris en même temps. Je me sens émue, touchée, saisie d'une envie folle de tous les embrasser et de les prendre dans mes bras. La foule est belle, merveilleuse ; je sens jusqu'ici toute la volonté qu'elle a pour moi.

J'entends alors le capitaine s'adresser à la foule dans les haut-parleurs du navire et doucement lui expliquer mon voyage. J'entends mon nom, mon parcours, mon lieu de départ et le nombre de jours de mon escapade. Le nombre 84 résonne jusqu'à moi.

Le capitaine demande aux passagers de s'exprimer tous en même temps. Ils me chantent maintenant une ritournelle dans laquelle je reconnais mon nom. Devant cette gentillesse, je suis émue comme jamais. Je suis transportée par une vague d'amour et de soutien. Je me sens unique au monde comme une *rock star*. Mon bonheur est tellement grand qu'il me fait presque mal.

C'est extraordinaire. Je n'ai jamais été aussi émue de toute ma vie. L'émotion que je ressens ne s'explique pas. Le capitaine s'adresse à moi à la radio et me demande de prendre la parole dans le microphone pour que tous les passagers puissent m'entendre. Je tremble en m'adressant à eux.

Je les remercie de plus belle. Je leur dis que ce moment est des plus précieux pour moi. Je les remercie pour leur chaleur, pour leurs encouragements, pour leur passion ici, au milieu de nulle part.

Je les vois s'éloigner lentement et devenir tout petits. Le bateau n'est plus qu'une petite tache à l'horizon, puis un simple point blanc. Il disparaît dans un murmure de vent.

Je suis épuisée. Épuisée d'avoir vécu en si peu de temps autant d'émotions et autant de plaisir. Je me refuse à ouvrir les ballots tout de suite. C'est trop pour moi.

Même si je dois donner un nombre record d'entrevues dans la même journée pour témoigner de l'évènement, je somnole, bercée entre le désir de trouver le sommeil, d'ouvrir mes paquets et de partager mon expérience. J'ai besoin d'en parler comme pour me dégager de l'émotion trop vive qui m'habite. Pour l'exorciser, je compose une lettre en anglais que j'adresse à l'équipage, mais surtout au capitaine et à son épouse qui ont eu la gentillesse d'en faire autant. Il me faut sortir toute l'émotion qui me gagne encore juste à évoquer le nom du bateau, la date, l'image, et à apercevoir les ballots au fond de ma cabine, qui prennent toute la place.

Je suis à peine remise de mes émotions de la rencontre qui vient d'avoir lieu que je dois me réparer à la prochaine tempête. La soirée me permet au moins de dormir un peu. C'est une soirée où j'avance lentement en fuite*, là où le vent me pousse un tout petit peu. Je profite de l'accalmie pour récupérer de mes émotions et des derniers grands coups de l'océan.

Je ressens l'engouement du public pour mon aventure. J'accumule les rapports de mon équipe et de ma famille. Jean-Pierre me dit que des artistes, des journalistes, des politiciens *twittent* maintenant au sujet de ma rencontre. De nouveaux adeptes de partout dans le monde me suivent maintenant sur mon compte Twitter. Du côté de

Julie, qui s'occupe de mon compte Facebook, il y a des centaines de messages, des encouragements et des lettres d'amis de partout. On me rapporte que cette histoire fait couler beaucoup d'encre et dans une multitude de langues de surcroît, partout autour du globe.

Devant la difficulté de tout mesurer dans ma petite tête, pour comprendre l'impact de la visite du *Queen Mary 2* sur ma traversée, mais surtout ses retombées, j'ai une longue conversation avec ma grande amie Julie, question de revenir à l'essentiel. Intervenante, elle sait m'aider à remettre mes émotions en place et me faire m'exprimer jusqu'au bout. Depuis plus de 15 ans, nous sommes de grandes amies et elle me connaît par cœur. Avec elle, j'arrive à trouver les mots.

Je ne parviens pas à dormir malgré l'immense fatigue qui s'est emparée de moi. Je vois double. Je tremble. Alors que je suis sur le pont à préparer mes affaires et à sécuriser le bateau pour la prochaine tempête, ce soir-là, je titube comme si j'étais sous l'effet de l'alcool.

Déjà de retour dans les sangles de ma bannette, épuisée par ma journée d'hier et par mes préparatifs en vue de la prochaine tempête, je donne encore des entrevues. J'ai l'impression que je trébuche sur mes mots. J'essaie de mettre de l'intonation pour les entrevues en direct, mais ma voix flanche. Durant les interviews de la presse écrite, je parle d'une voix éteinte, essoufflée, endormie. À chaque entrevue, je réfléchis derrière mes yeux fermés.

J'explique aux journalistes que mon équipe a tout organisé. Sachant exactement quels sont mes buts et mes objectifs, personne ne lésine sur les actions à entreprendre pour m'aider. L'équipe au sol est créative. Elle est sortie du problème, et tous ont travaillé ensemble dans l'ombre et sans mon aval pour me préparer cette surprise gigantesque pour pallier le manque d'un téléphone satellite. Je suis tellement fière de chacun d'entre eux. Tout l'honneur va à eux et à l'équipage du *Queen Mary 2*.

Bien que cet évènement m'épuise, il me donne aussi des ailes. Je sens encore et encore plus que tout est possible, je me sens invincible même à l'annonce de la prochaine tempête.

Michel me répète des chiffres énormes auxquels je ne réagis presque plus. Quarante nœuds de vents, des rafales à 48, des vagues de 5,5 mètres, et de 6,5 mètres dans le plus gros de la tempête. Lors de mes préparatifs ce matin-là, j'ai de la difficulté à placer les cinq énormes compartiments étanches quelque part. Je choisis de conserver ceux remplis de fruits, de légumes et de chocolat dans ma cabine, bien fixés au sol ou dans mon sas. Les autres vont devant, et mon nouveau téléphone satellite prend la place de l'ancien. Je ferme toute la ventilation dans le plus gros du mauvais temps.

Je m'endors enfin au début de la tempête, après que quelques sensations fortes se sont emparées de mon estomac, comme si j'étais en train de descendre les montagnes russes. À partir d'ici, on dirait que je peux laisser les rênes à mon *Hermel*, qu'il peut monter la garde pour moi dans ses soubresauts incessants.

Je me réveille sous l'impact des vagues et me rendors aussitôt. À certains moments, je sens mon navire vaciller sur la cime des vagues. J'entends le vent qui fouette mes antennes, le clapotis des vagues et leurs crépitements énormes sous ma coque incertaine.

Je suis secouée inlassablement. Je vérifie que tout tient à l'intérieur de mon habitacle et je fais quelques appels au sol pour rassurer mon équipe au milieu des pires cahots. Ma coque vibre sous l'effet des lames qui se jettent sur elle. Je ressens chaque mouvement, chaque escalade, chaque descente, chaque accélération et chaque trépidation de mon petit bateau comme s'il était la prolongation de mon corps en proie aux rafales et au gros temps.

Je me réveille subitement pour comprendre qu'une immobilité soudaine suivra un grand coup. J'ai la prémonition que ma carène verra le ciel encore une fois. Je chavire, cette fois-ci bien attachée, et j'observe mon esquif à l'envers. Je compte les secondes qui me séparent du moment où je reviendrai à l'endroit. Je murmure une chanson comme pour occuper mon esprit qui aimerait s'abandonner à la peur qui le tenaille de ne jamais revenir à l'endroit. J'entends mes instruments et mon indicateur de vent crier, j'essaie de traduire chaque son et d'expliquer chacun dans le détail. Le chaos est infernal. Je commence à m'inquiéter d'être déjà au deuxième couplet de ma comptine de camp de vacances et de toujours apercevoir le noir de la mer par mon hublot. Mon corps devient rigide, je m'agrippe encore à mes sangles et bientôt mes bras me repoussent du plafonnier. Et, dans une douce volupté mais avec vacarme, mon *Hermel* se retourne calmement, ce qui trahit sa souplesse et sa maîtrise de la situation.

Encore une fois, je me redresse dans mon sac de couchage. Mon cœur reprend peu à peu son régime, et je recommence à fredonner ma vieille comptine pour enfants.

J'expire l'excédent d'air que j'avais emprisonné dans mes poumons. Je me calme en flattant la coque de mon bateau, mon cheval.

Avec courage et fatigue, je me détache et je m'élance dans ma portière pour regarder s'il n'y a pas trop de dégâts sur le pont. Je range rapidement le matériel qui s'est déplacé. Je fais un arrêt aux toilettes en me croisant les doigts pour qu'une seconde secousse n'arrive pas à ce moment.

Je marque d'un point de passage mes coordonnées sur mon GPS et retourne ramasser les dégâts dans ma cabine. Avant de retrouver mes sangles, je vérifie l'électricité, j'écoute à la radio VHF, vérifie qu'il n'y a aucun bateau dans les environs.

J'agrippe mon téléphone et indique à Michel mon troisième chavirage. Je lui demande de mentionner à l'équipe que je retourne dormir aussitôt.

Épuisée, je retrouve les bras de Morphée, bien attachée dans mon sac humide, bientôt moisi.

H ATLANTIC OCEAN

ORTHERN SHEET

Compiled from various sources to 1948

SOUNDINGS IN FATHOMS

For Symbols and Abbreviations, see Chart No. 1

MERCATOR PROJECTION

Scale 1:5,870,000 at Lat. 54°00'   King

Christian IX

15

UN AUTOMNE SUR L'ATLANTIQUE NORD

Entre mes trois derniers chavirages, durant le jour, j'ai mon équipe au téléphone, que je n'hésite surtout pas à rassurer. Une certaine vague nous transporte depuis le passage du *Queen Mary 2*. Nous sommes impressionnés de constater que cette rencontre n'aurait pu avoir lieu à aucun autre moment ni aucun autre jour. Entre cinq chavirements et deux énormes tempêtes, la grande dame de l'océan a bien choisi le moment pour passer.

Elle n'est arrivée en sol anglais que depuis quelques heures et nous voilà déjà transportés par une nouvelle vague d'émotions. Le capitaine s'exprime dans différents médias au sujet de l'expérience qu'il a vécue et, bientôt, on voit même apparaître un grand titre qui témoigne d'une résolution qu'il a prise : réaliser un vieux rêve d'enfant et traverser l'Atlantique à la voile, en solo.

Toutes ces dépêches me proviennent de mon équipe au sol. Chaque petit écho qui résonne de notre rendez-vous improbable me transporte encore dans mes souvenirs. En plus de témoigner de la fraternité des gens de la mer, cet évènement témoigne de l'importance du facteur humain dans mon expérience. Cette rencontre sur l'océan avec tous ces gens qui m'ont encouragée se traduit pour moi par un élan de volonté, par un désir encore plus grand de réussite et par un appétit plus marqué qu'avant, comme pour rendre hommage à la distinction et aux efforts déployés par le célèbre paquebot.

Je transporte ces encouragements avec moi et, à chacun de mes échanges avec l'équipe, le nom du navire est prononcé encore et encore. Surtout depuis que le navire est rentré au bercail, permettant à un bon nombre de passagers de télécharger leurs vidéos de l'évènement sur Internet. Les images de moi en train de ramer vers le *Queen Mary 2* pour repêcher mon petit ravitaillement circulent sur le Net. C'est les larmes aux yeux que je parle à ma famille, surtout en entendant s'exclamer ma mère quand elle me voit enfin faire ce que je fais depuis 87 jours déjà : naviguer à bord de l'*Hermel*.

À travers cet essor d'émotions qui transporte encore mon équipe, je franchis enfin la mi-parcours. Ligne qui témoigne enfin avec certitude que j'avance. J'arrive désormais à comprendre que mon rêve s'exauce mille après mille. Je suis encore ici, sur l'océan, berceau de mon rêve.

Avec toutes ces secousses qui se rapprochent et se suivent, l'automne se fait sentir sur l'océan et me fait clairement sentir que je ne devrais plus être ici. Mon bateau vieillit et porte les cicatrices de son expérience. Plusieurs rames sont brisées, des antennes aussi. J'ai même perdu des outils, un petit réchaud et des ustensiles. Quand la mer emplit le pont de mon *Hermel*, c'est avec beaucoup plus de violence qu'auparavant ; je sens la mer différente, peu accueillante et hostile.

Déjà que j'essaie de trouver du temps pour réparer mon matériel abîmé, la liste des choses à réparer s'allonge de gros temps en gros temps.

Depuis presque la première semaine de l'expédition qu'on tente de trouver un bon moment pour réparer mon antenne extérieure de connexion satellite, je m'arrange quand même pour parler sans elle.

Collée à la vitre du hublot au-dessus de ma couchette, la petite antenne de mon appareil contre la vitre, j'essaie d'obtenir la meilleure connexion possible. Avec, en prime, la condensation du hublot qui coule constamment sur moi, l'idée de passer un appel téléphonique n'augure rien de bon. À force de m'appuyer dessus, j'ai maintenant mal aux épaules et des blessures aux coudes. Je sens même tranquillement apparaître une bursite au bras droit. Je ne peux pratiquement plus me tenir dessus et je me confectionne des coussins protecteurs pour surélever ma tête plus près du hublot lorsque je vérifie avec mes instruments le passage des satellites pour profiter de la meilleure transmission possible.

Juchée sur mes sacs étanches, vidés et gonflés d'air pour faire office de coussins, Hermel au bout du fil, je tente de réparer l'embout de l'autre antenne qui mène à l'extérieur. Après avoir découvert que l'antenne de ma radio émettrice avait perdu sa gaine, j'ai placé cette tâche au sommet de la liste de choses à faire. Depuis qu'elle est brisée, je n'ai aucune possibilité de discuter avec un autre navire de passage. Et j'ai besoin de parler avec le prochain pour tester mon système anticollision. Le système d'identification automatique permet aux navires de m'apercevoir sur leurs écrans, et moi de même. Il a besoin de deux antennes distinctes pour fonctionner. Une qui transmet ma position et une qui reçoit la position des autres bateaux. En ordre, celle de l'extérieur que je peux jumeler à mes différents téléphones, celle de ma radio de transmission, et surtout celle qui envoie ma position pour éviter qu'un cargo ne me voie pas et entre en collision avec moi.

Enfin, les quelques jours de beau temps me permettent de réparer au moins deux des antennes et au moins une rame. Après neuf jours enfermée, j'ai plutôt envie de donner quelques coups d'aviron pour me dépenser un peu et, lorsque mon corps ne me suivra plus, je m'attaquerai aux antennes, surtout à celle de ma radio émettrice.

Sur le coup de 16 heures, j'abdique, malgré mes maigres six heures à ramer, et je m'attaque à la tâche. Je sors les outils, ceux rangés dans la cale sous le pont accessible par le sas. Je mesure les tâches à faire. Je décide de scier une rame de carbone, celle fendue sur la longueur, près de la pelle, pour construire une nouvelle gaine pour mon antenne de radio VHF. Lunettes de protection sur le nez, je m'exerce à scier ma rame aux deux extrémités et les petites particules de carbones s'envolent partout. Plusieurs minutes sont nécessaires afin d'en venir à bout. Je mesure le goulot qui servait à l'ancienne gaine de mon antenne et j'essaie d'y joindre ma rame. C'est presque parfait ! Il me faudra maintenant étudier quelle colle utiliser pour réunir le carbone de la rame et l'acier inoxydable de la base. Avant d'appeler Hermel, je vaque au redressement de l'antenne de transmission de données, qui pourra envoyer mon nom et ma position à tous les cargos autour et m'assurer d'être toujours bien vue.

Pendant qu'on échange, Hermel et moi, au sujet de ma réparation d'antenne VHF, j'aperçois sur l'écran de mon GPS un cargo s'approcher de moi. Je distingue bien son nom et sa vitesse, et surtout le degré qu'il a par rapport à moi. Il se trouve exactement à 255 degrés de ma position. Hermel me demande de faire un test avec lui avec ma petite radio émettrice de secours pour vérifier que ce cargo voit bien ma position sur ses écrans. Le cargo à 12 milles nautiques est peut-être trop loin pour intercepter mon signal. En étudiant sa vitesse qui accuse tout juste 20 nœuds, je calcule en combien de temps il devrait se trouver dans mes environs et j'essaie d'évaluer le degré dans lequel il établit sa course. Je partage mes données à Hermel au bout du fil. Pour une double vérification de mes calculs, il me demande de répéter mes informations. Tanker, 255 degrés, 20 nœuds à 12 milles de ma position. On arrive au même chiffre : 36 minutes.

Notre discussion s'allonge et je m'aperçois que sa course fait route sur moi : 0,75 degré. En regardant le bateau avancer, j'essaie de me rassurer et de refaire mes calculs. Il faut qu'il m'entende, car il ne semble pas m'apercevoir sur ses radars. Je teste encore une fois ma radio émettrice. Aucune réponse. Il ne m'entend pas. Je sens que je suis dans le pétrin. Peu à peu, l'énervement me gagne. Je sais que je dois agir vite avant que le bateau soit trop près pour entendre mon signal radio et surtout avant qu'il soit trop tard. Je laisse Hermel sur la ligne et m'empresse de lui expliquer mon plan d'action. J'agrippe mes jumelles et ma boussole, ainsi que ma lampe frontale et un rouleau de ruban adhésif gris. J'enfile ma ligne de vie autour de ma taille sans m'habiller. Aussitôt à l'extérieur, j'aperçois un halo à l'ouest dans le viseur de mes lunettes. Je détache la rame que j'avais sciée, dans laquelle repose encore l'intérieur de mon antenne, et décoince la base de l'antenne pour la libérer et la dresser au ciel. Alors que je suis penchée à bâbord, les vagues viennent se fracasser sur mes mains et m'empêchent de fixer la base de l'antenne à sa nouvelle gaine. Je tricote rapidement quelque chose avec mon ruban adhésif pour renforcer la base et je tourne la rame pour qu'elle n'ait plus de jeu pour bouger. Rien de plus. L'important, c'est de parler au bateau le plus vite possible pour qu'il puisse reconnaître ma présence avant qu'il soit trop près. Je rentre à l'intérieur en évaluant maintenant la distance du cargo qui se voit maintenant très bien à l'œil nu.

Je me cramponne à ma radio VHF, je manipule le *squelch* de la radio afin de réguler la fréquence et d'être entendue du cargo, puis je l'appelle par son nom. Je recommence ma manœuvre deux fois. Le suspense est à son comble, j'hésite à m'attarder à la radio étant donné qu'il semble ne pas m'entendre. Il est maintenant à six milles nautiques de moi. Hermel me demande plus de détails. Enfin, j'entends le bruissement d'une communication. Le cargo me répond. Je lui donne ma position et l'avise du potentiel de collision. Je demande une intervention de sa part. Il doit prendre quelques degrés au nord. Il accepte et me confirme que j'étais très proche de sa route. Il confirme aussi remarquer ma présence sur son écran radar, mais pas sur son système de positionnement.

J'entends maintenant gronder ses moteurs. Mon cœur bat de l'avoir échappé belle. Je sors sur le pont pour m'assurer de bien les apercevoir. Je vois toutes hautes ses lumières. Il doit être à moins de 300 mètres de moi. Hermel est toujours en ligne. Rassuré, il raccroche, et je retourne renforcer mon installation de fortune.

À l'extérieur, presque toute mouillée, je m'affaire à ma besogne. Je sens chaque molécule de mon corps et surtout chaque embrun que la mer frappe sur moi. Je me sens tellement chanceuse d'être si bien, d'être à bord de mon petit *Hermel*, d'être en sécurité et surtout d'avoir une radio qui fonctionne avec une belle antenne réparée.

Je regarde la Voie lactée et je prends une grande bouffée d'air pour remplir mes poumons, en levant les bras au ciel pour tenter de les attraper du bout des doigts. Je saisis la chance que j'ai, je remercie ma bonne étoile d'avoir veillé sur moi et de m'avoir permis de voir le cargo à temps. Je me fais surtout la promesse de ne plus rien tenir pour acquis, car rien n'est sûr avec encore au moins 1 300 milles devant.

Dans un soubresaut d'éclaboussures, le petit requin file entre deux vagues. Je suis certaine qu'il vient d'attraper un poisson, car j'en ai aperçu des centaines sauter quelques minutes plus tôt. Vénérable, d'une assurance absolue, il fend la vague comme aucun autre mammifère ou poisson. À son apparition règne quelque chose de solennel et de respectable. Depuis toujours, je souhaite en apercevoir un. Ce premier squale m'envoûte. Sûrement pour digérer son repas, il a disparu dans les profondeurs marines pour ne plus jamais revenir.

Bien que je sois dans une fâcheuse position, ma deuxième rencontre avec ce genre d'animal me laisse plus satisfaite. Le petit requin me semble bien curieux. Il m'observe pendant qu'à bout de forces je tente de ramer contre le vent afin de récupérer mon parachute, car j'ai malencontreusement laissé échapper ma cordelette de rappel. Il me faut plus d'une heure d'efforts pour rejoindre ma bouée, et le joli squale bleu et gris me reluque tout ce temps. Sa silhouette, même si elle est beaucoup plus courte que celle du premier, ne laisse planer aucun doute.

Le troisième, beaucoup plus gros et sournois, me guette durant un avant-midi complet et, chaque fois que je tentais de le photographier avec mon petit appareil étanche, prêt à bondir sous l'eau, il se défile toujours pour revenir, plus tard, insidieusement, par l'avant du bateau. Il nage sous mon embarcation en me donnant l'impression qu'il veut s'y frotter, mais qu'il hésite. Le grand poisson disparaît ensuite dans le grand bleu en emportant avec lui ma dernière chance de capter son image et d'en faire un souvenir impérissable.

Avec l'espoir de revoir un squale, j'examine les vagues à la recherche d'un signal. Tout ce que j'observe, ce sont les déchets de plastiques que je croise ici et là ou encore ces infâmes poissons minuscules qui avancent avec une petite voile au vent. Gluants et répugnants, ils ont au moins la qualité de n'avoir aucune intention. Par contre, les physalies sont pour moi comme d'horribles tarentules. Elles peuvent, selon ce qu'on en dit, piquer et donner la mort d'une toute petite dose de venin. Au moins, celles que j'observe aujourd'hui ne sont pas très grosses, mais, peu importe leur taille, j'ai horreur de penser à rencontrer leurs longs tentacules alors que je m'imagine entrer dans l'eau.

J'essaie plutôt d'apercevoir la tortue de l'autre semaine, les grandes dorades ou les dauphins. Rien qui ne me soit répugnant ou dangereux.

Depuis bientôt un mois que j'aurais dû plonger sous l'eau pour nettoyer ma carène. Maintenant, j'ai un incitatif important pour passer à l'action. J'ai perdu, depuis plusieurs semaines, ma vitesse de route. Les anatifes qui collent à la paroi de mon bateau s'agglomèrent et prolifèrent. Ils ralentissent tellement mon bateau que je fais deux fois moins de distance dans le même temps.

Mon loch*, petit appareil qui m'informe de la vitesse de coque, m'indique deux nœuds seulement. Normalement, pour le même effort et avec une coque toute propre, je devrais avancer à bien plus que trois. Je suis déçue de ne pas en avoir été encore capable. Bon, j'ai essayé sérieusement au moins une fois, vêtue de mon habit d'homme-grenouille, de mon casque de plongée et de mes lunettes. Attachée au bateau, j'ai plutôt passé 45 minutes les pattes dans l'eau jusqu'aux genoux, à sentir mes oreilles bourdonner de vertige en m'agrippant sur le pont. Telle un chat qu'on veut laver, je n'avais aucune intention d'aller dans l'eau. Bon, disons que j'ai pleurniché une bonne demi-heure à me dire que je n'avais pas la couenne d'une vraie rameuse d'océan. En résumé, j ai pleuré au lieu d'essayer, je crois.

La mine déconfite, j'ai dû rappeler mon équipe et leur annoncer mon échec. J'ai eu honte de moi. J'accuse maintenant mon manque de courage et mon ralentissement.

C'est en parlant avec Sarah lors de nos échanges du week-end que je comprends qu'elle éprouve les mêmes angoisses. Par contre, sur son Pacifique, elle ne recule pas devant ce genre de difficulté. Aidée d'une psychothérapeutre sportive, elle peut discuter avec elle afin de faire face à ses peurs et de voir plus clair dans ses craintes. Après mon essai infructueux, elle me recommande l'intervenante avec laquelle elle travaille depuis quelques années. La docteure Nicholls est spécialisée dans l'étude de sportifs qui s'élancent seuls dans des aventures incroyables. Elle a conçu des outils sur mesure pour soutenir les grands aventuriers et a acquis une grande expérience dans le domaine des rameuses océaniques. Elle soutient notamment Sarah et une autre Anglaise, aussi rameuse d'océan.

Dès nos premiers échanges, j'ai tôt fait de m'apercevoir qu'elle me propose des trucs fascinants. Première suggestion : ne pas renforcer l'échec. J'ai le droit d'avoir peur, mais seulement 10 minutes à la fois. Si je m'installe pour plonger, que je sois horripilée et que je pleure, je m'en donne le droit, mais sur une courte période de temps, après quoi je me donne la permission de reculer devant la tâche et de vaquer à d'autres occupations. Sans y accorder trop d'importance, comme ça, tout simplement.

L'autre truc, encore plus important : me visualiser en train de descendre dans l'océan et m'arrêter avant d'avoir peur, pour ne pas renforcer aussi ce sentiment. Allongée confortablement sur ma couchette, j'imagine non seulement ma descente, mais tout ce qui précède ce moment. Je me vois ouvrir les yeux un matin de soleil et de faibles vents, regarder dehors et sentir enfin l'envie de descendre. Je me vois fouiller ma cabine avant, à la recherche de mon sac étanche dans lequel est rangé mon accoutrement d'homme-grenouille, mon masque, mon grattoir. Je visualise les moindres détails, de mon bonnet à la couleur de la corde que j'utilise pour me retenir au bateau. De plus, je découpe mes sensations en pans. Ce que je sens sur ma peau, le bruit du vent, la sensation du costume que je porte et la température de l'eau. Dans ma tête, il fait beau, le soleil plombe et les vagues sont petites et très peu menaçantes.

J'imagine l'immensité de l'univers qui s'ouvrira devant moi, le bleu de l'eau, les petits coquillages sous ma coque et la couleur de mon bateau. Dans mes songes, les souvenirs de ma première escapade sur l'océan refont surface et je me rappelle le plaisir que j'ai éprouvé à ce moment. Je me souviens des poissons, des méduses et des rayons du soleil qui caressaient l'eau de la surface aux profondeurs.

Durant les randonnées sous-marines de mon imagination, je rencontre des difficultés devant lesquelles je perds mon sang froid. Face au grand requin blanc, il m'est arrivé d'anticiper les pires catastrophes. Au lieu de sombrer dans un scénario funeste et dramatique, je choisis de transformer mon expérience en quelque chose d'invraisemblable et de ludique. L'idée est de transformer ma peur en objet drôle et burlesque, et de tourner le tout en dérision pour dédramatiser la situation. Je nage maintenant avec mes prédateurs imaginaires pour même m'amuser avec eux, dans des danses impossibles.

Au terme de mes exercices mentaux rigoureux, j'ai bientôt hâte de plonger et de relever le défi. J'attends le OK de Michel, que je consulte pour avoir les meilleures conditions pour descendre sous l'eau. Je veux un ciel clair, une nébulosité* nulle, pour m'assurer de bien voir partout autour de moi lorsque je serai immergée. Pas de vagues trop hautes ni trop courtes afin que ma vision soit assez périphérique et que je puisse apercevoir n'importe quel animal. Du vent ? Le moins possible, car, si du vent pousse sur la mer, il va de soi que les vagues seront telles que je ne pourrai pas remonter facilement dans mon bateau. Je marchande les conditions idéales, parfaites.

Je sais que je vais pouvoir jouir d'une meilleure glisse sur l'eau, et ce, tout de suite après mon effort. L'idée de me laver m'appelle depuis des semaines. Les lingettes de bébé ont fait leur œuvre durant les récentes tempêtes, mais j'ai hâte de réchauffer tout un seau d'eau pour qu'après ma plongée je puisse me refaire une coiffure et sentir la même odeur que tous les passagers du *Queen Mary 2*.

Cette fois-ci, j'appelle uniquement Michel. Les autres en ont eu assez de retenir leur souffle lors de ma dernière tentative et d'avoir pour seule nouvelle mon échec. Je me suis surtout fait poser durant des jours la même question, qui me ramenait sans cesse à ma défaite : « Et puis, as-tu plongé finalement ? »

Après avoir convenu avec mon routeur que le moment idéal serait 11 heures du matin, je ne m'octroie que quelques minutes pour me préparer, comme pour devancer ma peur. Je veux faire vite, avant que mon esprit doute et commence à me faire changer d'idée. Tel un automate, j'essaie de me mettre rapidement devant le fait accompli. Je détache mes rames de bâbord et les attache de biais sur tribord. J'installe l'échelle que papa m'a obligée à apporter, puis j'enfile mon habit frénétiquement. Mes lunettes sur le visage, mon bonnet sur la tête, je démarre les caméras, gardiennes de ma mémoire, uniques témoins de mon tour de force.

259

Une fois prête, sur le bord du bateau, je me couche à plat ventre sur la passerelle pour aller jeter un œil sous l'eau pour m'assurer qu'il n'y a pas de visiteurs indésirables. Au premier coup d'œil, en plein devant moi, j'aperçois mon ami poisson, celui qui me suit depuis déjà quelques jours et qui m'est apparu tout de suite après que j'ai extirpé de l'eau mes paquets du *Queen Mary 2*. Je l'ai baptisé « Ballot » pour l'occasion. Chaque jour où je mets le nez dehors et jette mes restes de table à l'eau, il se régale et vient m'observer au bord du bateau. Maintenant qu'il me fait face, il me regarde d'un air investigateur, comme s'il n'avait pas saisi que la chose qui vit là-haut peut aussi descendre. Pendant qu'il m'observe, je fais de même aux alentours.

J'aperçois alors tout un spectacle. D'innombrables méduses blanches, mauves et transparentes se distinguent du bleu fond de l'océan. Certaines sont proches, certaines sont loin, d'autres aux pourtours incertains ont l'air d'être à des mètres et des mètres de distance. Je regarde leur danse. On dirait qu'elles sont ici depuis toujours et à jamais, suspendues dans le temps. J'essaie de comprendre leur direction, mais elles vont sans aller nulle part. Elles se gonflent, se poussent et s'avancent sans accord commun. Elles sont là, ensemble, et se bercent.

Je sors la tête de l'eau pour reprendre mon souffle. Enfin, je ne crois pas qu'elles puissent avoir une quelconque intention malveillante envers moi. Elles ne s'apercevront même pas de ma présence et, de toute façon, la plus proche est à tout juste trois mètres plus bas. Peut-être même qu'à elles seules leurs silhouettes éloigneront les prédateurs mal intentionnés.

Je replonge pour mieux les observer. Leurs mouvements sont longs, doux et sereins. Leurs longs tentacules flottent derrière elles comme de la dentelle, et leurs robes se gonflent comme une crinoline. Elles avancent calmement, en symbiose avec l'océan. J'aime les observer. Elles ont l'air complètement indifférent. Je me sens privilégiée de les rencontrer.

Ça y est, j'ai envie de descendre. Je chevauche mon garde-fou et je me retrouve côté mer. Chambranlant et incertain, mon bateau penche maintenant à bâbord. Je mouille mes pieds et mes jambes.

L'eau est plus chaude que l'air. Pendant que je sens mon cœur battre plus fort, mes oreilles bourdonnent, je suis soudainement paniquée. Je résiste à penser à tous les dangers qui me guettent et je me concentre sur l'effet de l'eau sur ma peau, sur mes pieds. Je rentre encore ma tête dans l'eau, en restant sur l'échelle.

Tout me laisse croire que je suis seule avec les méduses et Ballot. Je sors ma tête de l'eau encore pour prendre mon souffle et je descends sur la dernière marche de l'échelle qui bascule sous mon poids. Je n'ai qu'à m'en défaire et me laisser flotter, mais je n'y arrive pas. J'entre à nouveau ma tête dans l'eau. Maintenant immergée jusqu'aux cuisses, je cherche à voir de l'autre côté du bateau, en dessous de son ventre. Je suis presque tout immergée, il n'y a que mes fesses qui sortent de l'eau. Je ne peux m'empêcher de rire de ma posture. Tout ce qu'on doit apercevoir depuis le pont du bateau, ce sont deux fesses bien saillantes qui sortent de l'eau !

Nerveusement, je bascule mon derrière dans l'eau. Je respire abondamment pour prendre mon souffle et guetter l'océan. Je me sens maintenant dans une autre dimension. Je sens qu'il me manque une partie de mon corps et je me colle le plus possible sur l'*Hermel* comme pour ne pas me séparer de moi-même.

Un mélange d'excitation, de fierté et de crainte m'étouffe. Je pense à mes gestes, je ne suis pas ailleurs. Je ne suis qu'ici et maintenant. Je pense à chaque étape à faire. Il faut gratter ma coque. Je regarde les petits coquillages qui ont maintenant atteint près de deux centimètres de long. J'applique toute ma force pour arracher les premiers à l'aide du grattoir retenu par une corde attachée à ma taille. Je suis satisfaite que, d'un simple coup, ils s'arrachent quand même facilement. À les voir se détacher et devenir tout petits, minuscules et disparaître dans les profondeurs de l'océan, je saisis mieux l'immensité du lieu dans lequel je me trouve. Ça me donne le vertige. Je gratte encore la surface d'un mètre et je m'élance dans l'échelle pour sortir de l'eau.

Debout dans mon cockpit, je reprends mon souffle. Je me parle à moi-même. Tout est beau. Je suis bonne, tout va bien. Il ne me reste que cinq ou six fois à répéter cet effort. Avant d'hésiter, je retourne dans l'échelle et je redescends.

Je me concentre sur ma tâche beaucoup plus calmement que la première fois. Je sors et je replonge au moins cinq fois et, à chaque épisode, je vais toujours un peu plus loin derrière, loin devant. Je m'attaque aussi à tribord.

Enfin, à la dernière plongée, je prends un moment pour rester dans l'eau et continuer d'observer les méduses et leurs danses. Je vois mon petit Ballot qui est resté dans l'eau avec moi durant tout ce temps. Je laisse la mer m'imprégner, j'essaie de sentir l'eau sur ma peau, d'écouter le silence de la mer. Je flatte la coque de mon bateau. Je me laisse porter dans les bras de l'océan jusqu'à mon échelle. Je sors de l'eau, essoufflée d'avoir fait un avec la mer.

Encore sous l'effet de la nervosité, je suis prise d'un fou rire merveilleux. Allongée dans l'espace réservé à la rame, je regarde les vagues en me disant qu'elles n'ont plus de secrets pour moi.

Au téléphone, Michel me félicite. Il a la voix heureuse, il est content. Enfin, je pourrai atteindre des pointes de vitesse beaucoup plus respectables.

Après avoir nettoyé mes vêtements, pris un bain, mangé un sac de croustilles et m'être donné la permission d'un verre de vin, je goûte au résultat de ma prouesse : trois nœuds !

En ramant ce soir, je réfléchis à ma peur. Je pense à moi, toute petite, qui ne voulais pas rester seule dans l'eau. Peut-être que c'est plutôt de moi que j'ai peur. J'ai peur de perdre le contrôle de moi-même s'il se produit quelque chose. J'ai peur d'être inadéquate. Surtout de ne pas être capable de gérer la situation. Assurément, j'ai peur d'avoir peur.

En ramant, je goûte la fierté dans chaque parcelle de mon corps et j'essaie de sentir la carène de mon bateau comme si c'était mon ventre et que je sentais l'eau sur ma peau, sans rien pour brouiller ma route. Plus d'anatifes, plus de mollusques, que la carène et l'eau. Que l'océan, *Hermel* et moi.

Ici, les petits plaisirs de la vie peuvent prendre une valeur incommensurable. Je savoure d'une autre façon mes plats préférés. En préparant les provisions de mon voyage, j'ai choisi 14 recettes différentes, toutes de plats lyophilisés, séchés à froid. Rien à voir avec les sachets de soupe déshydratés du supermarché, bien que j'en aie aussi apporté quelques-uns. Mes repas lyophilisés sont goûteux. Et en m'apercevant que j'avais trop de nourriture à bord, je sélectionnais mes préférés pour conserver les moins succulents pour plus tard.

En croyant que l'année 2013 me laisserait ramer tous les jours, mon nutritionniste avait calculé mon apport énergétique quotidien selon 10 heures de rame en moyenne, et ce, sur environ 110 jours. Après un mois en mer, je n'ai presque pas pigé dans ma réserve de rations journalières et, depuis que j'ai découvert la recette de porc méditerranéen et de pâté chinois, je veux toujours m'en mettre sous la dent.

Tous les matins où je peux ramer, je me plais à ouvrir une écoutille du pont pour y piger une ration quotidienne dans l'espoir d'y trouver une de mes recettes préférées ou un sac de croustilles. Mon premier regret a été de ne pas avoir prévu un sac de chips pour chaque ration.

Depuis les hauts-fonds, de l'eau s'infiltre dans deux de mes compartiments de provisions et j'ai dû refaire mon inventaire de nourriture à deux ou trois occasions. Lors de ces inventaires, j'ai choisi de garder les croustilles, les sacs de noix salées et mes chocolats préférés pour les jours de tempêtes. Durant un gros temps, alors que j'ai été soumise à une violente envie de sel et que j'ai dû faire face à une pénurie de croustilles dans ma cabine, j'ai fait une razzia spontanée de mes compartiments de la passerelle. Jalapeno est ma saveur de croustilles préférée. J'ai dévalisé mon stock depuis longtemps déjà.

Ça fait déjà presque un mois que le *Queen Mary 2* est passé et il y a déjà longtemps que j'ai mangé tous mes aliments frais. J'ai avalé tous les fruits en une semaine tout au plus, et les viennoiseries en quatre jours. Au moins, depuis le passage du bateau, je ne me rationne plus en thé ; les Anglais m'en ont laissé plus de 150 sachets. La chose la plus déconcertante que j'ai trouvée dans mes ballots a été des conserves de sardines. Ironiquement, j'en ai plein mon bateau et j'ai une aversion complète pour ces petits poissons depuis quelques semaines après mon départ. La nourriture est devenue un facteur de motivation et elle fait souvent office de récompense durant les jours difficiles. Si je rame contre le vent et que ça s'avère difficile, je choisis mes barres de céréales préférées, sinon je pige dans ma réserve et j'avale la première qui me tombe sous la main, sans discrimination.

Normalement, je m'autorise une pause de moins d'une heure après trois heures de rame. Parfois, sans m'en rendre compte, il peut m'arriver d'en ramer quatre de suite sans m'arrêter. Après la pause, je retourne aux avirons pour un autre grand quart et n'arrête que plus tard, parfois beaucoup plus tard, tout juste avant d'aller au lit. Depuis l'automne, la mer est imprévisible et je préfère rentrer lorsque je ne distingue plus les vagues. Durant l'été, c'était plus facile, les vagues étaient plus petites et beaucoup plus chaudes lorsqu'elles s'abattaient dans le cockpit. Maintenant, même si l'eau est à 19 degrés, le soir, le fond de l'air est un peu plus froid.

La fin du mois d'octobre me permet de ramer quelques jours de suite. Dans ces eaux automnales, même si l'océan se gonfle et que très souvent le vent souffle trop, je peux au moins prendre du plaisir aux avirons. Ma nouvelle valeur de vent préférée frise maintenant les 20 nœuds. Rarement, le vent souffle moins fort, mais, pour quelques jours, je serai au centre d'une dépression et ce sera le calme plat.

Ce soir, le calme me permet de déposer mon hydrophone sous l'eau. Enfin, je peux enregistrer les sons de l'océan. En partenariat avec l'Institut des sciences de la mer de Rimouski (ISMER), je récolte des données pour faire de la recherche scientifique. J'espère amasser assez de données pour aider les chercheurs à comprendre un peu mieux l'océan. À chaque installation, c'est pareil. Entre le moment où je déploie mon hydrophone sous l'eau et le moment où je démarre le système, je suis toujours excitée de tendre l'oreille pour entendre les secrets de l'océan. Parfois, j'entends des lamentations ou de longues plaintes ; d'autres fois, des sons stridents. Ce soir, je perçois des gémissements forts et secs dignes d'une querelle entre mammifères. J'imagine une mère qui gronde son enfant. Je distingue aussi des claquements secs et rapides, peut-être le fruit d'une écholocation. J'aime me laisser bercer par la mer et ses sons merveilleux que

265

j'essaie d'interpréter. Je laisse souvent mes écouteurs ouverts et le volume au plus élevé pour que les sons puissent me parvenir aux oreilles de partout dans ma cabine et pour que je puisse entendre un mammifère arriver. Un matin, j'ai entendu une baleine respirer très fort et, en sortant de ma cabine, je l'ai vue apparaître tout à côté de moi. Ça a été une rencontre merveilleuse. Le mammifère imposant a ensuite disparu sous l'eau dans une douceur absolue.

Bien que je puisse faire ma recherche, rien ne m'aide à avancer. Pendant trois jours, je ne comprends plus rien à la mer. Autant au sol que sur ma position, nous avons tous des données contraires. Hermel m'annonce quelque chose qui ne correspond pas aux informations de Michel, qui à leur tour contredisent celles que j'expérimente ici. Pendant que Michel m'annonce un vent d'ouest, je récolte un vent du sud... Je n'y comprends plus rien. Un moment, la mer se fâche tandis que le vent souffle dans une direction en m'empêchant de ramer et, dès l'heure suivante, je reçois des bourrasques du nord, puis la mer se calme enfin. L'état de la mer est maintenant croisé et les vagues ne sont plus régulières. Je comprends que je suis au centre d'une énorme dépression. Cette zone est imprédictible et déconcertante ; on dirait que le vent ne sait plus où aller. La pression barométrique est plus basse qu'elle ne l'a jamais été. J'imagine que, lorsque le vent de nord va frapper pour me sortir du centre de la dépression, ça va barder.

Effectivement, dans la nuit du 110e jour, je sens mon bateau gêné par le vent qui se lève. Enfin, j'ai l'impression que nous nous dirigeons vers le sud. Je dois constamment corriger la direction du bateau à l'aide de la barre de mon habitacle. Sans sortir à l'extérieur, je cherche une position confortable pour le bateau, entre les vagues. Très tôt, j'appelle Michel qui me semble très sérieux. Il me somme de faire plein sud toute la journée. J'aurai 22 à 23 nœuds nord-ouest aujourd'hui, ce sont les conditions idéales pour m'amuser. Même si c'est un peu plus que ma valeur préférée, il me suffit d'être prudente et de m'élancer.

La mer est déjà très forte avant le lever du soleil. Je m'installe avec un bon chocolat chaud double café. Aujourd'hui, c'est mon anniversaire et je compte ne rien laisser me distraire de savourer mon bonheur d'être ici. Je ne célèbre pas seulement mes 35 ans, je me remémore aussi chacune des étapes qui m'ont permis d'être ici. Je pense au soir de mes 30 ans, exactement cinq ans plus tôt, lorsque j'ai vidé mon sac devant mes amis et leur ai fait part de mon grand rêve. Je repense à l'année suivante, en Angleterre, où j'ai essayé pour la première fois un bateau à rame océanique avec mes cinq compagnons, puis à celle où je suis revenue des Îles-de-la-Madeleine les mains vides, mon bateau resté dans l'archipel. Je revois mes misères de 2012, au retour de ma traversée de l'Atlantique à la voile. Je réfléchis à ces années un moment avant de regarder la mer et de mieux apprécier ma chance d'être ici.

Je me dis que si j'avais eu une année de belle météo, je serais déjà arrivée sur la terre ferme et je n'aurais pas ce plaisir à ramer aujourd'hui.

Je ne me lasse jamais d'observer le paysage dont je suis témoin, où les vagues ne sont jamais pareilles. Une à une, elles se suivent et dansent avec le vent avec la régularité d'un métronome. Parfois, une crête blanche se dessine sur les plus hautes structures d'eau et se jette ensuite au creux de la vague qui précède et qui se sauve devant. Le plus beau son du monde reste celui du pétillement de l'eau alors qu'une vague s'évanouit. Un son infiniment doux rejaillit de la surface en laissant l'air reprendre sa place à l'extérieur de l'eau, et la mer, retrouver sa couleur.

Depuis que le soleil s'est levé sur le continent américain, mon téléphone ne dérougit pas. Mon équipe et mes amis ont de bons mots pour moi, maman et papa m'appellent, des textos entrent par dizaines. Dans l'après-midi, je reçois même l'appel de la première ministre qui me souhaite un bon anniversaire. Un moment comme celui-ci me fait réaliser que mon aventure a pris des proportions que je n'osais imaginer. Depuis le départ, même si je donne des entrevues à n'en plus finir, je ne peux imaginer ce que ça crée sur la terre de chez moi. Ici, je suis coupée du monde. Il n'y a que mon équipe et mon petit cercle fermé qui me racontent ce qui se passe à l'extérieur, alors recevoir l'appel de Pauline Marois me fait comprendre que mon projet a rejoint d'autres sphères et atteint maintenant bien des gens.

267

Durant l'après-midi, j'aperçois un troupeau de globicéphales à l'horizon. Ils s'approchent pour nager avec moi. Il y a deux jours, un grand mammifère, probablement un mâle de leur troupe, s'est beaucoup trop approché de moi. Il est venu tellement près que j'ai eu peur. Alors que j'étais en train de ramer, j'ai aperçu la grosse baleine à bâbord, qui a disparu ensuite pour ne me laisser voir que sa queue de l'autre côté. Elle m'a aspergée d'eau d'un coup de queue. J'ai eu le souffle coupé. Je me suis demandé comment interpréter ses actions. Était-ce un comportement de provocation ou simplement un élan de gentillesse envers moi, nouvelle dans le secteur ? La baleine voulait peut-être me souhaiter la bienvenue dans cette zone. Je sais que les globicéphales sont très territoriaux et qu'ils vivent en groupe. Celui-ci était seul. Peut-être était-il venu en éclaireur ? C'est ce que je pense aujourd'hui quand je vois toutes ces baleines autour de moi. Probablement que mon gros mammifère de cette semaine fait partie du troupeau.

Je suis aux anges. C'est merveilleux de les savoir avec moi. Je prends des photos pendant de nombreuses minutes, alors que les globicéphales nagent autour de moi. Aussitôt qu'ils s'éloignent et que je les perds de vue, je m'enferme quelques minutes dans ma cabine pour envoyer des photos tout en barrant mon petit navire du mieux que je peux.

Dès que je sors de mon habitacle, ils sont déjà revenus. Je me réinstalle aux avirons et je rame avec eux. Ils partent devant et reviennent par-derrière. J'aperçois encore les mamans et leurs baleineaux. Je me sens transportée par l'excitation de notre rencontre. C'est comme si les baleines savaient que c'est mon anniversaire aujourd'hui. Quand elles s'approchent, je crie sans arrêt pour leur transmettre au maximum ma joie pour les voir revenir. Je les imagine se questionner sur ce que je suis. J'essaie d'imaginer ce qu'elles perçoivent chaque jour dans ce si vaste territoire. Je suis presque certaine que c'est la première fois qu'elles observent un bateau comme le mien, sans quille, ni voile, ni moteur bruyant. Je suis discrète et tranquille. J'avance lentement, sans turbulence et sans faire un vacarme infernal qui déchirerait le silence de l'océan.

En plus de la visite régulière des baleines, je jubile de voir la vitesse affichée sur mon loch. C'est incroyable ! Quand je prépare bien les rames, prête à attaquer les plus grosses vagues, je peux atteindre plus de cinq nœuds. Aujourd'hui, je n'ai pas le goût d'arrêter de ramer. Aussitôt que sonne l'heure du souper, je prends une pause pour manger et faire le point avec Michel. Depuis mon réveil, j'ai déjà accumulé près de 40 milles au compteur et il est à peine 18 h. Je dois continuer et me positionner au sud le plus possible. Hermel me texte pour me dire à quel point il est fier, Jean-Pierre et Dominique en font autant. On me dit de ne pas lâcher et de pousser plus loin. L'objectif est d'aller me positionner au sud des dépressions pour pouvoir profiter d'un vent d'ouest et parfois du sud-ouest afin de mieux avancer par la suite et d'avoir plus souvent des jours de grâce comme aujourd'hui.

La journée se clôture à 62 milles parcourus. À l'intérieur de mon habitacle, je m'endors, épuisée et heureuse, la main sur la barre pour diriger mon bateau et ne pas trop déranger mon repos.

Les samedis matin laissent toujours place à notre rendez-vous hebdomadaire pour nos prévisions météo. Jean-Pierre organise l'appel et nous sommes rapidement tous les trois en ligne. Étrangement, Jean-Pierre a changé l'heure de la réunion ce matin, et ma participation n'est requise qu'à partir de 9 h 30. Dès que je me joins à l'appel, Michel prend la parole pour m'informer des grandes lignes des 24 à 48 prochaines heures. Fait inhabituel, Hermel et Jean-Pierre ne parlent pas de données météo et nous n'abordons que la tactique de route qui se résume en une pure simplicité : installer l'ancre flottante et attendre. Je me doute que quelque chose ne tourne pas rond et je devine que Hermel et Jean-Pierre sont sous le stress de la tempête qu'on m'annonce ce matin. J'ai l'impression qu'on met des gants blancs pour s'adresser à moi.

Je comprends que les premières données météo se sont adoucies depuis quelques jours et que, lorsque mon routeur m'a demandé d'aller vers le sud, c'était en effet pour profiter de la portion sud des dépressions, mais surtout pour éviter la tempête qui se pointait sur ma position. Exactement à l'endroit où j'étais il y a quelques jours

269

souffleront des rafales de 85 nœuds durant la tempête de demain. Il y a 24 heures, les prévisions annoncées sur ma position actuelle étaient de 74 nœuds. Depuis, Dame Nature s'est adoucie et on m'annonce des rafales de seulement 65 nœuds. Les vagues sont d'une donnée impressionnante : 10 mètres et peut-être même un peu plus.

Je m'organise pour faire face au pire. Comme d'habitude lors d'annonce de tempête, je range tout à l'abri, je conserve des réserves d'eau et de nourriture en cabine et je me blottis dans mon lit humide. Depuis mon accalmie de début de semaine, j'ai eu droit à des vêtements neufs et à un grand séchage au soleil. La baleine qui m'a rendu visite a aspergé mon sac de couchage qui séchait maintenant à l'extérieur. Parce qu'elle est tellement gentille de m'avoir ramené sa famille, je lui ai pardonné ses écarts de conduite.

Cette fois-ci, je fais face à la tempête et ce n'est pas une tempête ordinaire puisque, contrairement aux précédentes, la vague arrive de l'est et de devant, et non par-derrière. Couchée dans mon habitacle, attachée à mon lit, je vois le spectacle des vagues qui se suivent les unes les autres par la portière de la cabine. Je les vois frapper ma proue et éclabousser le pont, et, souvent, se fracasser sur ma porte. Une vague plus loin, je distingue une petite tache orangée que je devine être ma bouée. Elle flotte devant l'*Hermel* et m'indique où se trouve mon parachute sous-marin et me rassure sur le fait qu'elle est toujours au bon endroit, entre moi et la mer qui s'acharne droit devant.

En voyant la hauteur des vagues, je me refuse à imaginer ce qu'il se produirait si mon ancre parachute devait se déchirer ou si une manille devait se défaire et lâcher. Des images spectaculaires me traversent l'esprit et je m'angoisse rien qu'à y penser. J'essaie de revoir chacun des gestes que j'ai faits plus tôt afin de m'assurer d'avoir bien sécurisé les nœuds qui retiennent mes manilles bien fermées autour de l'attache de mon ancre parachute.

Cette fois-ci, comme j'en ai pour plus de 30 heures à être immobile, je me suis confectionné une sangle avec du cordage pour tenir mon ordinateur bien en place autour de ma taille, question de l'empêcher de voir le plafond si je venais à chavirer. Bien calée au fond de ma cabine, la tête surélevée par mes nombreux sacs étanches derrière ma nuque et mon dos, l'ordinateur sur moi, je me suis attachée avec mes objets pour ne faire qu'un avec le bateau.

Durant des heures, je parle à ma meilleure amie au téléphone. Pauvre Julie, de nombreuses fois, j'ai dû descendre sur mes yeux le bonnet que j'ai constamment sur la tête pour me cacher le spectacle qui se déroule devant moi et la protéger du supplice de lui crier dans les oreilles. C'est la première fois que je fais l'expérience d'une mer aussi imposante. D'immenses vagues se gonflent et se déchaînent. Elles sont gigantesques, marbrées de gris et de turquoise. Très longues, elles se forment très lentement, elles montent dans le ciel avec une douceur déconcertante et, dès qu'elles atteignent leur apogée, le vent transforme leurs crêtes en cimes blanches qui déferlent sur elles-mêmes.

J'essaie surtout de me changer les idées durant cette période. Je me sens complètement insignifiante. Je suis là, impuissante, à regarder l'immense océan qui se fâche et que je prie de me laisser passer. Étrangement, lorsque le jour quitte ma zone, je suis beaucoup mieux. Je n'ai plus le rappel incessant de la mer sous mes yeux. Je suis moins nerveuse, plus en confiance. J'entends la corde de l'ancre avant travailler, s'étirer et forcer, mais rien d'angoissant.

Pendant la tempête, Julie me parle des canards que nous avons vendus cette semaine. J'ai quitté Halifax avec une bonne quantité de petits canetons de plastique que nous avons vendus lors de mon programme de financement participatif. Pour chaque canard, une photo devait apparaître sur mes réseaux sociaux depuis mon bateau sur l'océan ou durant les mois suivant mon retour sur la terre ferme. Je devais aussi contacter les propriétaires et leur donner des nouvelles depuis l'océan. Toutes les semaines, la liste s'allonge et le nombre de minutes de téléphone satellite décroît à mesure. Je profite de la tempête pour appeler certains des premiers propriétaires, mais, très souvent, l'étrange numéro qui apparaît sur leur afficheur en fait douter plusieurs et on me répond rarement. D'autres fois, je suis incapable d'obtenir la connexion et je passe de nombreuses minutes à tenter de joindre plusieurs personnes en vain. Nous convenons, à partir d'ici, que nous organiserons un évènement pour tous ces contributeurs afin de les rassembler, les rencontrer et leur remettre leur canard en personne après ma traversée. Depuis que l'on a arrêté cette démarche, le stress que je ressentais à devoir tous les appeler tombe. D'ici la fin de la traversée, je tente de mettre le plus de canards possible en vedette, en les incluant dans les photos que j'envoie à mon équipe pour qu'ils les affichent sur mes réseaux sociaux. Enfin, quand je suis enfermée dans ma cabine, en proie à de violentes tempêtes comme celle d'aujourd'hui, je réfléchis à de nouvelles idées de mise en scène pour inclure un canard dans mes photos. Ce petit jeu occupe mon esprit même dans mes pires moments de terreur ou d'angoisse. Ils me permettent surtout de penser à quelque chose de positif et de ne pas alimenter ma peur. Mes petits canards me rappellent surtout que plusieurs personnes croient en moi et comptent sur moi pour les rapporter sur la terre ferme au terme de ce long voyage.

Au téléphone, Jean-Pierre me fait la lecture de la lettre que m'a adressée Mme Catherine, une enseignante de Québec. Depuis la rentrée des classes, plusieurs enseignants se servent de ma traversée pour inculquer certaines valeurs à leurs jeunes étudiants. Jean-Pierre me raconte ce qui se passe sur Twitter. Comme Mme Catherine est une enseignante innovante, elle utilise le réseau social pour transmettre certaines notions à ses étudiants. Régulièrement, Jean-Pierre me rapporte les dernières nouvelles de mon compte et devient ainsi mon clavier. Je lui dicte quoi répondre aux nombreux étudiants de partout, autant ceux en France, au Texas, au Nouveau-Brunswick que ceux de la classe de Catherine à Québec.

Les enfants m'envoient des photos et des dessins que Jean-Pierre me décrit avec précision. Ils m'écrivent des chansons, des poèmes et des lettres adorables. Certains enseignants se servent de mon épopée pour faire bouger leurs élèves, les motiver à compter, à écrire et à composer en plus de leur permettre d'apprendre des données sur la science, l'environnement et la santé. Parmi eux, il y en a qui, incapables de répondre à toutes les interrogations de leurs étudiants, entrent en contact avec mon équipe pour nous envoyer des listes de questions. Jean-Pierre les rassemble et réalise ensuite une entrevue avec moi, qu'il enregistre et rediffuse sur les réseaux.

Depuis le début du parcours, tous les jours ou deux, ou presque, je m'adresse à une boîte vocale pour offrir aux gens qui suivent le voyage des *podcast* audio. Bilingues, les *podcast* me permettent de me livrer et de raconter des faits inédits des derniers jours. Par la suite, mes capsules audio, comme les entrevues réalisées avec Jean-Pierre, sont accessibles sur mon site Internet et sur les réseaux sociaux. Souvent, dans mes rapports quotidiens, je profite de l'occasion pour saluer les enfants de différentes écoles, pour répondre à leurs questions et aussi pour remercier certains professeurs de leur permettre de découvrir l'océan par l'intermédiaire de mon projet et de leurs initiatives.

Maintenant que je suis en proie à une émotion intense dans une mer déchaînée, ce n'est pas la hauteur des vagues ou l'impressionnant vent qui frappe la coque de mon *Hermel* qui emplissent mes yeux de larmes, mais plutôt ce que Jean-Pierre me dit à mon oreille. Par le touchant témoignage de Mme Catherine, je prends conscience de l'importance que les tout-petits accordent à mon voyage. J'espère les toucher, leur faire vivre l'aventure et remplir leurs yeux d'étoiles, mais surtout leur faire réaliser toute l'importance que revêtent la persévérance et la détermination.

ARRIVÉE — LORIENT
12/11/2013

16

VIVRE SUR LA LIGNE

C'est arrivé au début alors que ça faisait à peine 10 jours que j'avais quitté Halifax et, à cause d'un soi-disant faux départ, l'ORS a demandé à Dominique que je reprenne la traversée depuis le début. Chaque fois qu'elle m'appelait pour m'annoncer la nouvelle, j'étais enragée. Une affaire impossible. Je m'en souviens comme si c'était réel. Et chaque fois que je raccrochais pour m'allonger sur mon lit et pleurer, je comprenais que je rêvais.

Je fais le même rêve depuis le début et, chaque fois, je mords à l'hameçon. Je me réveille en état de panique, comme si tout ce que j'avais fait jusqu'ici n'avait servi à rien, comme si tout pouvait s'écrouler. La frustration et la colère que je ressens quand je me réveille sont intenses et accablantes. Je suis certaine que les mêmes émotions m'accableraient à la puissance 10 si je venais à manquer mon coup et à devoir tout reprendre dans un an ou deux. Je m'efforce toujours de me calmer, je me répète que tout va bien et que ces rêves n'ont rien d'un mauvais augure. Ce ne sont que des cauchemars, point à la ligne.

Je fais souvent ce mauvais rêve lorsque je suis enfermée dans ma cabine pendant de nombreux jours consécutifs et que je ne peux pas ramer. Ça me donne l'impression que je ne suis toujours pas partie. C'est peut-être parce que je me suis répété sans cesse durant les deux premiers mois du voyage « Je suis partie » que je pourrais enfin prouver ce dont je suis capable si j'avais ramé plus de 10 jours consécutifs. Les 10 jours attendus ne sont jamais arrivés et, depuis la Nouvelle-Écosse, j'aiguise ma patience d'une façon incroyable. Et je me sens toujours narguée par la météo qui ne cesse de s'emballer pour me montrer brièvement les plus beaux atours de l'océan.

Lorsque les conditions m'ouvrent leurs portes quelques heures, j'ai trop souvent une liste interminable de tâches à accomplir avant même de pouvoir profiter d'une journée aux avirons, à commencer par réparer mes rames ou de tenter d'y parvenir.

Et c'est bien après la mi-parcours que j'ai compris que le défi n'était pas de traverser l'Atlantique à la rame, comme en 2010, mais plutôt de naviguer à travers l'Atlantique dans un bateau à rames.

Ce matin, je me prépare encore pour d'éventuels chavirages. Onze heures. L'heure que j'ai écrite dans mon carnet en grosses lettres est celle à laquelle je devrai être fin prête, attachée, casque sur la tête dans ma bannette, mais je vaque toujours à mes préparatifs. Je suis un peu nonchalante, je dois l'admettre. Je tarde à effectuer tout le travail nécessaire. Alors que je m'élance vers la portière pour sortir et prendre de la nourriture dans mes compartiments extérieurs, je me sens propulsée au plafond et ma tête frappe le panneau électrique.

Quelques secondes plus tard, je ne me souviens pas d'avoir senti le bateau revenir sur son ventre ni d'avoir effectué une manœuvre, mais je suis là, estomaquée, secouée et mal en point. Ma tête me fait atrocement mal, comme si mon crâne était fracturé. Mon avant-bras a heurté quelque chose de très lourd et de rigide, que je ne peux identifier. Je suis dans un état second, en proie à une nervosité intense et une honte accablante. Je ne suis pas fière de moi. Mon huitième chavirage me fait surtout mal à l'orgueil. Je me sens soudainement idiote et très peu fiable. J'ai pourtant accepté et admis la même chose que mon équipe : selon les conditions, je dois être prête à l'heure déterminée. Mais, à peine six minutes plus tard. Bang ! Voilà où j'en suis.

Un peu étourdie, en larmes, je retrouve ma couchette le plus rapidement du monde, une débarbouillette humide sur le front et l'orgueil dans les talons.

Je me sens comme la pire des empotées. J'ai pourtant toutes les informations pour pallier ce type de problème. Mes trois chavirages précédents se sont bien déroulés et ils n'avaient rien en commun avec la violence de celui d'aujourd'hui. Les trois dernières fois que l'*Hermel* a montré sa carène au ciel, j'étais au téléphone avec différents membres de mon équipe. Certaines fois, j'ai même dû les rassurer et leur dire que tout allait bien. Quelques secondes plus tard, le bateau revenait à l'endroit dans le vacarme habituel qui surprenait mon équipage terrestre. À la suite de ces évènements, qui m'ont paru cocasses, chavirer ne me faisait plus peur, enfin jusqu'à aujourd'hui.

La chose qui m'indispose le plus, c'est de savoir quand ouvrir la porte pour me permettre de faire entrer un peu d'air dans ma cabine. Je note souvent dans mon GPS l'heure et l'endroit où j'aère mon habitacle pour me convaincre que c'est bien fait. J'essaie de ne pas penser au scénario dans lequel je manque d'oxygène durant mon sommeil et où je m'éteins tranquillement.

Alors que je parle au médecin ce soir, Sylvain me suggère de rester éveillée pour la nuit, sinon de l'appeler toutes les heures pour faire un suivi. Au matin, Christiane prend le relais. Mon bateau se couche régulièrement à 90 degrés. La mer, cette nuit-là, ne nous offre aucun répit. Les vagues sont combinées et croisées, et je sens que j'ai tout avantage à rester bien attachée à mon lit. Pendant que j'écoute un de mes films préférés à l'écran de mon ordinateur bien fixé sur moi, j'entends un son particulier. J'enlève mes écouteurs aussitôt. On dirait une fuite… une fuite de butane !

Mon petit réchaud, que j'ai pourtant bien maintenu dans le filet de rangement, est tombé sur le plancher de ma cabine et s'écoule depuis je ne sais quand. Lorsque je m'approche de la bonbonne, elle est complètement gelée, le plancher aussi. De crainte d'une étincelle,

277

j'éteins le fusible central, ce qui coupe l'électricité du bateau. J'agrippe la bonbonne et la dévisse du brûleur. Je la jette sur le pont et je referme la porte. Je sais que le butane est un gaz lourd et que mon habitacle pourrait maintenant en contenir une importante quantité. J'hésite entre ouvrir la portière du pont pour aérer ma cabine convenablement et me libérer du butane qui se trouve peut-être dans mon habitacle. Le risque de chavirer avec la portière ouverte me fait aussi peur. Dois-je laisser cette possible quantité de butane à l'intérieur ? Je crains les risques d'incendie qu'une étincelle pourrait provoquer. Est-ce que ma santé pourrait en souffrir si je reste là, comme ça, à attendre, l'électricité coupée, avec du butane et du gaz carbonique dans la cabine ? J'y vais d'instinct. À intervalles réguliers, j'ouvre simultanément les deux portières, celle de devant et celle de derrière pendant 10 secondes durant lesquelles je fais entrer le plus de vent possible pour changer l'air. Après quoi je reprends mon souffle.

Après quelques moments à aérer la cabine, je retourne au lit, épuisée par ce jeu de roulette russe, heureuse d'être toujours au sec avec l'impression de l'avoir, encore une fois, échappé belle.

J'appelle Sylvain pour lui raconter l'évènement et lui demander son avis. Depuis l'hôpital, j'imagine que c'est bien difficile de savoir si ma cabine peut encore contenir du gaz, mais les heures qui suivent rassurent mon équipe médicale.

L'épisode «butane postchoc à la tête» me ramène à l'ordre en me rappelant que le succès ne tient qu'à un fil et que le danger me guette constamment. Malheureusement, la peur s'efface rapidement de mon esprit et, à force d'être continuellement balancée dans les conditions de plus en plus mauvaises de l'automne, évoluer dans ce milieu hostile devient habituel pour moi. À le fréquenter aussi souvent, le danger devient difficile à reconnaître.

À travers ces dernières difficultés, je me dois de rassurer les membres de mon équipe. J'ai peur qu'ils n'aient plus confiance en moi. Au cours de mes discussions avec eux, je sens leurs inquiétudes croître à mon égard. Lors d'une conversation avec Réjean Blais, un journaliste avec qui je collabore régulièrement depuis ma première traversée, je prends encore plus conscience de l'inquiétude provoquée par mes erreurs. Durant ma préentrevue avec lui, je me surprends à le rassurer sur ma condition à la suite de mon dernier chavirage. Soudainement, c'est la première fois que je perçois de l'angoisse dans sa voix. Aujourd'hui, le rôle d'interviewer–interviewée laisse place à une conversation entre amis. Je comprends que Réjean, comme beaucoup d'autres, aimerait que j'arrive à bon port le plus tôt possible et, enfin, tirer ma révérence à l'océan.

Alors que les conditions n'annoncent pas de chavirage évident, Hermel et moi ne sommes pas d'accord sur le fait d'installer ou non l'éolienne. Hermel me demande de la conserver bien rangée dans les compartiments étanches de ma cabine, et moi, qui juge nécessaire d'emmagasiner de l'électricité durant la nuit, j'aspire à la remettre en place.

Pendant que j'installe mon indispensable appareil sur la cabine avant, je regarde la cime des vagues derrière l'*Hermel*. J'ai une longue hésitation en voyant des vagues très rapprochées aux alentours. Alors que je suis sur la pointe des pieds, les outils entre les dents, le doute au ventre, je m'arrête pour réfléchir. J'essaie d'entrevoir un peu mieux la mer dans la nuit, à la recherche d'une intuition, d'un indice. Mon doute est grand, mais comme je fréquente le danger quotidiennement, on dirait que je suis moins outillée pour le reconnaître, que cet environnement est maintenant devenu ma base comparative, ma normalité. Si je compare la mer à celle de ce matin ou d'à midi, elle est bien plus belle, mais si je la compare à celle des mois d'été, celle qui se manifeste autour de moi est d'une violence à faire frémir.

Même s'il m'est difficile de prendre une décision, je choisis d'aller de l'avant avec la mise en place de mon appareil.

Tout se déroule comme prévu. La nuit passe et me permet d'emmagasiner une bonne quantité d'énergie dans mes batteries.

Vers 6 heures du matin, je me réveille d'un bond, habitée par le sentiment étrange de me faire réveiller par quelqu'un. Je regarde mon Iridium, mais aucun message ne vient d'y atterrir. Je pense à mon éolienne et j'ai une folle envie de sortir à l'extérieur pour aller la retirer et la ranger en sécurité. J'ai le sentiment qu'il va se passer quelque chose, que le bateau ne bouge pas de la même manière sur l'eau. Je le sens dans tout mon corps et jusqu'au bout de mes doigts. Je regarde l'écran de mon GPS pour vérifier qu'aucun bateau ne se trouve dans les environs.

Subitement, je sens la poupe et mon habitacle se lever vers le ciel, et moi, presque debout dans ma cabine, je glisse à bâbord. Je perçois l'arrière du bateau qui se lève et culbute vers le côté bâbord avant. Lorsque le bateau revient à l'endroit, il a littéralement le nez au sud. Je devine immédiatement que la suite sera beaucoup plus difficile. Je soupçonne le désastre. Dans un élan, je regarde à l'extérieur pour au moins m'assurer que l'éolienne est toujours en place. Je coupe le courant et j'essaie de voir si, au moins, les pales sont toujours là. Même si tout est en place, mon éolienne semble avoir été endommagée, car j'aperçois l'huile couler du rotateur. Et avec tous les regrets du monde, j'appelle Hermel pour lui annoncer la nouvelle.

J'imagine comment peut se sentir l'homme aux yeux pleins d'étoiles. Je sens la déception dans sa voix. Hermel n'est pas de ceux qui tiennent rigueur aux autres, et on sait très bien tous les deux que, de toute façon, je suis la première à souffrir des conséquences de mon obstination. De sa voie douce habituelle, il accepte la nouvelle.

Tout de suite après notre entretien, je prends l'initiative de faire de l'eau afin d'en emmagasiner une assez grande réserve. Bien que j'aie déjà quatre litres à ma portée, quelques litres supplémentaires ne seront pas superflus, car personne ne sait avec certitude à quel moment je pourrai profiter de mon dessalinisateur de nouveau ou à quel moment j'arriverai sur la terre ferme. Ce matin apporte le jour 120 et, dans les meilleures projections, je pourrais en avoir pour huit jours encore sur la mer.

Mes deux panneaux solaires ne fournissent pas suffisamment d'électricité pour recharger mes batteries et alimenter mon circuit électrique au complet. Je choisis d'être prudente et je réduis à néant ma dépense énergétique. De reculons, je ferme mon GPS, ma radio VHF, mon système de positionnement automatique, mais j'essaierai de conserver mes lumières de navigation allumées durant la nuit. Adieu système de divertissement pendant les tempêtes. Plus de caméra, d'ordinateur, de tablette, de chargeurs ni de lecteur MP3. La seule chose qui fonctionne toujours est ma balise de positionnement qui permet à mon équipe de voir où je suis et qui peut fonctionner avec quelques piles indépendantes, et mon téléphone satellite qui arrive à peine à se recharger avec la faible luminosité du jour.

Les prévisions de nébulosité étant ce qu'elles sont en cette période automnale, je vis tous les jours avec l'espoir que mes panneaux solaires pourront me fournir suffisamment d'énergie pour que je puisse faire de l'eau le lendemain. Chaque jour, c'est la même histoire, comme un âne devant sa carotte : j'avance avec la promesse d'un lendemain ensoleillé.

Dans ma cabine sombre, ce soir-là, je réfléchis. Je constate que les derniers jours seront, à eux seuls, une aventure en soi. Je sais qu'il reste encore plusieurs milles nautiques devant moi et, comme le témoigne l'expérience de mes prédécesseurs, les accidents arrivent souvent vers la fin. Je ne peux pas me permettre de baisser ma garde. Ici, c'est encore l'océan.

Même si ça fait quatre mois que je suis en mer et même si je le sens comme tel, cet endroit n'est pas chez moi.

Je me souviens des premiers rapports météo pendant lesquels je frissonnais de savoir que des vagues de quatre mètres feraient leur apparition sur ma zone. Les annonces de rafales à 25 nœuds me donnaient froid dans le dos. Lors de ma première traversée, on avait eu des vagues de trois mètres pendant le seul gros système dépressionnaire rencontré. Même durant ma traversée de l'Atlantique Nord à la voile, je n'ai rien rencontré de tel, tout au plus de grosses conditions de 30 nœuds. Depuis cinq semaines, les rafales de 50 nœuds et les vagues de 7 à 11 mètres sont monnaie courante, c'est devenu la norme ; l'océan ne me fait plus peur.

Avant ma blessure à la tête, chaque fois que la mer se gonflait, il ne m'arrivait rien, à part quelques chavirages, quelques bris d'équipement ou de petites égratignures. Mon intégrité physique a toujours été préservée. Jusqu'en novembre, j'ai eu de la chance et, chaque fois qu'elle me souriait, elle amenuisait la valeur du danger, du risque. J'ai tenu ma chance pour acquise.

À chaque évènement, l'océan me prouvait qu'il y avait plus de peur que de mal, et j'avançais dans l'expérience en m'endurcissant toujours davantage. Sournoisement, je suis devenue insensible au danger, je ne le reconnais plus autant autour de moi. Surtout, je tenais pour acquis le privilège qu'il m'accordait d'être toujours en vie.

Le danger est un ennemi, mais encore faut-il l'identifier.

À faire face aux mêmes stimulus, on ne perçoit plus leur influence sur soi. Après des vagues de 11 mètres, les petites de 4 mètres qu'on voit arriver n'ont rien d'inquiétant. Hier, les vagues avaient quatre mètres exactement.

Encore un cargo. Je sursaute, le cœur veut me sortir de la poitrine, mon sang se glace. Ce cargo est immense. Je peux même en distinguer les hublots et la timonerie. Rouge, rouille et blanc, long d'au moins 200 mètres, il fait route à 230 degrés probablement et il passe tout juste devant moi. Cela m'indique, hors de tout doute, qu'il ne m'a pas vue, qu'il n'a jamais regardé son radar, son système d'identification automatique (SIA), ou peut-être que si, mais je n'ai pas de radio pour répondre à son appel.

Je me sens toute petite dans la cour des grands. Un minuscule insecte qui lutte pour sa survie dans ce nouveau monde où le risque est immense. Depuis que j'approche de la côte, je fréquente des eaux où le transport est fréquent, inquiétant. Les grands navires empruntent tous le même passage : le rail d'Ouessant. Par le rail circulent tous ceux qui vont dans la Manche, en Allemagne, en Angleterre, au nord de la France, et j'en passe. Ils sont nombreux, rapides et menaçants. De tout l'océan, c'est le pire endroit pour naviguer sans instruments.

La nuit m'oblige à dormir avec mes feux de signalement. J'en ai un en permanence avec moi. L'idée est de les utiliser si j'aperçois un cargo foncer sur moi dans l'espoir qu'il puisse changer sa route et me céder le passage. Je ne dors plus que quelques minutes à la fois.

Je sors régulièrement pour vérifier les lieux et m'assurer d'être en sécurité.

Heureusement, ma balise de positionnement et mon émetteur SIA fonctionnent toujours et je me croise les doigts pour que les mastodontes qui m'entourent puissent me voir à leurs appareils. Encore faut-il qu'ils les regardent. Depuis la terre ferme, Michel, Hermel et Jean-Pierre vérifient qu'aucun porte-conteneurs n'arrive trop près. Si tel est le cas, j'imagine qu'ils vont me contacter aussitôt pour m'en aviser.

Aux avirons, je ne suis plus très efficace. Toutes les vingt minutes, je me lève pour vérifier la circulation, car en quelques instants à peine, le paysage change autour de moi et je peux me retrouver entourée de bateaux immenses. Je ne peux faire autrement qu'observer la mer pour m'assurer de ne pas être sur leur route.

En regardant le dernier porte-conteneurs disparaître à l'horizon en moins de 10 minutes, j'ai un nœud dans la gorge, mais je me trouve chanceuse de ne pas avoir été sur son chemin.

Devant le stress d'une collision possible, Michel entreprend de contacter la Garde côtière afin de prévenir des problèmes. Comme on le ferait avec un objet flottant et dangereux pour la navigation des alentours, la Garde côtière propose d'appliquer la même procédure pour moi. Toutes les deux heures, un avis aux navigateurs est émis pour les informer de ma présence et les dévier de ma zone afin d'éviter une collision. Soulagement. À partir d'ici, je me sens surveillée et protégée. Des anges gardiens veillent sur moi. Dès lors, je peux dormir la nuit. Depuis quelques jours, dormir était synonyme de danger. Je peux maintenant m'allonger et m'abandonner à mon bateau. Je sens que je peux enfin passer le flambeau.

Durant mon approche dans le golfe de Gascogne, une grande partie de mon équipe est en route vers la ville de Lorient. Momentanément, Dominique, Julie, Jean-Pierre, Jacques et ma famille me sont inaccessibles. Même Michel ne peut pas toujours me répondre. Je n'ai maintenant qu'Hermel, qui est toujours accessible et qui veille. Étrangement, bien que 14 personnes se déplacent pour assister à l'arrivée, j'ai le sentiment d'être livrée à moi-même. Pire, je me sens coupable de ressentir cela. J'ai l'impression que mon équipe festoie déjà à l'arrivée, alors qu'il me reste encore tellement d'efforts à faire et à déployer. Je les entends déjà crier victoire.

C'est difficile de composer avec ces nouvelles bases que je n'étais pas prête à affronter. Les transformations qui s'opèrent m'insécurisent, et je crains pour mon équilibre. J'ai des deuils à faire, et les difficultés finales m'aident à avoir envie de rentrer.

Maintenant que la cohésion de l'équipe se développe en amont de mon arrivée et que j'ai l'impression qu'elle ne m'est d'aucun secours, je sens mon corps flancher. Depuis que je me suis blessée à la tête, mon état de santé se détériore. Après mes maux de tête, j'ai eu des étourdissements, une perte d'appétit. Étrangement, j'ai recommencé à avoir mal à l'endroit de ma fracture et j'ai même du mal à soutenir mon propre poids sur mon bras gauche. J'en viens à croire que mon subconscient me cache cette douleur depuis longtemps pour m'aider à réaliser le grand rêve, mais qu'à partir d'ici il abdique et n'en peut plus. J'ai toujours quelque chose en travers de la gorge, comme si j'avais avalé je ne sais quoi qui serait resté pris, qui bloquerait le passage lorsque j'avale. J'ai aussi la nausée, mais elle n'a rien à voir avec le mal de mer. Mon esprit est là, mes bras ne sont ni mous ni engourdis. Je suis éveillée et je n'ai surtout pas envie que tout se termine et de mourir comme quand j'avais le mal de mer, ce qui me rassure énormément.

Je n'ai presque plus d'eau, et le soleil qui se cache derrière les nuages empêche mes panneaux solaires d'emmagasiner l'énergie requise pour utiliser mon dessalinisateur électrique. Tous les jours, l'équipe météo et moi croyons que le lendemain nous fournira le soleil. Alors, je fais de la procrastination et remets les nombreuses heures de travail nécessaires à utiliser mon dessalinisateur d'appoint. Il se trouve sous le matériel de la cabine avant, en plus, tout près des poubelles, rien d'invitant. Sans compter toutes les heures durant lesquelles je devrai pomper l'eau manuellement, je choisis le chemin le plus facile. Je fais plutôt l'inventaire de mon eau de secours qui se trouve dans mon sac de survie. Huit litres. Avec les jours qui me restent et dans l'attente du soleil, ça pourrait très bien suffire.

Les 72 dernières heures sont encore plus difficiles. En proie à une infection urinaire, j'appelle Christiane qui me demande de prendre des antibiotiques et aussi de boire de l'eau. Je termine ce que j'ai sous la main.

J'ai mal au ventre, au dos et au bras. Ma santé s'effondre, et mon bateau vieillit. Je suis épuisée, je me sens au bout du rouleau. Je ne mange presque plus, je passe toutes mes heures à ramer.

Je sens que c'est une course contre la montre puisqu'un vent du nord est annoncé pour le matin du 12 novembre, jour projeté de mon arrivée. Selon nos calculs, je pourrais atteindre la ligne d'arrivée dans la nuit du 11 au 12. Depuis que j'ai ouvert le cadeau de Sarah le jour de ma fête, j'ai interprété son présent comme un signe et j'ai misé sur le 11 novembre pour faire mon arrivée sur les côtes. Sarah m'a offert un coquelicot de feutre, tout petit. Depuis, il a servi à décorer ma cabine et à représenter la terre, les fleurs et les jardins droit devant. J'y ai vu un clin d'œil et j'ai persisté à croire que le jour du Souvenir sera ma date d'arrivée.

Même si mon état se détériore, je n'ai jamais été aussi en contact avec la mer que durant mes derniers jours sur l'océan. Depuis que mes instruments ont rendu l'âme, je découvre un océan que je ne connaissais pas jusqu'ici. Bien que mon entrée dans la cour des grands cargos y soit sûrement pour quelque chose, alors que je suis dans ma cabine, je ressens beaucoup plus la mer autour de moi. Je suis plutôt complètement à l'écoute, absorbée par le moindre mouvement, le moindre soubresaut, la moindre vague. Mon bateau et mon corps ne font qu'un. C'est maintenant indéniable. Lorsqu'une rame se tord, je le ressens dans ma chair. Lorsqu'un objet frappe la coque ou que l'eau salée entre par la portière arrachée d'un sabord, je sens le sel atteindre le pont comme un ulcère et les coups comme un mal de tête lancinant. Alors que mon gouvernail force contre les vagues et traduit l'effort par du bruit, j'ai l'impression d'avoir mal au dos.

Je ressens mon bateau comme s'il était moi, une extension de mon corps, de mon propre organisme. Notre espace est intime, il est l'enveloppe qui me maintient en vie et qui me préserve du pire. Il n'y a pas de barrière définie entre nous.

Mon bateau m'a vue grandir et avoir peur, sourire et rire aux éclats. Il me connaît depuis déjà des années. Il sait que je l'ai longtemps traité beaucoup mieux que moi-même dans le dessein qu'on fasse route ensemble jusqu'ici. Secrètement, je lui parle, je lui dis qu'il est mon cheval. Un cheval de race, un cheval agile, fort et remarquable. Comme un cavalier sur sa monture, nous sommes unis.

Même si mon corps souffre, je sais que mon arrivée ne garantit pas le repos. J'ai peur de l'abrupt saut dans le vide qui m'attend. Je sens que je souffrirai autrement. Je préférerais rester unie à mon *Hermel*. Je me sens le trahir lorsque j'éprouve la hâte de rentrer, de lui tourner le dos et de marcher vers la terre ferme pendant que lui, dans l'eau, restera amarré et immobile.

J'anticipe le chagrin de m'en séparer. Toute notre histoire est ici, autant nos peurs que nos grandes joies.

Et je lui présente mes excuses, je lui promets que je vais le protéger, le préserver, toujours pareil, figé dans le temps de mes derniers gestes, de mes dernières attentions pour lui dans le spectacle de notre traversée.

– ⋆ –

Le cœur qui bat, je retiens mon souffle, ma fusée de détresse entre les mains. Je la tiens fermement sur ma poitrine et je compte jusqu'à trois.

Non. Je ne peux pas, pas maintenant. Ce n'est pas fini, pas déjà. J'ai un mauvais pressentiment, une espèce d'aversion, un dégoût. Je ne comprends pas d'où ça vient. Peut-être que ce ne sont pas eux. C'est pour ça, ce sont peut-être des pêcheurs. Et là, j'imagine le scénario, la catastrophe d'avoir envoyé ma fusée de détresse trop vite et au mauvais bateau.

J'imagine des pêcheurs, portugais ou espagnols, qui ne comprennent rien de ce que je leur raconte ou, pire, qui passent aux choses sérieuses avant même de m'approcher et déclenchent à leur tour un *mayday** dans ma zone. J'entends déjà les avions et la Garde côtière s'activer avec leurs unités de recherche et de sauvetage. La belle gaffe, une arrivée remarquée, le gros gâchis.

Exaspérée, d'un geste d'impatience, je jette ma fusée sur le pont et je m'avachis à mon poste. C'est évident que ce n'est pas eux, ils s'en vont trop au sud, beaucoup trop à l'ouest. Un simple coup de téléphone au sol et ils obtiennent ma position, c'est évident que mon remorqueur arrivera pile-poil sur ma position. Si c'étaient eux, ils viendraient directement dans ma zone et je n'aurais aucune hésitation.

Je reprends mes jumelles. Le bateau semble revenir sur ses pas vers l'est, puis repartir vers l'ouest, signe que c'est un équipage qui cherche. Je me lève, j'agrippe encore une fois ma fusée... Je regarde une fois de plus les instructions avant d'ouvrir le bas pour tirer la cordelette avec la petite bille rouge. Maintenant que je l'ai bien entre les doigts... Non ! C'est peut-être un bateau de recherche scientifique qui installe des sondes ou des caissons. Non ! Ce n'est pas eux.

J'essaie encore d'appeler le remorqueur, mais je n'obtiens aucune réponse et je tombe encore sur une boîte vocale d'Iridium. J'essaie d'appeler l'équipe en France, rien.

J'appelle Hermel qui ne comprend pas la situation et je tente de la lui expliquer le mieux du monde.

Mon Iridium s'éteint avant même que j'aie le temps de lui dire que celui du remorqueur semble fermé et qu'il lui faut ma plus récente position.

Mon téléphone ne tient plus la charge, même s'il est le seul appareil branché sur tout mon système électrique. La ligne se coupe après quelques secondes seulement. De toute façon, il faut que le sol intervienne, même si je parle au remorqueur ou à Michel à bord du bateau, je ne connais pas ma position, mon GPS d'appoint a rendu l'âme, lui aussi.

La dernière fois que je leur ai parlé, ils étaient en route. On a discuté à quelques reprises au début de chaque heure. À ce moment-là, ils m'ont dit qu'ils seraient dans la zone très bientôt, et ça fait déjà longtemps.

La lumière disparaît à l'horizon, et je décide de conserver ma fusée dans ma salopette. Je me rassois et j'agrippe un sachet d'eau de secours et deux antidouleurs.

Je commence à être inquiète pour eux. Est-ce qu'ils auront assez d'essence s'ils me cherchent durant des heures ? Est-ce que je vais attendre quelqu'un d'autre s'ils sont dans le pétrin ? Je me rends compte de l'absurdité de la situation alors que je tente de franchir la ligne d'arrivée. Je suis à penser à la quantité d'essence nécessaire à mon remorqueur pour venir me chercher après 129 jours à ramer. C'est n'importe quoi. Je suis encore ici, je dois me concentrer sur ma dernière nuit.

Est-ce que je serai capable d'aller plus loin ? Que se passera-t-il si je traverse la ligne toute seule et que personne ne vient ? Mal en point comme je suis ? Je sens que mon rêve peut me glisser entre les doigts, que tout peut s'effriter.

Depuis que l'on a organisé la ligne d'arrivée, je suis beaucoup moins stressée à m'imaginer entrer en France. Michel a attendu vers la fin de la traversée pour me proposer cette solution, car il sait trop bien que s'il m'en avait parlé avant mon départ, je lui aurais répondu un non catégorique. Parce que j'avais le choix, j'aurais pu arriver moi-même jusqu'au quai de Lorient. En voyant la traversée s'éterniser, en tenant compte des mauvaises conditions de l'automne et de la période du voyage où je serais plus faible et exténuée, Michel a proposé cette solution : établir une ligne d'arrivée que je pourrai franchir comme à la fin des parcours à la voile ou à la rame.

Michel m'a proposé la ligne d'Ouessant. Première terre à l'ouest de la France, l'île d'Ouessant est située sur la pointe de la Bretagne, en traçant un trait vers le sud, la ligne était là. De n'importe où sur cette longitude, on peut venir me chercher, même jusqu'en Espagne.

Je suis soulagée de savoir que je ne vais pas revivre un stress comparable à celui que j'ai vécu sur le Saint-Laurent, deux ans plus tôt. En zone côtière, à bord d'un bateau peu manœuvrable comme le mien, la navigation est complexe. Les risques sont innombrables et incalculables : subir le ressac des vagues, être à la merci des courants de marée ou des contre-courants, ne pas savoir s'il y a des roches en dessous, à côté, et peut-être même toucher des récifs, être dans le brouillard, partager les eaux avec des pêcheurs, d'autres navigateurs. La ligne d'arrivée me faisait éviter le pire et, depuis qu'on l'a votée et que l'ORS l'a acceptée en nous félicitant de la décision, je sens que j'ai toute la bénédiction du monde pour la franchir et lever les bras au ciel.

Puisque je ne sais pas si je suis ou non sur la ligne, j'ai maintenant l'impression d'avoir fini et que mes derniers coups de rame sont insignifiants et ridicules. Ce sont mes efforts les plus douloureux, mais aussi les plus absurdes.

Je pense à mon bateau et j'essaie de saisir mes derniers moments avec lui. Je ne sais pas si je veux que ça se termine vraiment. Je me sens constamment balancée entre le désir de voir mes proches et celui de rester avec mon cheval sur l'océan.

J'avance dans la nuit, en sachant que c'est la dernière, je rame comme j'ai ramé toute la journée, entre deux tentatives de joindre mon équipe.

Je suis fatiguée, meurtrie, mais heureuse et fébrile. J'essaie d'apercevoir les étoiles entre les nuages. Je m'ennuie déjà des ciels étoilés, des levers d'étoiles et de lune. C'est incroyable de réaliser comment on peut se sentir seul quand les étoiles sont cachées. Chaque fois que j'en vois une, je pense aux humains et, quand je vois la lune, je pense à ma sœur, à Sarah, à Julie, à mes amis, à tous ceux qui la regardent avec moi.

Cette nuit, je ne vois presque pas le ciel. L'*Hermel* et moi nous sentons plus seuls que nous ne l'avons jamais été et, pourtant, l'équipe est dans un rayon de moins de 100 milles nautiques, à nous attendre ou à nous chercher. À cause du manque de communication, j'ai l'impression d'être livrée à moi-même. Je suis frustrée d'être sans ressource.

Je rame inlassablement vers l'est, avec l'impression de glisser vers le nord. Patience. Je me lève sans cesse de mon banc pour vérifier si un bateau arrive.

Très tard dans la nuit, une lumière apparaît à l'ouest, largement passé ma position.

Mon cœur s'emballe. Je l'observe avec mes jumelles. Je regarde bien ses lumières de navigation, et il semble ne pas rester sur place et surtout, il semble être le même bateau qui tournait sur place quelques heures plus tôt.

Si je déclenche une fusée de détresse, ils comprendront que c'est moi. Je pige la pièce pyrotechnique de ma salopette et je la dirige vers le ciel. J'embrasse mon cheval, je lui promets de prendre soin de lui et de ne pas l'abandonner. Maintenant que ma monture est d'accord, je prends mon souffle et, fermement, je tire la cordelette vers moi en tenant la fusée dans l'autre. J'entends la fusée fendre le silence de l'océan et je la vois partir vers le ciel et exploser devant moi, à des centaines de mètres plus loin.

Les vagues jusqu'alors bien ordinaires deviennent pourpres et reluisent en réfléchissant la lumière rouge du ciel. La boule de feu réchauffe l'atmosphère et rend le spectacle extraordinaire. Je vois la mer merveilleuse autour de nous se parer de ses plus beaux atours.

Je chuchote à mon *Hermel* que le feu, c'est aussi nous, nous sommes ce bateau, mais aussi ce spectacle dans le ciel.

Nous avons réussi.

Nous ne sommes plus seuls. Je vois le petit bateau venir vers moi, sortir de l'horizon et grandir.

Tout se passe très vite dans ma tête et, à le voir s'approcher aussi rapidement, j'ai peur, comme si le plus gros requin du monde fonçait vers moi. Tout est mélangé, mon instinct me dit quelque chose que je ne comprends pas, comme si le bateau représentait le monde qui allait m'avaler tout rond. J'éprouve de l'appréhension, du doute.

Quand j'aperçois le visage de Michel, tout s'efface. Je comprends que c'est positif, que l'aventure est achevée, que c'est fait, fini.

Alors que je constate que tout est terminé, tranquillement, un sentiment étrange monte en moi. Comme une certitude, une évidence. Soudainement, l'exploit n'est plus à faire et à construire, tout est derrière moi. Je viens de franchir une ligne imaginaire qui marque la fin de ma traversée, mais aussi une ligne de confirmation, ce passage m'affirme que j'ai réussi et surtout que cette idée folle était bonne.

J'ai la confirmation que, oui, me consacrer à ce point pour ce voyage, oui, c'était la chose à faire. Suivre cet instinct, poursuivre cette voie, pourchasser ce rêve. Après des années de réflexion, des années de préparation, des mois en mer, je réalise enfin que, oui, cette option de vie était la chose à faire pour moi.

J'y suis arrivée, nous y sommes, là, maintenant. J'ai eu raison de me battre autant.

L'abordage est délicat. Tout se passe très vite. Après avoir minutieusement sécurisé l'*Hermel*, il ne me reste qu'à monter à bord du bateau qui nous emmène vers Lorient. Je dois maintenant monter, mais j'hésite à quitter mon esquif, je me sens déloyale envers lui, comme si je délaissais un vieil ami. Y étant obligée, j'obéis même si je m'angoisse à quitter ma monture. J'agrippe le garde-fou, mais les pare-battages qui protègent nos embarcations ne cessent de remonter et m'empêchent de me sentir en sécurité pour passer. Les vagues me gênent, elles frappent nos carènes avec force et font en sorte que nos bateaux deviennent dangereux l'un pour l'autre. Il faut faire vite.

Je pousse avec mes pieds mon embarcation, ma maison, la laissant seule derrière, et je tire mon corps en entier à bord du bruyant bolide. Ici, c'est la cacophonie. Je perds mes repères. Je regarde l'*Hermel* plus bas. C'est la première fois que je m'aperçois de la transformation qu'il a subie. Jaune pâle, ternie, abîmée, ma monture est dévitalisée, fatiguée.

J'étreins Michel et, en gardant l'œil sur mon embarcation, je me laisse enlacer par ses bras. L'*Hermel* devient tout petit au bout de la corde qui nous maintient réunis. Je suis déchirée. Je suis heureuse et satisfaite, mais je suis mélancolique d'être séparée de mon bateau. Je suis contrariée de ne plus avoir de contrôle sur lui. Pourquoi faut-il déjà nous séparer ? Michel me parle. Il est resplendissant de bonheur. Je le sens fier de nous, fier de lui.

Je me réapproprie mes sensations. Ça sent l'essence et l'huile, l'odeur est forte, pénétrante. J'ai froid. Tout semble soudainement humide et glacé. J'ai l'impression d'être trop haute sur l'eau, loin de la surface. Le son des vagues qui frappent le bateau a changé, il n'est plus le même qu'auparavant, que durant ces quatre derniers mois. *Idem* pour l'eau qui pétille, ce son subtil semble éloigné de moi, dorénavant inaccessible, même du bout des doigts. La mer change de ton et de visage, ce que je connaissais s'évanouit, se volatilise. J'entends le ronronnement du moteur, les voix des hommes qui s'affairent. J'entends et je vois des volumes d'eau emplir le pont et nous fouetter violemment. Des objets quelconques s'entrechoquent, et j'ai du mal à comprendre tous les sons que je perçois. Il y a trop de stimulus, trop d'informations.

Je me déplace vers l'arrière du bateau. Je n'ai plus l'impression d'être un bipède, je suis une sorte de créature de l'océan, mi-poisson, mi-humaine. Mes jambes flanchent à tout moment. La plante des pieds me brûle. Le navire dans lequel je suis bouge énormément, tout est instable, le plancher est glissant. Je me cogne partout, je tombe sur mes genoux. Je rigole fébrilement chaque fois que je suis plaquée au sol. Impossible de me tenir debout. Nerveusement, je réessaie plusieurs fois avant que les hommes présents m'aident à me tenir debout. Je ne comprends pas pourquoi mon corps m'abandonne autant. Je me sens comme Bambi sur la glace, fragile, maladroite, délicate.

La mer est violente, je ne vois rien, je ne comprends pas davantage les réactions du bateau, j'ai mal au cœur.

Aussitôt à bord, j'ai à faire une entrevue téléphonique, puis deux, puis trois... J'en suis déjà à ma huitième entrevue quand je réussis à avoir Dominique au bout du fil. La ligne ne dérougit pas. Maintenant, deux téléphones satellites sont branchés en permanence, un appel est presque toujours en attente. J'enfile les entrevues pour la télé, la radio, la presse écrite, tant en France qu'au Canada. Dominique me confirme que plusieurs médias m'attendent à Lorient. J'ai le vertige, je sens l'angoisse monter en moi. J'ai l'impression d'avoir créé un monstre, un monstre difficile à nourrir, à servir, à qui tout donner.

La route est longue, sans fin. Mes émotions sont mélangées. Au moment même où j'ai envie d'arriver, j'ai peur de retrouver le sol et toute cette agitation, cet enthousiasme pour mon voyage. Toutes ces dernières années à ne penser qu'à cet objectif... Maintenant qu'il est atteint, que m'arrivera-t-il ? Que serai-je ce soir, demain ? J'ai aussi peur de perdre le contrôle et de ne pas aimer fréquenter cette exaltation nouvelle. J'ai déjà l'impression que tout est loin derrière, que tout était un film, que tout n'existe plus, désormais inaccessible.

Si la route m'apparaît interminable, elle me donne au moins envie de toucher sol. J'ai hâte de revoir mes proches, mes amis et mon équipe. Mon excitation est à son comble lorsque j'aperçois enfin les côtes françaises. Enfin, nous nous approchons de Lorient.

Maintenant que je me suis exprimée à des journalistes différents plus d'une trentaine de fois, j'anticipe mieux les questions, je me sens moins intimidée de livrer les nouvelles émotions qui m'habitent. Je reconnais la voix des techniciens de mise en ondes et celles des animateurs. J'ai l'impression de parler à des amis, à une famille, à mon pays.

Le remorqueur m'explique comment se dérouleront les choses. Je pourrai retrouver mon *Hermel* pour ramer et entrer dans le port par moi-même. Mes proches sont sur des Zodiacs pour venir à notre rencontre et m'accueillir ; ils attendent notre signal pour nous rejoindre près du port. Je pourrai retourner sur l'*Hermel* dans quelques instants à peine.

J'aperçois des vedettes* qui s'approchent ; à bord, je distingue de nombreuses silhouettes. Je reconnais mes parents, mes amis. Dans l'une d'entre elles, je vois Jean-Pierre, Julie, Karine, Jacques, Marie-Soleil... et ma sœur, telle une figure de proue, au-devant de leur embarcation.

Je retourne dans mon esquif pour reprendre les avirons et ramer jusqu'au port.

293

Lorsque je le revois, j'ai l'impression qu'il a déjà changé depuis que je l'ai laissé derrière, à la ligne d'arrivée, quelques heures plus tôt. Il n'a plus à me tenir en vie, son rôle change tranquillement. J'ai maintenant l'impression de poser le pied sur un artéfact, une pièce de collection. Je conçois un peu mieux de vivre séparée de lui, je sens qu'il se distingue lentement de ma personne, qu'il est en voie de ne plus être cette extension de mon corps. Ensemble, nous donnons un dernier coup.

J'arrive tout doucement au quai et, très rapidement, je suis submergée par la foule qui s'agglutine partout autour. Je reste debout dans mon cockpit pour m'exprimer sous les flashs aveuglants. J'ai peine à distinguer quoi que ce soit. Tout est blanc. Je tarde à sortir du pont de l'*Hermel*, qui semble maintenant si minuscule, entouré de centaines de grands bateaux et d'énormes structures. J'entrevois le quai sur lequel je devrai marcher incessamment. J'hésite. Dominique et Michel m'aident à sortir de mon cocon et à rejoindre le quai.

À partir d'ici, je sens la frénésie qui m'emporte. J'ai mal aux joues de trop sourire. J'ai l'impression que c'est gagné, enfin. Ma sœur et mes parents se frayent un chemin pour me rejoindre. Je les embrasse. Nous répondons aux questions des journalistes ; ma famille semble fière. Jean-Pierre m'apporte un téléphone connecté à Rimouski. J'entends des cris au téléphone. J'entends ensuite la voix d'Hermel. Je m'adresse à toute la famille Lavoie au bout du fil.

C'est un moment de gloire, un moment unique. Cette arrivée appartient à mon équipe, à mes partenaires et à mes amis. C'est l'arrivée de ma famille aussi. Ma famille que j'aime, qui est ici avec moi, et aussi ma famille de Rimouski, ma grande parenté des Lavoie dont je suis comme la fille adoptive. C'est l'arrivée d'une grosse équipe, satisfaite, fière d'avoir contribué à ce grand rêve, fière d'avoir cru en moi, en elle, en nous.

Cette victoire, c'est celle aussi d'Hermel, l'homme aux yeux pleins d'étoiles, mon mentor, mon ami.

Retrouvailles émouvantes avec Jean, mon papa.

Toile évolutive d'Eric Santerre

1. Cambronne 2. Canard 3. Malade 4. Banane 5. Oiseau 6. Ballon jaune picoté (une balloune) 7. Courriel 8. Baleine sournoise 9. Dauphins 10. Attendre 11. Coup de soleil 12. Avion 13. Ancre parachute emmêlée 14. Lettres et cartes à souhaits 15. Souliers mouillés 16. Casquette 17. Vagues japonaises 18. Bouée rose 19. Nœuds 20. Tug (Riverton) 21. Pâté chinois ! 22. Pluie, gouttes de pluie 23. Progression 24. VHF 25. Feu 26. Requin 27. Appel du Pacifique 28. Burger le poisson 29. Gulf Stream 30. Fuite d'eau 31. 10 petits calmars mauves 32. Tempête 33. Découragement 34. Noces 35. Écriture 36. Larmes 37. Bancs (de Terre-Neuve) 38. 4 dorades 39. Appel en famille 40. Les vagues les plus grosses 41. Eau jusqu'aux genoux 42. Green flash 43. Deep blue fear 44. Courant du Labrador 45. Serpent de mer 46. Front froid (Cumulus) 47. Visite de pêcheurs 48. Lettres d'encouragement 49. Des centaines d'oiseaux 50. Enfermée dans le brouillard 51. Globicéphales 52. Tourner en rond 53. Chocolat 54. Lever d'étoiles 55. Troupeau de baleines 56. Spirale 57. Téléphone 58. Record de longévité en mer ! 59. Demandes d'entrevue 60. Calme plat 61. Un oiseau dans ma main 62. Velcro 63. Gulf Stream 2 64. Déluge 65. Flemish Cap 66. Brûle le poulet 67. Tortue 68. 2 dorades couleur 69. Shampouiner 70. Bombe mentale 71. 100 poissons volants 72. Meeting météo 73. Contre-courant 74. Chevauchée fantastique 75. Querelles d'oiseaux 76. Méduses 77. Arc-en-ciel 78. Cumulus étonnant 79. Automne en mer 80. Chavirage 81. Bris 82. Entrée d'eau 83. *Queen Mary II* 84. 5 ballots jaunes 85. Fruits et légumes 86. Mi-parcours 87. (30 sept.) attachée, pas capable ! 88. Ballons (rouges, bleu pâle, foncé, orange et jaunes) 89. Réparations (scier une rame) 90. Plongée sous l'eau 91. Mer croisée 92. Poisson Ballot (vendu petite démone) 93. Cargo beaucoup trop près 94. Je rame enfin 95. Seagull 96. **Écoles primaires** 97. Rame brisée (10 oct.) 98. Seagull font la cour 99. Jeu de cachette de canards 100. CENT (vendu) 101. En manque de sel 102. Le cri des dauphins 103. Une nuit blanche 104. Matossage réussi 105. Confirmation d'une ligne d'arrivée 106. Rire en masse 107. Des arcs-en-ciel magnifiques 108. Une baleine me splash de l'eau, donc le mot c'est : queue de baleine. 109. Rame perdue 110. Capitaine du *Queen Mary* 111. 10 globi-céphales nagent avec moi pour ma fête 112. Du Cutex sur les orteils 113. Vagues de 10 mètres 114. Tempête Christian 115. Condensation 116. Espoirs de France 117. Plus d'eau du tout 118. Pirates (moi pis un canard, on se déguise en pirates !) 119. Date sur iridium 120. Équipe au sol 121. 4 chavirages = choc à la tête 122. Intoxication au monoxyde 123. Fini l'éolienne 124. Plus de batterie, ration d'électricité 125. Deuil de e-mails 126. Lorient 127. Des avions dans le ciel 128. Terre à venir 129. Rencontre sur la ligne 130. Fusée

Mon contact avec plusieurs écoles m'a beaucoup aidé durant la traversée. Une école en particulier a attiré mon attention par le dynamisme du professeur. Des images des étudiants étaient publiés par Twitter, des messages, des lettres de grands-mamans. J'étais aux anges d'être en contact si étroitement avec le quotidien de petits étudiants. Ces quelques messages m'ont donné du souffle et des ailes pour l'avenir.

Merci Madame Catherine tu es Merveilleuse !!!   fatbime

R Paquette

17

SECOUSSE TERRESTRE

Aussitôt que je pose mes pieds sur la terre ferme, je me sens lourde et faible. Comme si, après un voyage dans l'espace, mon corps retrouvait tout son poids. Mon ami Jacques et ma sœur me portent pour m'aider à marcher vers le bâtiment où nous attend une salle bondée pour une conférence de presse. Je m'installe à table avec Michel.

Devant les gens, avec une certaine distance entre nous, je retrouve enfin l'impression d'être en sécurité, en sûreté. L'ordre est maintenu au cours de la conférence et, pendant que j'observe le tout, j'ai l'impression de ne rien manquer de ce qui se déroule autour de mon arrivée. Au moment où Michel s'entretient avec les gens, je comprends que tout est bien terminé, fini. Je l'écoute s'adresser à tout le monde et je comprends qu'il parle de moi, de notre traversée, de l'été et de l'automne difficiles. C'est en écoutant ses mots que je saisis l'instant présent; nous sommes maintenant ici, c'est la fin, j'ai réussi.

Deux autres conférences de presse suivent par réseau téléphonique pour les médias canadiens. Bien installée devant l'écran, je réponds inlassablement aux questions d'outre-mer. Par la suite, je fais plusieurs entrevues en direct par Skype. Je garde le cap, je ne m'arrête pas, je donne un peu de moi chaque fois. Je m'adresse à la caméra de l'ordinateur encore et encore, sans répit. À 1 h 30 du matin, on me relâche. Enfin, j'ai congé. Je suis arrivée à 18 heures et, depuis, je n'ai pas encore eu un moment pour moi.

Je me sens vidée, avalée par tout ce flot d'amour et de félicitations. L'atmosphère est grisante, exaltante. Au moment même où je suis assoiffée de solitude, je désire être avec ceux que j'aime. Même si j'accuse un manque de sommeil important, car je n'ai pas dormi depuis samedi, soit trois jours plus tôt, je n'ai pas envie d'aller au lit. J'ai surtout besoin d'être avec mes amis, mon équipe, ma sœur et mes parents.

À l'appartement situé à Lorient, Julie m'a préparé une salade de fruits avec de la crème fouettée. Là-bas m'attendent une bouteille de vin blanc, une douche chaude, des vêtements propres et secs. En me dirigeant vers la maison, je suis chancelante et je me laisse porter par tous. J'ai presque constamment deux personnes sous les bras. Je me sens dépendre de leur soutien, de leur aide. Je ne suis plus rien sans cela. Je suis impotente, infirme, comme mutilée par la mer. Être terrienne à nouveau me fait souffrir, j'ai le vertige de savoir que c'est mon nouvel état, que c'est ici chez moi. L'océan me manque, la terre ferme me fait mal ; elle est abrupte, solide, trop rigide pour ma petite personne.

À 4 heures du matin, je me délecte d'une douche chaude. L'eau est délicieuse, brûlante et abondante. Le savon n'est plus rationné, j'exagère même la quantité dont j'ai besoin pour me laver, même si son parfum trop fort m'écœure un peu. Soudain, tout m'apparaît facile, accessible. Les toilettes, la douche, l'eau chaude, le savon, me retrouver au sec, les cheveux propres. Se laver est un jeu d'enfant. Ce n'est plus un défi pour lequel je dois calculer mon temps, mesurer l'eau, la faire chauffer, avoir froid momentanément, rester aux aguets des vagues, du vent. J'enfile ensuite mes vieux vêtements de terrienne que ma sœur a rapportés directement des tiroirs de mon appartement. Je choisis mes préférés, ceux qui me font me sentir de nouveau ma propre personne, celle que j'avais laissée à Montréal quelques mois plus tôt. Même si je flotte littéralement dans mon habillement, je redécouvre les sensations d'être nette, fraîche et mignonne. Je m'observe et j'ai peine à reconnaître l'image que je vois dans la glace.

Enfin, c'est la pause. Je prends le temps de savourer le moment, fatiguée, mais satisfaite d'être à l'abri de ce brouhaha incessant qui a entouré mon arrivée.

Alors que mes amis me montrent les photos diffusées sur Internet ou dans les médias à partir de leurs téléphones intelligents, je me sens envahie par toutes ces technologies. On dirait que je reviens tout droit du passé, que j'ai atterri à notre époque après un long voyage à travers le temps. Cet univers est trop rapide, enivrant, étourdissant. Tout le monde bouge trop vite autour de moi. Je réalise très vite que je n'aime surtout pas avoir quelqu'un dans mon dos ou dans mon angle mort. J'aime, au contraire, connaître ce qui constitue mon environnement. Aussitôt que quelqu'un se meut trop rapidement dans mon champ de vision, je sens mon corps en état d'alerte. Tous ces gestes vifs sont comme des signaux d'alarme incessants. Je m'efforce de répéter à mon esprit que tout va bien même si mon cœur se met à battre la chamade, que mon cerveau renchérit pour m'indiquer un danger ou sembler me dire de me sauver.

Je dicte à mon corps de rester calme. Je me parle intérieurement en savourant la salade de fruits que ma meilleure amie m'a préparée avec affection. Je mange et je bois enfin ce à quoi je rêve depuis longtemps : des fruits frais, de la crème fouettée et du vin blanc. Premier moment paisible des derniers mois. Ensemble, ma sœur, Karine, Julie, Jean-Pierre et moi. Un bonheur léger, subtil, délicat.

Une cacophonie résonne dans l'entrée de la maison. Des membres de l'équipe au sol, heureux et bruyants, arrivent en trombe dans l'appartement, fêtant toujours mon arrivée. Malgré eux, ils viennent briser notre petit univers tranquille et serein. Du calme, on passe à l'action. Tout se passe rapidement, je choisis de changer de place pour m'installer sur une autre chaise dans le coin de la cuisine et ainsi éviter d'avoir quelqu'un qui circule derrière moi... Je me sens exaspérée par tous ces gestes trop rapides, par ces mouvements brusques et dérangeants. Ma patience est fragile.

De la bouche de l'un d'eux s'échappent les mots qui ont l'effet d'une bombe dans mon esprit. J'apprends qu'ils ont passé un long moment à chercher dans mon bateau pour trouver des objets importants. Je les entends parler de mon bateau d'un air méprisant. Ils parlent de son odeur, de sa moiteur, son humidité, son confort spartiate.

Je demande à bien comprendre ce que j'entends. Je vérifie que j'ai bien saisi ce qui vient de se produire... Sont-ils bel et bien montés à bord de mon bateau pour en fouiller l'intérieur ?

« Non, c'est impossible, vous êtes vraiment montés à bord de l'*Hermel* ? Vous avez fait quoi ? Qui vous a permis de monter ? Où avez-vous fouillé dans le bateau ? Dans quel compartiment ? Dans quelle sacoche ? À quel endroit exactement ? »

Lorsque je saisis que mes copains ont tout remué pour trouver mes disques durs externes et les remettre au réalisateur du documentaire au plus vite, je comprends qu'ils ont tout fouillé, tout, sans exception. J'ai pris soin de dissimuler mes disques durs et mes cartes mémoire le mieux possible pour éviter qu'un vol survienne après mon arrivée, alors que mon bateau resterait seul amarré au quai.

Monte en moi un sentiment de rage. Je réalise que d'autres personnes ont pénétré mon univers, mon navire, mon intimité. Je me sens violée. J'ai l'impression qu'on a bafoué mon antre, mon repaire, qu'on a maudit mes secrets, mon espace, qu'on est entré chez moi sans cogner, sans demander.

Mon bateau est l'extension de mon corps entier. On a brusqué mon cheval et tout mon être, on a volé le sacré de mon *Hermel*.

J'ai le vertige. Ma gorge se serre, l'air ne passe plus. Mon sang bout dans mes veines. J'ai l'impression de me défaire en morceaux. Je suis saisie de honte, honte d'avoir abandonné mon bateau, de l'avoir laissé là, comme une vieille chaussette usée malgré tout ce qu'il a fait pour moi.

Ma monture est seule au quai ; je l'imagine triste, orpheline, laissée-pour-compte. Je me sens maintenant horrible d'être allée me pavaner sans même penser à elle. Je l'ai délaissée sans m'assurer de sa sécurité, sans penser plus loin qu'à moi pour répondre aux exigences qui entourent mon arrivée... Je me suis offerte en spectacle sans penser à mon *Hermel*, à celui à qui je dois tout. Je suis une mauvaise capitaine. Je n'étais pas à mon poste, comme un bon marin responsable.

Je suffoque. Je m'éteins et m'effondre dans les bras de mes amis.

Au bout de mes sanglots, 5 heures du matin, Julie et Jean-Pierre prennent la décision de m'emmener au port pour que je puisse retrouver mon *Hermel*. Ils m'emmènent en voiture et, comme je suis incapable de me tenir debout, ils me portent jusqu'au bateau, sur le quai. Maintenant dans le cockpit de l'*Hermel*, je pleure. J'ouvre frénétiquement les portières pour m'assurer que tout est encore en place. En ouvrant l'avant d'abord, je découvre que tout a été dérangé, que tout est sens dessus dessous. Moi qui ai bien géré mon équipement pour montrer à mes parents, mon équipe à quel point tout était à sa place et bien sécurisé. Jamais je n'ai laissé un tel fourbi s'installer en quatre mois. J'ai toujours, peu importe les conditions et les circonstances, jugé important de replacer les choses au même endroit avec autant de rigueur à la fin qu'au début de mon expédition.

J'ouvre ma cabine principale et je m'y love. Je sens que l'âme de l'*Hermel* est partie, l'essence de notre énergie, celle qui faisait la force de notre union, l'a quitté. La flamme est morte.

Je parle à ma monture, je m'excuse de ne pas avoir été là pour la protéger, de ne pas avoir respecté ma promesse.

Je ne reconnais plus ma coquille, l'extension de moi-même a changé, s'est fanée. Je ne suis plus la même. C'est tout comme si j'étais face à une dépouille sans souffle, sans vie.

L'eau du port est calme ; les amarres, bien serrées, retiennent mon *Hermel* sans son âme, malgré la lune qui brille sur lui. Notre univers a disparu, il s'est envolé, rien ne sera plus jamais pareil.

Je réalise que c'est fini, terminé. Le rideau tombe. Maintenant, c'est la brutalité de la terre.

303

« Pardonne-moi, vieux cheval. Pardonne-moi de t'avoir abandonné ici. »

Depuis que j'ai eu le choc d'avoir découvert mon bateau dévitalisé, j'essaie de trouver le sommeil. J'ai l'impression d'avoir perdu quelque chose, d'avoir abandonné quelque chose derrière.

Je suis allongée avec ma sœur. Mes sanglots me font encore sursauter même si je ne pleure plus depuis au moins une heure. J'ai mal au diaphragme, j'ai comme un poing dans le ventre.

Il est 7 heures du matin. Je n'ai pas dormi plus d'une heure depuis samedi. Nous sommes mercredi matin. J'essaie de calculer le total d'heures passées sans dormir. Les calculs me préservent des émotions trop vives. Je n'ai plus toute ma tête. J'ai peine à multiplier 24 par 4. J'ai la vue trouble. Je sens mon corps déminéralisé, déshydraté, sec et surtout secoué. Ma tête et mes émotions sont complètement déconnectées.

J'essaie de m'endormir, mais l'adrénaline me tient en éveil. Aussitôt que je tombe, je me réveille brusquement, comme si ma vie en dépendait et, en plus, je me demande sans cesse quelles sont les coordonnées de ma position. À quelle longitude suis-je ? Quelle est ma vitesse ?

J'ai du mal à ne pas sangloter, mon corps me lâche... Mon énergie me quitte. Dans mon lit, ma sœur dort tout juste à côté de moi. Julie est à mon chevet, allongée au sol, près du lit. Je me sens comme si un camion était passé sur moi depuis que j'ai ressenti le choc de savoir qu'on avait fouillé mon bateau.

J'essaie de me situer dans le temps, mais je ne réfléchis plus correctement. J'ai l'impression qu'il me manque une partie de moi-même, que je suis comme déchirée, blessée. Je manque d'eau salée, de vagues, de mouvements, d'horizon.

Allongée sur le dos, Julie me tient toujours la main droite. Elle sait que je suis encore sur le point de craquer. Elle se réveille et me souhaite endormie.

Je ne veux surtout pas décevoir Dominique qui travaille tellement fort pour tout orchestrer autour de moi. Elle a planifié plus de 400 entrevues ces derniers mois. Avec tous les aléas de la traversée, toute mon équipe est aussi fatiguée que moi. J'ai fait énormément d'entrevues, mais celle de ce matin devra être annulée. Mon corps vient de me lâcher, mon esprit ne tient qu'à un fil, mes nerfs n'ont pas encore flanché, car l'adrénaline ne me quitte plus. Ce serait la première fois que j'annule un entretien média parce que mon corps flanche, que je suis à bout. Je n'ai jamais dit non à une entrevue, mais ce matin, mon corps ne suit plus. Pour l'entrevue télé, je devrais me rendre à Quimper dans moins de deux heures, je suis déjà en retard. L'horreur. L'angoisse de me déplacer sur terre me pétrifie. Les voitures, la vitesse, le train, des gens partout... Une vraie jungle.

À 8 heures, j'ai Dominique au bout du fil. Elle est elle-même secouée d'apprendre ce qui s'est passé cette nuit. Elle s'excuse d'avoir demandé aux autres d'aller reprendre possession des caméras dans mon bateau sans m'en avoir parlé. À sa décharge, elle voulait bien faire. Les membres de mon équipe n'avaient que quelques minutes pour trouver le matériel. Ils ont fouillé rapidement, sans jamais imaginer que ça pourrait m'affecter à ce point.

Je rassure Dominique.

« Mais non, ce n'est pas grave, Dominique, tu ne pouvais pas savoir que ça me ferait cet effet-là. Tu ne savais pas. »

C'est comme si mon choc avait été un passage obligé. Ça me prenait une commotion pour me faire réaliser que l'aventure était bien finie. Peut-être que je devrais remercier Dominique ; j'ai un prétexte pour avoir craqué, au moins. C'est mieux comme ça, sinon peut-être que j'aurais craqué pour n'importe quoi...

Dominique dit qu'elle agit toujours dans l'objectif de me protéger, mais parfois, peut-être trop. Ici, elle a surtout pensé à conserver intactes toutes mes données numériques, mes vidéos, mes photos, tout mon contenu informatique. Comme le port de Lorient est souvent victime de pillages, elle redoutait qu'un vol ait lieu et qu'on perde à jamais ces précieuses informations, ces souvenirs hors de prix. Je savais que le réalisateur du documentaire désirait repartir avec mes disques durs externes lors de son vol de retour mercredi, mais j'étais loin d'imaginer de ne pas pouvoir retourner dans l'*Hermel* et reprendre moi-même possession du tout. J'avais donc bien caché tous mes supports informatiques dans mon bateau.

Dans l'état où je suis, on prend la décision d'annuler mon entrevue télévisée à Quimper pour que je me remette sur pied. Si on fait le calcul, j'ai donné des entrevues presque sans relâche durant 21 heures. À midi, dans quelques heures, mes entrevues reprennent au Québec. À mes yeux, c'est impensable de me lever, de m'habiller, de retourner me préparer devant la glace, de marcher et de prendre un train vers Quimper. Non, je n'ai plus de force. Mes yeux sont bouffis, je subis encore les spasmes de mes sanglots qui surviennent n'importe quand. Je ne veux pas que ça m'arrive en ondes. Je vacille littéralement.

J'obtiens congé.

Julie ne me lâche plus d'une semelle. Ma sœur reste au lit avec moi. Je trouve enfin le sommeil.

Je sursaute, et ça me réveille sans cesse. Mon lit, trop sec et confortable, m'étourdit. Je regarde le plafond qui semble bouger devant moi. J'ai le tournis. J'ai aussi l'impression qu'un spectre m'observe du coin du lit, une masse noire semble juchée là, à me regarder, m'observer. J'entends des vagues. Aussitôt que j'y prête attention, je ne les entends plus. Je me concentre sur mes nombres premiers, petit truc infaillible pour ne plus nourrir l'angoisse et déranger mon cerveau apeuré. En proie au manque de sommeil, je dois halluciner.

Je replonge dans le sommeil. Je tiens la main de Julie, à droite ; celle de ma sœur, à gauche.

J'ai enfin dormi 45 minutes. Quand je me réveille, j'ai envie de connaître la position que j'occupe sur une carte... Je cherche mon téléphone. J'ai besoin de savoir où je suis. Du moins, à combien de milles de la mer.

Tranquillement, je me réapproprie mon corps de terrienne.

À mon lever, au moment de déposer mes pieds au sol, les jambes me font mal, la plante de mes pieds aussi. J'ai l'impression d'avoir couru un marathon la veille. Même si je perds l'équilibre, je me tiens au mur pour marcher et j'avance seule dans la maison. Je descends les marches une à une, comme si j'étais affligée d'une maladie. Je tombe aussi quelques fois.

Tout me prend un temps fou : m'habiller, me laver, me préparer. Je trouve soudainement tout futile, superflu. Choisir ce qu'on porte, ce qu'on va manger, ce qu'on boit, ce qu'on doit faire et dans quel ordre… Tout est un choix, un stress inutile.

Dès mon premier réveil sur la terre ferme, je constate qu'aujourd'hui aussi sera fait d'épreuves. J'ai deux ou trois entrevues avec des journalistes de la presse écrite, l'une à la suite de l'autre, avant même d'avaler mon premier café.

En attente au téléphone, je prends connaissance de différents messages textes arrivés sur l'iPhone tout neuf que ma sœur Evelyne et papa m'ont acheté. J'ai plus de 1 000 courriels, 5 600 messages sur ma page Facebook, des centaines de messages sur Twitter. C'est fou comme la technologie s'immisce rapidement dans chacune des minutes de ma vie.

Je me laisse mener par les obligations de la terre. Manger, travailler, répondre aux questions… Encore d'autres entrevues jusqu'au soir. Entre deux répits, je regarde parfois jalousement mon équipe et ma famille rassemblées, à siroter un verre ; je désire plus que tout être des leurs.

Mon équipe est fabuleuse pour moi, elle me soutient, me guide et me tient la main toujours pour me faciliter la vie. Malgré son désir de me faire sentir accueillie et accompagnée, je n'ai jamais eu le sentiment d'être aussi seule que depuis mon arrivée sur la terre ferme. Je me sens consommée, mangée tout rond. Je ne m'appartiens plus.

Je n'ai même plus le loisir de me déplacer comme je veux dans les endroits publics. Sans aide aucune, mes jambes flanchent, je dépends d'une paire de bras, de l'assistance d'une personne près de moi.

Résignée à me livrer sans arrêt, à répondre à toutes les questions, je choisis de me donner à 100 %. Je me répète qu'à chacune de mes entrevues, quelqu'un m'entend et voyage avec moi, quelqu'un s'inspire quelque part.

Et chaque fois, on me ramène dans le passé, en mer, ou dans l'avenir, demain. Tout le monde veut savoir ce que je vais faire maintenant, comment, avec quel moyen...

Huit jours s'écoulent avant que je revienne au pays. Huit jours où je me remets sur pied, ou je tente de me sortir la tête de l'eau... en répondant à toutes les questions et en tentant de savoir où j'en suis.

En montant dans l'avion pour revenir à Montréal, j'ai un petit choc. Plusieurs personnes me reconnaissent et viennent à mon siège pour me féliciter. Avec la réaction des gens à bord de l'avion, je mesure un peu mieux ce qui m'attend au pays. Par comparaison avec les quatre mois passés à franchir la même distance entre l'Europe et le Canada, je trouve que le vol de retour est extrêmement rapide et confortable. Avant d'atterrir, alors que le commandant nous souhaite la bienvenue à Montréal, il prend soin de me transmettre des félicitations officielles au nom de tout le personnel de bord dans l'interphone de l'avion. Au moment de son message, j'entends les applaudissements jaillir de partout. Une fébrilité m'envahit, comme si, d'un coup, je réalisais que j'étais attendue au pays.

C'est en voyant apparaître les visages familiers à travers le mur de verre qui sépare le public des arrivées que je réalise que ma mission est accomplie. Enfin, je vois les gens que j'aime, mes commanditaires et mes amis.

Beaucoup plus tard, je retrouve mon petit chez-moi douillet. C'est comme si je ne l'avais jamais quitté. Tout est resté en plan. En entrant dans ma chambre à coucher, j'aperçois le message que je m'étais écrit à moi-même avant mon départ quelques mois plus tôt et que j'avais complètement oublié : « Je savais que je serais capable d'aller jusqu'au bout, bravo à moi ! »

Le sourire aux lèvres, j'observe mon appartement. Je reconnais un détail à la fois. Je vois comment j'avais laissé ma chambre à la veille de mon départ pour la grande épopée, presque six mois plus tôt. L'appartement semble tellement confortable, mais je m'ennuie de la bannette humide de l'*Hermel*. Je m'allonge sur mon lit. Je me laisse bercer par la cacophonie qui surgit de ma petite ruelle du Vieux-Montréal et de la rue Saint-Paul, je me rends bien compte que je suis de retour à la maison, mais pas tout à fait. Cet univers-ci me semble statique, immobile et trop prévisible. La petite pièce où je suis semble stérile, sans vie.

J'ai une pensée pour l'océan, je me demande comment sont les conditions de toutes les positions que ma trajectoire a connues. Ici me semble n'être qu'une adresse comme toutes les coordonnées où j'ai vu la mer. J'éprouve le besoin d'être seule et de me réapproprier mon espace, mon environnement.

Dès le lever du jour, mes obligations me ramènent à l'ordre et j'ouvre les yeux au son de mon téléphone. À partir de mon premier réveil à Montréal, mon emploi du temps est chargé. Des plateaux télé m'attendent ; s'ensuivent les entretiens, les rendez-vous et réunions de mise au point. J'essaie de refaire de l'ordre dans ma vie, au milieu de tout ce brouhaha, au cours du peu de temps qu'il me reste pour moi.

Après une tournée média réglée au quart de tour et des événements qui s'enchaînent et parfois même s'entrechoquent à l'horaire, je reçois des centaines de demandes et de messages par l'entremise des réseaux sociaux. Devant le volume de demandes, je ne me sens pas à la hauteur de la situation. J'aimerais que tout soit parfait, mais c'est impossible dans les circonstances. Je fais constamment face à la réalité de ne pas pouvoir en faire assez, de ne pas être suffisamment disponible... Je n'ai jamais l'impression de satisfaire qui que ce soit, on en veut toujours un peu plus de moi. Puisque je suis convaincue que chaque personne qui m'écrit est importante, qu'elle mérite une réponse pour elle seule et non pas un copier-coller écrit d'avance, je prends tout mon temps libre pour répondre. J'ai l'impression d'assister à une hémorragie.

Cela ne fait qu'une semaine que j'ai posé les pieds à Montréal, et je n'ai pas repris mon souffle, j'ai encore des étourdissements et des maux aux jambes. Je sais qu'on a des attentes envers moi. Je ressens la pression de toute part.

Depuis quelques semaines s'organise une grande fête pour célébrer mon retour et surtout pour remercier l'équipe, les bénévoles et les partenaires qui ont contribué au succès du projet.

Durant la soirée, la masse humaine m'étourdit ; tout le monde veut un petit moment avec moi. Je constate que je ne peux pas me donner à chacun à 100 %. Même si je suis très heureuse de revoir tous les gens que je connais, l'amour qu'on a pour moi est considérable et difficile à accepter, à prendre pour moi seule.

Même si la majorité des convives sont heureux de participer à la soirée, malgré toutes mes meilleures intentions à remercier chaque individu et à mettre en valeur la contribution de chaque personne, je reçois des commentaires de déception de part et d'autre le lendemain. Cette soirée avait pourtant pour mission de remercier tous les contributeurs, sans exception. Malgré toutes mes bonnes intentions, je réalise que je ne peux pas répondre aux attentes de tout le monde. C'est impossible.

En plus de ne pas me sentir à la hauteur, j'ai les nerfs à vif. J'ai l'impression de porter une icône sur mon dos depuis qu'on reconnaît partout mon exploit... J'ai même un malaise à sortir en public, je m'angoisse de ne pas satisfaire à la demande. Mes pas sont incertains, je chancelle trop souvent. Sous la pression, je me sens faible. Je ne me sens pas redevenue moi-même.

J'ai un deuil à faire, celui de moi-même, le moi d'avant.

Depuis mon retour, on me demande régulièrement si j'ai le spleen, si je suis déprimée. Ma réponse négative est comme une preuve, témoin du fait que, selon certains, je ne suis toujours pas revenue sur la terre ferme. Plusieurs me disent d'attendre Noël... Et maintenant que la nouvelle année se pointe, je les entends dire d'attendre janvier... et ainsi de suite.

Pour ma part, c'est plutôt mon équipe qui m'inquiète. Depuis mon arrivée, certains d'entre eux ont une baisse d'énergie, un manque. Je me fais du souci pour eux, je me préoccupe de savoir s'ils sont heureux tous les jours, s'ils savourent le succès autant que moi. Surtout Jean-Pierre et Hermel, qui ont les *blues*. Eux les ont, pas moi.

Depuis mon retour à Montréal, j'ai fait des allers-retours en Europe. En France pour participer au salon nautique de Paris et pour quelques rendez-vous. Et en Angleterre pour une petite croisière à bord du *Queen Mary 2*, aussi pour rencontrer les employés, les passagers et la Cunard Line à Southampton. Lorsque la nouvelle année arrive, je constate que je n'ai pas eu droit à beaucoup de repos depuis mon arrivée sur terre, six semaines plus tôt.

Enfin, je trouve un peu de repos à Rimouski, chez Claire, la fille d'Hermel, au début du mois de janvier. Hermel, Jean-Pierre et moi discutons de la vente du bateau.

Je sais que mon bateau est entre bonnes mains de l'autre côté de l'océan, à Lorient, mais je m'inquiète pour lui. J'ai hâte qu'il revienne au pays.

Pour nous aider à réfléchir, nous dressons la liste des conditions *sine qua non* pour vendre. Comme quelques acheteurs désirent acquérir le bateau, nous devons formuler une liste des conditions d'achat.

Selon Hermel, il est inconcevable que le bateau soit modifié et, ainsi, que tout son travail des dernières années soit bafoué. Je suis aussi d'avis que, pour honorer les heures de travail d'Hermel et de tous les bénévoles impliqués dans la restauration du bateau, sa conservation, est une condition essentielle à la vente. Ce bateau a reçu beaucoup d'amour, d'innombrables sacrifices ont été faits pour lui permettre d'être ce qu'il est aujourd'hui. La mer a dressé sur son chemin de nombreuses tempêtes et contre-courants pour qu'il accumule autant de cicatrices, témoins de chaque mille nautique. Nous désirons que le bateau puisse demeurer intact, tel qu'il était en terminant cette grande traversée, afin de mettre en valeur l'effort soutenu autant que chaque marque d'affection qu'il a reçue.

Afin d'évaluer toutes les propositions d'achat, nous établissons trois critères fondamentaux : le projet de mise en valeur prévu, le désir de conservation de l'acheteur et le prix offert. Même si nous discutons du prix de vente, notre attention est plutôt portée sur la globalité de la transaction.

En établissant le document qui visera à établir le processus de vente pour tous les intéressés, Hermel et moi sommes émus de le savoir bientôt entre d'autres mains.

Je sais qu'il me sera difficile de me départir de lui, mais je suis convaincue que mon petit bateau doit continuer à faire rêver les gens, cette fois-ci loin de l'aventure, fort probablement à l'intérieur des murs d'un musée.

Hermel et moi sommes convaincus de pouvoir lui offrir une retraite digne de son épopée.

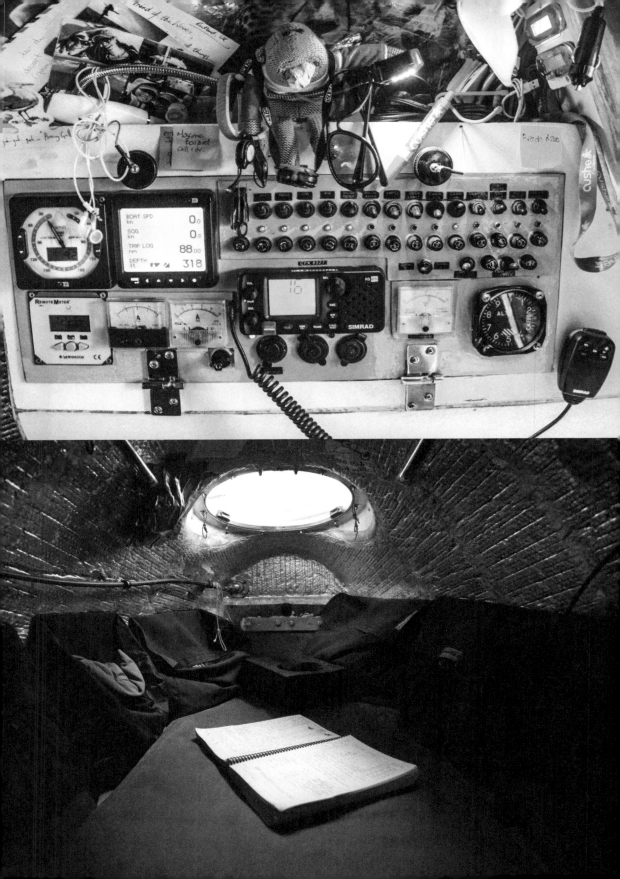

Destination

MONTREAL

Mylène

CDG 20 NOV 11:5

TO/A:MO

SEPT-ÎLES

Miss Mylène Paquette

0   10   20   30

18

TEMPÊTE HIVERNALE

J'ai enlevé mes chaussures quelques minutes plus tôt parce que j'avais très mal aux pieds, j'étais surtout convaincue de ne pas être nommée. Avec la belle brochette de personnalités venant de remporter le titre dans chaque catégorie, j'étais certaine que je pouvais me déchausser sans craindre d'être en vedette. Je n'ai pas besoin d'autre chose pour me convaincre, 2013 a vraiment été la plus belle année de ma vie, personnalité de l'année ou non.

Quand j'entends mon nom, j'ai de la difficulté à y croire. Je suis élue Personnalité de l'année au gala La Presse/Radio-Canada. Puisque j'ai été coupée de l'actualité durant le voyage, je ne savais pas ce qui se tramait au Québec, au Canada. Rien d'autre n'était plus d'actualité pour moi que ce qui se passait autour de mon petit bateau. Depuis ce prix, je mesure mieux l'impact que j'ai eu durant ma traversée.

Dans la semaine qui suit le gala, je commence à donner des conférences. Même si j'ai prononcé beaucoup d'allocutions dans le passé et que je me suis exprimée devant des milliers de gens à propos de mon voyage, ce soir, veille de ma première conférence, je ne suis pas prête. Je n'ai pas le recul nécessaire pour livrer mon expérience sur commande, en 60 minutes bien comptées. J'ai surtout de la difficulté à distinguer ce qui est important de ce qui ne l'est pas. Il n'y a plus d'eau sous mes pieds et je dois déjà livrer des impressions que j'ai peine à nommer, même pour moi.

L'heure est au stress. Durant ces dernières semaines, mon agenda a été tellement rempli que je n'ai pas eu le temps et l'appui nécessaire pour réfléchir à ce que je veux livrer demain. Jean-Pierre est à Detroit. Je suis à Québec. Minuit. Du mieux qu'il le peut, il tente de m'épauler pour pallier mon manque de soutien. Il m'accompagne dans le processus et me pose des questions pour m'aider à préparer ce qui semble être intéressant à des yeux extérieurs, à un nouvel auditoire. Il partage avec moi le fardeau de ma première présentation et me soutient comme j'en éprouve le besoin. Par visioconférence, on patauge ensemble dans l'élaboration de mon plan de match. Nous reprenons du début, les hauts et les bas de la traversée, les faits saillants, les plus grandes difficultés, les plus grandes réalisations.

Étrangement, c'est la première fois que je constate le dessin qu'a créé ma trajectoire sur l'océan. En tentant de placer chaque évènement sur la carte, je suis foudroyée par la rigueur et la quantité des défis surmontés.

Très tard dans la nuit, ma conférence est prête. Mon premier client m'attend à 8 heures du matin avec ses 125 employés. Je me sens envahie d'une énergie nouvelle, je souhaite que mon rêve puisse continuer à vivre en émerveillant les gens.

À ce moment précis, je comprends que le public a des attentes. Il semble avoir besoin d'en apprendre davantage, d'être transporté dans mon histoire, là où tout semble possible. C'est devant les gens, alors que je raconte, que je revis mon aventure, que je fais vibrer le monde que je trouve ma place.

Au cours de cette première semaine sur la route, je livre une dizaine de conférences.

La saison froide est bien installée, et mon quotidien relève du défi. Insidieusement, comme l'océan qui grossit sous mes yeux, l'hiver devient de plus en plus difficile, pénible...

De 10 conférences par semaine, je passe à 12, puis à 15. Je ne regarde plus les conférences du lendemain, je ne regarde que la prochaine ou celle qui m'occupe présentement.

La tempête se lève. À mon horaire s'ajoutent des entrevues, des rencontres, des allocutions et des tournages, des chroniques à préparer pour une émission à laquelle je collabore à Radio-Canada, en plus de la recherche et du travail que ça représente. J'accumule de 30 à 40 heures au volant de ma voiture chaque semaine sans compter de nombreux vols pour me rendre aux quatre coins du Québec. Puisque je manque de temps, je ne mange que très rarement, je dois dormir dans ma voiture pour ne pas tomber de fatigue et pour m'assurer de me rendre à bon port pour rencontrer les prochains clients. Ma vie est devenue un vrai feu roulant. Tout ce que je souhaite, c'est honorer les contrats qui ont été pris en mon nom et, une fois sur place, je me donne entièrement devant chaque auditoire, chaque client.

Même si je ne vois plus la fin de ma course folle, je garde le cap. J'ai complètement perdu le contrôle de mon horaire et je ne fais que survivre pour répondre aux attentes. J'ai la sensation que mon bateau est en train de couler et que j'ai constamment une voie d'eau* à colmater.

Malgré toute la sollicitude que j'applique à chacune de mes rencontres, j'ai l'impression de n'être jamais assez... assez disponible, assez généreuse, assez performante. Ensevelie sous les requêtes et les réprobations de toute sorte, j'ai l'impression de ne pas suffire à la demande.

Le 21 mars, c'est la présentation officielle de mon bateau au Palais des congrès de Montréal. À revoir ainsi mon *Hermel* sur une remorque, dans un endroit commercial au cœur du centre-ville de Montréal, je suis à fleur de peau. À bout de souffle, j'entame la journée. Dès 5 h 30, je passe au maquillage pour ma première entrevue télévisée en direct de mon bateau. J'enfile les entrevues, tournages et séances photo jusqu'en après-midi. Plusieurs centaines de personnes se

317

présentent à l'évènement. Des amis, des membres de ma famille, des collègues s'y rendent, mais je suis incapable de me libérer pour aller à leur rencontre. Je désire avoir un peu de temps avec les propriétaires de canards qui se sont déplacés ici pour me rencontrer, mais j'en suis incapable. Je ne suis plus maître de mon temps, pour mes proches, pour ma famille ou pour moi.

Au moment où je me faufile pour aller manger, des gens se fâchent de ne pas pouvoir me serrer la main et s'impatientent envers mon équipe. Je me sens complètement consommée, ensevelie sous les exigences de cette journée. Je fais face au choc brutal de ne suffire à personne. Je me sens endettée de quelque chose.

À la fin de la journée, papa me tire du Palais pour me déposer chez moi. Au moment où je me retrouve seule, je m'effondre dans l'escalier. Je suis en proie à de violents spasmes, mes jambes tremblent et je ne peux plus me relever. Des larmes coulent sur mes joues, mais je ne ressens rien, absolument rien.

Tout est noir dans ma tête. Au sol, je sanglote un long moment, ça semble impossible de m'arrêter. Mes muscles ne répondent plus à mes commandes, mes nerfs m'abandonnent, comme si mon esprit ne m'habitait plus.

Je ne sais plus qui je suis, je ne me reconnais plus.

J'ai vivement l'impression d'être à côté de moi-même et d'être restée là-bas au Palais. Sans le public, sans mon bateau surtout, on dirait que j'ai perdu mon identité. Après tous ces jours à ne jamais penser à moi, j'ai l'impression que je ne sais plus ce dont mon corps a besoin, ce dont j'ai envie. Ce sont mes premières heures de congé depuis des mois et j'ai soudainement très peur de ce gouffre.

Dans mes réflexions, je réalise que l'océan ne m'a jamais demandé mon avis. Depuis des mois, je n'ai jamais pensé à refuser une tempête, refuser un vent fort ou une hauteur de vague trop importante. En mer, j'ai appris à accueillir et à accepter les choses que je ne pouvais changer.

En descendant sur la terre ferme, j'ai abordé ma nouvelle vie avec la même attitude, le même état d'esprit. Loin de moi l'idée de dire non.

La gestion de mon horaire et les obligations ont fait office de tempête à travers laquelle je devais passer et non contourner.

Je n'ai jamais envisagé qu'il soit possible de refuser quoi que ce soit.

En acceptant tout, j'ai atteint ma limite.

Que je me sente précipitée, consommée, à court de temps pour moi, plus rien ne compte lorsque j'entre en scène. Alors que je prends les rênes d'un auditoire, je me sens en sécurité. Dès le moment où je prends la parole pour livrer mon histoire, je me sens écoutée, appréciée. Ici, au théâtre de ma traversée, notre œuvre à Hermel et moi reprend ses droits, et j'ai l'impression d'être chez moi, d'avoir un répit et que le temps s'est arrêté.

On dirait que j'ai le contrôle de tout, peu importe la situation, peu importe les gens devant ; je m'amuse lorsqu'un échange se crée. C'est devant le public que je trouve mon salut.

Quand je suis sur scène, rien d'autre n'existe ; le seul autre endroit où j'ai eu ce sentiment, c'est sur l'océan.

Durant ma tempête hivernale, la seule chose qui m'a empêchée de sombrer dans la mélancolie du retour a été la réception du public. Les gens rencontrés, leur chaleur, leur appétit pour mon histoire, l'ouverture avec laquelle j'ai été accueillie a pansé mon manque d'eau salée, mon manque de temps, mon manque de me retrouver.

Depuis mon retour, j'ai évolué et mon équipe a été transformée, elle aussi, par l'expérience que nous avons partagée, tant bien que mal. La plupart de mes collaborateurs se sont ajustés, ils ont su reconnaître mes valeurs et accueillir mes rêves, tout en respectant les limites que je sais maintenant établir et imposer.

Après avoir heurté un mur, j'ai compris que je dois prendre les décisions qui me concernent selon mes valeurs, et ce, sans influence extérieure. À partir du moment où j'ai réalisé que je devais d'abord me sentir à l'aise avec mes choix, j'ai cherché quelqu'un qui soit capable d'entreprendre ma carrière, de la mener de front avec moi, d'embrasser mes rêves, de comprendre mes besoins et d'entrevoir l'avenir avec lucidité.

À la rencontre d'une gérante extraordinaire, l'horizon s'est enfin dégagé. Avec Micheline, j'ai l'impression que l'avenir est possible et je sais que la gestion de ma carrière est entre bonnes mains. Avec elle, je me sens accueillie, appréciée, surtout protégée et accompagnée au quotidien. La tempête est terminée.

Enfin, le petit *Hermel* a pris le chemin du nord afin de faire rayonner l'histoire de notre grande traversée. Mon cheval de mer a trouvé preneur.

Alors que je me retrouve avec Benoit et les représentants du Port de Sept-Îles, le nouvel acquéreur de l'embarcation, dans les bureaux du notaire maritime à Montréal, je comprends que, même si nos chemins se séparent sur terre, nos histoires sont unies à jamais.

J'écoute le président du port prendre le temps qu'il faut pour me rassurer. C'est seulement à ce moment précis que je saisis l'ampleur de ce que l'achat représente pour eux. En achetant le bateau, le Port de Sept-Îles achète le rêve. Il achète l'audace, la fougue, l'histoire qui nous unit. Il achète le bateau de Mylène, l'*Hermel*.

Le Port se munit de nos joies, de nos amours autant que de nos défaites.

Parce qu'ensemble nous avons bravé la mer et les intempéries, nous avons vu des levers d'étoiles et de lune, des ciels incroyables et des murs opaques de brouillard s'approcher redoutablement de nous. Nous avons subi des grains* violents, des pluies diluviennes, des secousses inexplicables. Nous avons reçu la visite de centaines de dorades, d'oiseaux, de baleines et de squales. Bien avant tout cela, nous avons vu le Québec, l'Ontario, la Gaspésie et surtout le fleuve, la mer et les Îles. Nous avons connu l'hiver, la glace et les crevaisons sur l'autoroute. Et dans les salons commerciaux, nous avons connu les enfants qui pleurent pour ne pas débarquer, les visages par centaines autour, les conversations riches autant que les plus interminables, les photos, les tournages, les entrevues, les écoles, les stationnements, la ville et les routes. Sans oublier les bons soins d'Hermel, l'homme aux yeux pleins d'étoiles, sans qui ce que nous sommes n'aurait pu voir le jour.

Ensemble, nous avons vendu notre rêve, notre utopie, notre océan durant tant d'années. Maintenant, je suis rassurée de savoir que sera immortalisée notre arrivée, à Lorient, le 12 novembre 2013, mais surtout notre histoire dans son intégralité. De cette façon, je suis convaincue qu'il saura faire vibrer le cœur des gens.

À nouveau, j'ai l'impression que tout est possible.

Michel, mon routeur, Hermel et moi.

LETTRE À LA MER

Je ne te supplierai pas de me laisser tranquille, c'est moi qui te cherchais. Au moment d'écrire ces lignes, on se prend la tête avec une dernière querelle et, comme d'habitude, c'est toi qui auras le dernier mot. J'abdique, certes, et je ne cherche pas à avoir raison. Mon ego reste à sa place, bien tapi dans le dernier recoin au sec de mon esprit.

Cher océan, ça fait maintenant quatre mois que l'on partage nos vies et déjà je dois te quitter. Je ne suis pas encore partie que je te fais déjà des promesses. Je te donne ma parole que nous allons nous retrouver. J'ai apprécié chaque moment passé en ta compagnie, même les plus difficiles, car ils ont su me révéler. Tu m'as permis de me découvrir, de me dépasser, de me surprendre et, le plus important, de reconnaître mon humilité. Pour chaque trésor trouvé ici, je veux te dire merci.

Tu reconnais sûrement ma voix, car près de toi j'ai crié plus d'une fois. J'ai même cru crier mon dernier souffle. Je t'ai crié d'arrêter, de me laisser tranquille, de te calmer... Malgré cela, tous les jours résonnait de ma petite voix du matin, mon célèbre et traditionnel « Hello World » depuis le pont de mon minuscule esquif.

Notre quotidien s'est construit d'horizons merveilleux, de ciels sans obstacles, d'étoiles. D'un lever de pleine lune à un autre, à tes célèbres couchers de soleil, j'ai rencontré ton âme et tes habitants, des êtres surprenants et merveilleux. Chaque jour, j'ai aperçu l'un d'entre eux, que ce soit une baleine, d'adorables globicéphales, des dauphins, des bancs de poissons, du plus petit au plus effroyable du monde, une vieille tortue, des oiseaux, des calmars ou de gracieuses méduses. Chaque fois, je me suis adressée à eux avec intérêt, avec déférence. Ici se respectent et s'achèvent au rythme de ta volonté des milliers d'êtres contribuant au monde, soit de leur chair, soit de leurs ruses, parvenant à maintenir de justesse un équilibre incertain pour construire cet univers marin auquel je tire aujourd'hui ma révérence.

J'ai eu peur de toi plus d'une fois. Maintenant que je t'aime à ce point, j'ai beaucoup plus peur pour toi que pour ma petite personne.

J'ai peur pour ton âme, mais surtout pour les hommes de la terre qui dépendent tous de toi.

Promets-moi de bien prendre soin des marins de la planète qui te chevaucheront et qui feront passage en tes eaux. De mon côté, je promets de t'être toujours loyale, de leur parler de toi et de louanger ta beauté, ta discipline, tes couleurs et surtout tes habitants. Je leur dirai que tu es forte, mais très fragile ; fière, mais modeste et gracieuse. Même si tu es terrible parfois, je te ferai toujours honneur. Je leur dirai que je t'ai pardonné chaque querelle, chaque état. Je prierai mes amis les hommes de prendre soin de toi, pour nous tous, les terriens.

Car nous savons bien que peu importe l'issue de notre histoire, malgré mon amour à ton égard, je quitterai ce monde bien avant toi, de vieillesse, de maladie ou d'escapade, comme tous mes frères, les humains. À nous seuls, nous t'avons fait bien du mal. Tu aurais pu m'en vouloir et m'arracher la vie, mais non, tu m'as laissée passer malgré tes états d'âme les plus redoutables. Pour ça, je te dois tout.

Je leur parlerai de toi, je leur dirai à quel point tu es belle, à quel point on ne se soucie pas assez de ton destin. Je leur dirai que tes oiseaux m'ont fait la cour tous les jours, que ton vent peut être aussi doux qu'un matin de printemps et que ton silence peut faire jaillir les plus vieux souvenirs. Je tenterai de leur partager notre histoire et les faire t'aimer, t'aimer toujours.

Les humains pourront peut-être comprendre que le mal qu'on te fait, nous le faisons d'abord à nous-mêmes. Car après notre départ et celui des oiseaux, tu continueras d'éroder les rochers les plus durs de ce monde, d'embrasser les berges, de tout prendre au passage et d'arracher bien des arbres. Tu déferleras à jamais en toi-même, tu gronderas et toujours, même si l'Homme n'est plus pour écouter de ses sourdes oreilles, tu feras crépiter l'air à ta surface et ainsi créer le plus beau son du monde : l'effervescence de tes eaux.

La dame aux baguettes

45° 32' 27" N
73° 36' 04" O

———————— ✦ ————————

ÉPILOGUE

10 octobre 2014

Il s'en est fallu de peu. Il s'en est fallu de peu pour que je laisse tout tomber, comme ça.

Parce que j'avais signé un contrat avec mon éditeur, que Micheline avait confiance en moi et que je voulais redonner à tous mes collaborateurs la chance de revivre cette histoire pour honorer chaque effort investi, j'ai tenu bon.

Autant durant les 46 jours cloîtrée à écrire, les quelques semaines de révision et de correction que pendant mes années de préparation, j'ai failli abandonner. Aussi pour honorer l'océan qui m'a accueilli, j'ai continué à taper sur les touches de mon clavier du matin au soir, souvent jusqu'à très tard dans la nuit et jusqu'à aujourd'hui.

Lorsque je revisite les 6 dernières années, je découvre que la période la plus heureuse, la plus réjouissante et la plus riche en émotions a été les 129 jours passés sur l'Atlantique Nord.

Très souvent, lorsque j'ai ardemment désiré tout laisser en plan, j'ai pensé à maman. Il y a très longtemps, maman a installé mes doigts – alors beaucoup trop petits pour atteindre les bonnes touches à la fois – sur la machine à écrire. Elle me dictait quel agencement de lettres frapper et j'apprenais mon doigté. Même si je ne savais pas écrire, maman me disait qu'il fallait apprendre tout de suite, car, un jour, j'allais vivre dans un monde où me servir d'un clavier serait une affaire quotidienne. Plus tard, lors de mes difficultés scolaires, elle m'a répété sans cesse que j'étais persévérante. Et j'ai appris à taper ce mot de 12 lettres bien avant d'en comprendre le sens.

Depuis toute petite, même si je me trompais ou si je faisais erreur, j'ai su que me relever, recommencer, repenser, persévérer étaient des solutions en soi et, par-dessus tout, des avenues pour apprendre. J'ai su très tôt dans la vie que, même si on fait du surplace, on avance quelque part.

Le succès de ma traversée a honoré toutes mes décisions prises par le passé. À l'inverse, si cette traversée n'avait pas connu le succès, mon choix aurait été tout aussi bon et positif, j'en suis persuadée. J'ai peut-être connu le succès parce que j'avais besoin d'apprendre à réussir, car je n'avais jamais réussi et j'avais persévéré si souvent dans la vie.

Garder le cap et tenir bon donnent toujours quelque chose de bien; il suffit de choisir comment regarder. Toutes les fois où j'ai fait du surplace sur l'océan, j'ai appris à rire, à rire de moi d'abord et à rire avec l'océan. S'engager, c'est s'investir dans le présent en ayant du plaisir. S'engager permet d'apprendre.

J'ai appris à me faire confiance et à suivre mon intuition, et parce que je l'ai suivie, je ne pouvais pas me tromper.

Sur l'océan, j'ai compris le bien-fondé de mon aventure, je me suis surtout sentie à ma place, en sécurité entre les vagues et les tempêtes. Sur terre, je me suis sentie aussi au bon endroit debout devant des centaines de personnes à partager mon histoire. Il ne restait qu'à me sentir le mieux du monde devant mon écran, les mains sur mon clavier, face à mon histoire et à tous les mots écrits jusqu'à vous.

C'est au moment de terminer ce livre que je conçois davantage la prémisse de mon voyage : j'ai suivi mon intuition. Un point c'est tout.

Si vous ne comprenez pas le pourquoi d'une telle aventure, fermez ce livre et écoutez votre intuition.

Surtout... ne vous justifiez jamais de l'avoir fait.

LEXIQUE

A

Accastillage : Ensemble des accessoires divers équipant un bateau, comme les poulies, *winchs*, taquets, manilles et mousquetons.

Alizés : Vents modérés et réguliers des régions intertropicales. Les alizés soufflent le plus souvent du secteur nord-est sur l'Atlantique Nord et du secteur sud-est sur l' Atlantique Sud. Les alizés sont créés par le fort réchauffement et la forte évaporation de l'atmosphère autour de l'équateur.

Amarre : Cordage résistant de bon diamètre, utilisé pour maintenir un bateau en position contre un quai ou un autre bateau.

Amure : Côté du bateau par lequel il reçoit le vent. On dit des bateaux qu'ils naviguent bâbord amures lorsque le vent vient de la gauche et tribord amures lorsqu'il vient de la droite.

Ancre flottante : Dispositif qu'on file par l'arrière du bateau, utilisé par mauvais temps et lors de vent arrière pour ralentir un bateau.

Ancre parachute : Dispositif en toile en forme de parachute de grande dimension qu'on file par l'avant du bateau et utilisé alors que le bateau fait face au vent.

Appareillage : Ensemble des manœuvres nécessaires pour quitter un poste à quai ou un mouillage.

B

Bâbord : Le côté gauche du bateau en regardant vers l'avant (la proue).

Balise de détresse : Équipement de sécurité qui fournit des alertes de détresse et des données de localisation précises et fiables, en tout temps et en tout lieu sur le globe grâce au système satellitaire.

Bannette : Couchette à bord d'un bateau.

Barre : Dispositif de manœuvre du gouvernail.

Barres de flèche : Petites pièces de métal situées de part et d'autre du mât, servant à écarter les haubans afin d'avoir un meilleur angle de maintien et de diminuer la compression sur le mât.

Ber : Charpente qui supporte, une fois sortis de l'eau, les bateaux de plaisance pour l'hivernage, le stockage et la réparation.

Border (une voile) : Reprendre de l'écoute en la tirant pour ramener une voile et la rapprocher de l'axe du bateau.

Bruno : Nom donné au trépied recueillant le mât escamotable de l'éolienne inventée par Bruno Babin.

C

Carène : Partie immergée de la coque d'un bateau.

Carré : Pièce intérieure d'un bateau servant de salle à manger ou de salon.

Choquer (une voile) : Relâcher ou détendre la tension de l'écoute pour écarter la voile de l'axe du bateau. (Contraire de border).

Cockpit : Espace creux ouvert à l'arrière du bateau où se situe la barre.

Corne de brume : Instrument de signalisation maritime pouvant émettre des signaux sonores par temps de brume pour indiquer un obstacle, un danger ou une présence.

Corps-mort : Dalle de béton posée sur le fond munie d'une chaîne et d'une bouée, appelée «coffre », permettant au bateau de s'y amarrer.

CROSS : Centres régionaux opérationnels de surveillance et de sauvetage, dont la principale mission est la recherche et le sauvetage en mer.

D

Dame de nage : Pièce métallique ou échancrure permettant de recevoir un aviron.

Dessalinisateur : Appareil permettant d'extraire l'eau douce à partir de l'eau de mer.

Dérive : Surface portante immergée, permettant de résister à la dérive, c'est-à-dire le dérapage latéral du bateau par rapport à son cap et causé par l'effet du vent et des courants marins.

Drisse : Cordage servant à hisser une voile au mât.

E

Échosondeur : Appareil pour mesurer la profondeur des fonds marins.

Écope : Sorte de pelle ou tout autre récipient servant à vider l'eau d'une embarcation.

Écoper : Vider l'eau qui est entrée dans le bateau à l'aide d'un récipient ou d'une écope*.

Écoute : Cordage permettant de régler une voile en fonction de la direction du vent.

Écoutille : Ouverture pratiquée dans le pont d'un bateau permettant de charger les marchandises et les provisions de bord dans les cales et les entreponts.

Éphémérides : Almanachs de tables nautiques publiés annuellement, utilisés pour les calculs astronomiques. Les éphémérides recensent, jour par jour, les éléments variables de différents astres utilisés dans le calcul du point.

Étrave : Partie avant du bateau (proue).

F

Fuite (en) : Naviguer au portant (quand le vent vient de l'arrière), parfois en traînant une ancre flottante pour étaler une tempête.

G

Gaffe : Perche munie d'un crochet à son extrémité, destinée à atteindre un objet éloigné, à repêcher un objet tombé à l'eau ou à attraper un cordage.

Garcette : Petit cordage servant à amarrer un équipement du bateau.

Grand-voile : Voile principale du bateau.

Génois : Voile d'avant de forme triangulaire, de grande taille et de forte puissance, utilisée par vent calme.

Grain : Phénomène météorologique au cours duquel la vitesse du vent s'accroît de façon brusque, avec un net changement de direction, qui ne dure que quelques minutes et qui est fréquemment accompagné d'averses de pluie ou d'orages.

***Great Pacific Patch* (vortex de déchets du Pacifique Nord) :** Zone d'ordures du Pacifique entre l'archipel d'Hawaï et le Japon, où s'accumulent les déchets de plastique flottants en raison des courants marins. Ces déchets représentent une grande menace pour la biodiversité marine.

Gulf Stream : Courant océanique de surface, chaud, qui longe la côte américaine depuis le golfe du Mexique et qui se dirige vers le Groenland après avoir longé les côtes européennes. Le Gulf Stream est parmi les courants les plus forts. Il déplace l'eau chaude des zones subtropicales vers les pôles.

I

Iridium : Marque de téléphone satellitaire souvent utilisé en navigation.

L

Larguer : Détacher, lâcher, laisser une amarre, un coffre ou un ris.

Ligne de vie : Câble tendu de l'avant à l'arrière sur chaque bord du bateau, permettant à l'utilisateur de s'attacher afin de se sécuriser contre les risques de chute par-dessus bord.

Loch : Appareil servant à mesurer la distance parcourue sur l'eau et la vitesse du bateau.

M

Manille : Petite pièce d'accastillage en inox ou en acier galvanisé, généralement en forme de U et fermée par un boulon servant à relier deux choses entre elles.

Matosser : Déplacer du matériel sur un bateau pour mieux l'équilibrer selon les conditions de navigation rencontrées.

***Mayday* :** Expression anglaise utilisée internationalement dans les communications radiotéléphoniques pour signaler un avion ou un bateau en détresse.

Mouillage : 1. Bouée reliée au fond par un cordage ou une chaîne et maintenue par un corps-mort* ; 2. Mise à l'eau d'une ancre pour immobiliser un bateau ; 3. Abri sûr (baie, anse, estuaire) où un bateau peut s'amarrer.

Mousqueton : Anneau métallique possédant un système d'ouverture facile, permettant d'y glisser une corde, un anneau ou de s'en servir comme point d'attache.

N

Nacelle : Petit bateau à rames sans voile.

Nébulosité : Fraction du ciel couverte de nuages à un moment donné.

P

Parer : Préparer une manœuvre ou s'y préparer.

Pataras : Câble reliant la tête du mât à l'arrière du bateau pour le maintenir dans sa position verticale.

Plat-bord : Côté du pont le long des bordés.

Poupe : Partie arrière d'un bateau.

Point de passage : Point de référence dans l'espace physique, utilisé aux fins de la navigation pour déterminer la position d'un bateau.

Ponton : Plateforme flottante reliée au rivage pour constituer un débarcadère.

Propulseur d'étrave : Petite hélice placée transversalement sous la flottaison au niveau de l'étrave (d'où son nom), qui permet de faciliter les manœuvres d'accostage ou d'appareillage d'un bateau.

Proue : Partie avant du bateau.

R

Refuser : Rotation défavorable du vent de l'arrière vers l'avant.

S

SIA : Système d'identification automatique (AIS – Automatic Identification System) permettant à un bateau d'émettre sa position, son identification et de recevoir la position d'autres bateaux afin d'éviter une collision.

Sancir : Chavirer en passant cul par-dessus tête, sans forcément couler.

Sas : Petit compartiment étanche de transit, permettant de passer d'un milieu à un autre, de l'intérieur du bateau à l'air libre.

Sauterelle : Pince à pression en forme de sauterelle.

Skipper : Chef de bord d'un navire de plaisance à voiles.

T

Table à cartes : Dans un bateau, table servant au déploiement des cartes marines.

Traînard : Corde munie de cônes, traînée depuis la poupe d'un bateau dans le gros temps pour ralentir ou freiner sa dérive.

Tribord : Le côté droit du bateau en regardant vers l'avant (la proue).

V

Vedette : Petit bateau à moteur rapide et léger.

VHF : Bande de très hautes fréquences (*very high frequency*) du spectre électromagnétique s'étendant de 30 à 300 MHz, dont les longueurs d'onde sont favorables aux liaisons mobiles ou fixes en radiotéléphonie.

Voie d'eau : Entrée d'eau imprévue dans un navire par une ouverture dans la coque sous la ligne de flottaison.

W

Winch : Petit treuil placé sur le pont d'un bateau, permettant de démultiplier la traction sur les cordages.

REMERCIEMENTS

Enfin, le moment est venu de vous dire merci. Je souhaite que ce livre puisse rendre justice à tous les efforts de ceux et celles qui ont œuvré autour de cette grande épopée. Je porte dans mon cœur toutes les rencontres et tous les échanges ayant contribué à rendre ce voyage inoubliable et riche de sens. Je ne peux nommer les centaines de personnes qui m'ont influencée, guidée et orientée dans les bonnes directions. J'ai revisité chaque souvenir et c'est pour honorer l'implication de tout un chacun que je me suis rendue jusqu'ici.

Mes mercis s'adressent tout d'abord à Jean Paquette et Jocelyne Bellemare, mes parents. Merci pour votre confiance et pour tous ces moments inoubliables en nature, vous avez fait grandir en moi le désir de voir le globe sous toutes ses facettes. Vous m'avez enseigné la persévérance et l'intégrité. Merci à ma sœur Evelyne de m'avoir montré, toute petite, le *Livre des records Guinness* où tous ces humains étaient les premiers à faire quelque chose d'inusité, de différent. Quelque part, peut-être qu'une petite sœur voulait que tu la regardes.

Un grand merci à chacun d'entre vous :

À Jean-François Beauséjour, pour ce premier week-end de voile au lac Champlain et le partage de ta passion. À Jason McGrath, d'avoir cru en moi dès mes premiers pas dans cette aventure.

À Hermel Lavoie, pour votre ouverture, votre temps, votre grandeur d'âme et vos yeux pleins d'étoiles. Il y a ces gens dans la vie qui marquent notre existence au fer rouge. À jamais, vous aurez changé ma vie.

À Michel Meulnet, de m'avoir accompagnée depuis avril 2010 et à travers l'océan. Merci d'avoir gardé ta ligne de conduite et de ne jamais t'être laissé intimider par l'extérieur et par le 50e parallèle. Tu es une légende. À Benoit Marsan, pour ta disponibilité, ta dévotion et ta générosité. Sans ta capacité à tempérer les crises, je n'aurais jamais vu Halifax. À Jean-Pierre Lavoie, pour nos éclats de rire, tes heures sur Internet, nos réunions interminables et chaque solution. Tu es un *project manager* formidable. À Julie Brien, pour ton amitié, ta patience et ton accompagnement. Je suis heureuse d'avoir partagé chaque jour avec toi. Aux Dr Sylvain Croteau et Dre Christiane Van Dyke : avec votre soutien médical, votre confiance, votre encadrement, ma machine humaine a pu gagner l'autre rive. À Dominique Ladouceur, pour ton dévouement, ton suivi quotidien et toutes les heures que tu as faites sans compter. À mon équipe, merci pour vos efforts démesurés.

À mes deux mamies, Louise et Gertrude Michaud. Vous me gardez en contact avec l'essentiel. Le temps s'arrête quand je suis près de vous. Je vous suis reconnaissante pour toutes les marques d'affection que vous avez pour moi. Merci à la grande famille Lavoie qui m'a adoptée avec tant d'amour et d'accueil. Merci à Christian, Jean-Pierre et Claire Lavoie... mon cousin, mon frère et ma famille d'adoption.

Merci à Daniel Roch, l'homme bienveillant. Sans ta curiosité et ton acte de foi, je serais encore à me demander comment amasser des fonds. Ta confiance a été un cadeau sur ma route. Réjean Desgagnés, pour ton soutien, ta confiance à me donner la barre de ton grand bateau et, surtout, à fermer les yeux sur sa direction. Tu m'as transmis le goût d'aller toujours plus loin. *Thanks to Dave, Jane and Phil Brooks. Without your belief, I wouldn't have rowed any pond.*

Pour les grands soins à mon bateau, merci à Hermel et à nos amis : Martin Bernier, Jacques Simard, Bruno Babin, Suzanne St-Pierre, Bill Gleeson, Gilles Plourde.

Merci à mes nombreux amis : Jonathan Germain, alias Jon, pour ton fameux « *Let's do it* ». Merci à Jennifer Dyal, Denis Laroche, Marie-Josée Bouchard, Pauline Decroix, Nanci Laframboise, Virginie Michel, Jean-Sébastien Tremblay et Guylaine Desjardins, Alexandre Nault, Valentin Hay, Maryline Sicotte, Mathieu St-Pierre, Karl Turpin, Karine Trudel, Guillaume Solar-Pelletier, Marie-Soleil Foisy, Maude Laliberté, Hugues Fournel, Yan Beaugrand-Champagne, Sophie Pétré, François Vincent, Kathrine Lapalme, Eve Turpin, David Hubert, Olivier Guimond, Caroline Coutu, Pierre-Alexandre Beauséjour, Hans-Gabriel Christophe, Elisabeth Pham, Martin Alix, Frédéric Dion, François Parenteau, Mariejulie Lavigne, Aurélie Godin, Paul Picard, Étienne Poliquin et Cécile Lazartigues-Chartier et sa famille.

Merci à ma famille, à mes cousins et cousines, oncles et tantes, qui m'ont soutenue. *Thanks to my English parents, Pauline and Roger Dyal, for all your attentions in UK !*

Merci à tous ceux qui m'ont fait confiance et qui ont bûché avec moi pour que tout prenne place et se réalise : Pierre Jolicœur, Me Éric Besner, Julie Cloutier, Jean-François Lagarde, Benoit Villeneuve, Eric Santerre, Alain Laferrière, Frédéric Ferrua, Jean Faucon, Micheline Rioux, Mélanie Duclos, Bruno Marchal, Patrick Mével, Marie-Annick L'Allier, Luc et Claude Marchesseault, Robert Fregeau, Mathieu Lainé, Paul Denis, Gil Bourhis, François Caron, Paul Lanno, Pierre Deroi, Charles Denis, Fernand Desgagnés, Christine Chénard, Guy Dubuc, Michelle Cantin, Guylain Noël, Michel Dominique Cloutier, Christian, Luis Fernando Ramirez Sanjuan, Maxime Lévesque, Guillaume Callonico, Briony Nicholls, Marie-Éve Beaupré, Pierre Drolet. Éric Cardinal, je te serai toujours reconnaissante. Merci à Éric Dixon pour tes pirouettes à la banque. Merci à Jacynthe Veillette pour ton petit chalet.

Merci à Isabelle Hue pour tes soins des huit dernières années, à Stéphane Pépin et à la Clinique Althéa pour vos précieux traitements, à Dr Hilaire Arsenault, à Jacinthe Bleau, à Dr Hobeychi pour me permettre de remarcher correctement et au Dr Lavoie.

Merci à mes commanditaires et amis pour la confiance que vous m'avez accordée. Chez Cushe : merci à Karine et George Bicas. Chez Bio-K+ : Isabèle, François-Pierre et Claude Chevalier, Isabelle Brien, Caroline Charky et toute votre équipe. Chez Zorah Biocosmétiques : Élise Mailhot-Paquette, Richard Morin et Mélissa Harvey. Un merci particulier à : Iridium, Port de Québec, Simrad, Lolë, SDV Logistics, Robert Trudeau chez Air Canada, ainsi qu'à toutes les entreprises ayant cru au projet. Merci aux parents de canards et à tous ceux et celles qui ont participé aux projets de financement participatif.

Merci aux professeurs qui ont marqué mon développement : Michel Bossé, de m'avoir dit de foncer vers ce dont j'avais peur dans la vie ; Suzanne Giguère, de m'avoir transmis le plaisir d'écrire ; Claude Lamarche, de m'avoir donné confiance en ma plume ; Céline Roy et Micheline Julien pour vos éclaircissements, enfin je comprends quelque chose à l'argent.

Merci à tous les navigateurs qui m'inspirent et qui croient en moi : Réjean, Mike Birch, Louis Duc, Robert Patenaude, Che Bourgault et Danny Nadeau. Un merci très particulier à Luc Bernuy et à la Société de sauvetage pour mes formations, ainsi qu'à Benoit Villeneuve et Rémy Pratt. Merci à Jean Gagnon pour l'expérience sur l'océan et de m'avoir fait mettre en pratique le pouvoir du moment présent.

Merci à mes anciens collègues du CHU Sainte-Justine et aux patrons de la clinique d'orthopédie pour chaque encouragement. À mon amie et ancienne collègue Lucie Normandin d'avoir cru en moi, au Dr Benoit Poitras pour votre ouverture et votre humanité, Martine Legault pour ta clairvoyance et ton authenticité. Merci à la Fondation du CHU Sainte-Justine, Chantal Soly et Guy-Renaud Kirouac. Merci à tous les enfants qui m'ont inspirée.

Merci à tous mes collaborateurs de la Fondation David Suzuki : à Karel Mayrand, Jean-Patrick Toussaint, Manon Dubois Croteau, Nadine Légaré, Jérémy Bouchez, Julie Conan pour votre soutien, mais surtout d'avoir alimenté ma passion pour l'environnement. Merci à mon ami Mikael Rioux pour ta détermination et ta fougue contagieuses. Merci à tous ceux qui m'ont permis d'accroître ma passion pour l'environnement. Merci à Pierre Blier de l'UQAR, Yvan Simard de l'ISMER, Rachel Picard de Québec Océan, Charlotte Darribere et Marine Bonnell d'avoir si bien géré les capsules éducatives en environnement et à tous les étudiants et scientifiques de les avoir écrites.

Merci à Tatiana Rezva-Crutchlow et à l'Ocean Rowing Society. Je remercie mes amis rameurs d'océan, particulièrement mon amie Sarah Outen sans qui je me serais sentie bien seule sur mon côté du globe. Malgré les milliers de kilomètres qui nous séparent trop souvent, je te sais toujours à quelques satellites de moi, dans tes aventures vers Londres. Merci à mes cinq frères d'océan pour votre patience à m'enseigner l'anglais avec le bon accent et de m'avoir considérée comme un des lads avec vous durant 58 jours sur le Sara G : Peter Williams, Matt Craugwell, Mike Jones, James Kenworthy et Pedro Cunha. À Janice Jakait, pour nos heures de partage sur Skype. À Gérard D'aboville, Jean-Guy Sauriol, Tony Humphreys, Chris Martin, Charlie Martell. Merci à Lionel Lucyk d'avoir partagé nos rêves ensemble. J'espère que tu m'as rendu visite… j'ai traversé l'océan pour nous deux.

Erwan Leseul, Jean Baril, merci pour vos précieux conseils en édition depuis 2010. Merci aux Éditions La Presse et à toute l'équipe de m'avoir permis de rendre cet ouvrage à terme. Merci à Caroline Jamet, Éric Fourlanty, Sylvie Latour. Pour vos images et votre temps : merci aux photographes Jacques Morin, Gabriel, Stéphane Massie, Marie-Eve, Pauline, Aurélie, Arnaud Pilpré et Studio Zedda.

Merci au capitaine du Queen Mary 2, Kevin Oprey, son épouse Cheryl et tous les officiers et employés. Merci à Gill Haynes et la Cunard Line pour votre sens du devoir, votre générosité et votre spectacle !

Merci à tous les médias, journalistes, recherchistes et collaborateurs pour le rayonnement de mon histoire à travers les années. Un merci très chaleureux à la grande famille de Radio-Canada, à La Presse et à La Presse + pour votre couverture exceptionnelle. Aux équipes de Découverte et d'Océania, d'avoir fait durer mon voyage dans le temps. À Réjean Blais, de Radio-Canada Estrie, pour ta sensibilité, ta grandeur et ton ouverture particulière. Merci chaleureux à Robert Frosi,

Jean-Philippe Arcand, Stéphane Corbeil et Denis Leduc. Merci à MétéoMédia pour votre saut dans le vide avec moi, et à Benoit Tranchemontagne pour ta couverture-surprise. Merci à tous ceux que j'ai côtoyés dans le grand cirque médiatique.

À Halifax : merci au Royal Nova Scotia Yatch Squadron, Wayne L. Blundell pour votre accueil, ainsi qu'à toute l'équipe présente au départ de cette grande aventure.

À Lorient : merci à Franck Lauféron et Sébastien Roche de Lorient Marine. Merci à Michel, Olivier Cardiec et Vincent pour votre remorquage à Lorient. Merci à Dr Jean-Marc Le Gac pour tes bons soins ainsi qu'à l'Hôpital de Lorient.

Merci à la Garde côtière canadienne, au centre de recherche et sauvetage, et à chacune des antennes de Radio Garde côtière pour *Eye Of The Tiger* dans ma radio VHF. Merci à Camil Leblanc, aux Entreprises Léo Leblanc et ouvriers. Merci à Stéphane Vigneau, Franklyn Delaney, Réal Boudreau et la marina du Havre-Aubert et à tous mes supporteurs des Îles-de-la-Madeleine. Merci particulier à Luc Miousse pour ton soutien et à À l'abri de la Tempête pour sa fameuse bière rousse qui m'a valu des reflets dans les cheveux.

À Rimouski : merci à Louis Arsenault et à la marina de Rimouski pour votre soutien lors du baptême de l'*Hermel*, l'abbé Gérald Roy pour l'avoir baptisé, Nicolas Parent chez Innovation Maritime et à l'Institut maritime du Québec à Rimouski d'avoir hébergé l'*Hermel,* alias le *Peta*. Merci aux gens qui ont travaillé avec grande géné-rosité sur le bateau : Martin, Louis, Bill, Gilles, Suzanne. Merci à Richard Michaud pour tes efforts pour l'achat du bateau.

À Sept-Îles : merci à Jean-Pierre Maltais, Carol Soucy, Pierre D. Gagnon et au Port de Sept-Îles pour votre incroyable coopération, votre ouverture et votre dévotion à accueillir l'*Hermel*. Merci, au nom d'Hermel Lavoie, d'avoir respecté nos désirs par rapport à l'achat de l'*Hermel* afin de le conserver intact, tel un artéfact, dans le même état qu'il a terminé sa longue route, et de le mettre en valeur avec autant de délicatesse. Votre ouverture nous a conquis, Hermel, Benoit et moi, au cours des échanges précédant la vente. Merci à Martineau Bouchard de l'avoir transporté, à Shawn Grant et Mario Sévigny de prendre un si grand soin de lui. Merci à Richard et Kathy pour votre précieux petit havre de paix à Matamec, j'y ai été inspirée.

Merci aux Productions Micheline Sarrazin, vous êtes une équipe incroyable. Merci, Marie Martinez, Véronique Daudelin (surtout pour le titre de cet ouvrage). Micheline, merci pour tous ces moments passés ensemble à regarder en avant et à partager l'avenir. Sans ta présence, ton soutien et ton encadrement, je n'aurais jamais vu la fin de ce livre ni entrevu toutes les possibilités que ma carrière attend droit devant. Merci de créer avec moi et de rendre mon univers possible.

Merci à Cynthia pour ta véracité. Merci, Normand, Karol-Anne et la famille Lagacé, de me permettre de faire vivre la vérité de Cynthia à travers mon histoire. Je voya-gerai jusqu'au bout du monde avec son souvenir.

Merci, maman, de m'avoir dit la vérité à propos de la vieille glacière de bois située dans le boisé derrière le chalet vert pomme de tes parents. Merci, grand-papa, de m'avoir fait croire à ton histoire de cache à chasse à l'ours. Je t'ai cru pendant 30 ans...